WERNER FÄRBER

Wer mordet schon in Ulm, um Ulm und um Ulm herum?

ULMHEIMLICH! Eine Großmutter eilt der Enkeltochter in einem überaus PS-starken Leihauto zu Hilfe. Die vom nörgelnden Gatten genervte Ehefrau riskiert ihr Leben und geht aufs Ganze. Eine Hundeführerin besucht mit ihrer Border-Collie Hündin den Vater, den sie seit Jahren gemieden hat. Ein Polizist lässt sich von einer Jugendliebe in eine verzwickte Lage manövrieren. Ein schwules Paar wird von jahrzehntealten Treueschwüren eingeholt. »›Und so was passiert einem in Ulm.‹ Sami rollen Tränen über die Wangen. ›Die Mafia gibt's überall‹, flüstert sie.«

11-mal heißt es »Wer mordet schon in Ulm, um Ulm und um Ulm herum«. Lernen Sie Ulm und Umgebung aus der Sicht (un-)freiwilliger Mörder kennen – so haben Sie Ulm noch nicht gesehen.

Werner Färber, 1957 in Wassertrüdingen geboren, verbrachte Kindheit und Jugend auf der Schwäbischen Alb. Während seiner Schulzeit schrieb er für Südwest Presse und Schwäbische Zeitung Sportberichte für seinen Verein. Aus dem Wunschberuf Journalist wurde trotzdem nichts. Erst nach abgebrochenem Studium (u. a. Englisch) fand er durch die Illustratorin Barbara Moßmann als Mittzwanziger zum Schreiben für Kinder. Nach über 100 Titeln für Kinder & Jugendliche ist er mit den mörderischen Geschichten und einem Hamburg-Roman nun auch bei den Erwachsenen angekommen. Im Rahmen seiner Lesungen unterhält er mit engagiertem Vortrag und stellt sich gern den Fragen des Publikums. Werner Färber lebt mit seiner Frau in Hamburg.

www.wernerfaerber.de

Bisherige Veröffentlichungen im Gmeiner-Verlag:
Baumkiller (2015)
Das Krokodil im Silbersee (2014, E-Book Only)
Der Mops im Container (2014 , E-Book Only)

WERNER FÄRBER

Wer mordet schon in Ulm, um Ulm und um Ulm herum?

11 Krimis und 125 Freizeittipps

GMEINER SPANNUNG

Personen und Handlung sind frei erfunden.
Ähnlichkeiten mit lebenden oder toten Personen
sind rein zufällig und nicht beabsichtigt.

Besuchen Sie uns im Internet:
www.gmeiner-verlag.de

Im Ehnried 5, 88605 Meßkirch
Telefon 07575/2095-0
info@gmeiner-verlag.de

1. Auflage 2015

Lektorat: Claudia Senghaas, Kirchardt
Herstellung: Mirjam Hecht
Umschlaggestaltung: U.O.R.G. Lutz Eberle, Stuttgart
unter Verwendung eines Fotos von: © auris – Fotolia.com
und © traveldia – Fotolia.com
Druck: GGP Media GmbH, Pößneck
Printed in Germany
ISBN 978-3-8392-1778-8

All jenen, die mich bei meinen Recherchen unterstützt haben, ein herzliches Dankeschön! W. F.

INHALT

1 – LEIHWAGEN

»Der Opa hat gemeint, ich soll Ihnen den Schlüssel für des Cabrio von der Frau vom Juniorchef geben«, mühte sich der Jüngste der Familie Schaufler auf Hochdeutsch, als er vom Büro seines Großvaters nach vorn an den Tresen kam.

Frau Mendle, eine alte Stammkundin des Autohauses Schaufler, die ihre 84 Jahre aufrecht und mit bewundernswerter Würde trug, lächelte nachsichtig.

Der pensionierten Gymnasiallehrerin für Deutsch und Englisch, die es vor über sechzig Jahren zunächst wegen des Studiums und später der Liebe wegen ins Schwäbische verschlagen hatte, war ein korrekter Umgang mit Sprache noch immer ein zu hegendes und pflegendes Gut. Auch kannte sie die Familienverhältnisse im Hause Schaufler bis ins Detail. Zum einen hatte sie die ersten beiden Generationen als Lehrerin unter ihren Fittichen gehabt und zum andern war Laupheim eine Stadt von eher überschaubarer Größe. Man konnte grundsätzlich davon ausgehen, dass nahezu jeder jeden kannte.

Der Junge war sichtlich nervös. Dem 16-Jährigen, der während der Ferien im Familienbetrieb sein Taschengeld aufbesserte, war vom Großvater die Aufgabe übertragen worden, sich am Empfang um die Begrüßung der Kunden zu kümmern und ihnen, sofern dies sein Wissensstand erlaubte, auch gleich weiterzuhelfen. Mit freundlicher Geste deutete er zur Tür. »Kommen Sie bitte mit nach draußen auf den Hof?« Auffällig langsam übernahm er die Führung.

Einen schnelleren Schritt traute er der Frau, die einen eleganten Hosenanzug trug, nicht zu.

»Sie können ruhig schneller gehen«, sagte die Kundin. »Ich bin noch recht gut zu Fuß, Herr Schaufler.«

»Ach, sagen Sie doch einfach du. Ich bin der Konstantin.« Er beschleunigte seinen Schritt. Ein wenig.

Frau Mendles Herz machte tatsächlich einen kleinen Sprung, als sie das silbergraue Cabriolet von der Frau vom Juniorchef sah. Nachdem ihr dieses Modell zum ersten Mal im Straßenverkehr aufgefallen war, hatte sie auch von sich aus schon mit dem Gedanken geliebäugelt, es wenigstens einmal zur Probe zu fahren. Sie war sich sehr sicher, dass der alte Schaufler diesen flotten Flitzer bewusst als Ersatzfahrzeug für sie ausgewählt hatte. Ihre alte Limousine, die bereits in Jahresfrist ein Autokennzeichen mit H am Ende erhalten und damit Steuerfreiheit erlangen würde, sollte für zwei, drei Tage in der Werkstatt bleiben, um den wiederkehrend auftretenden Fehler in der Stromversorgung aufzuspüren und zu beheben. Offenbar setzte der geschäftstüchtige Seniorchef alles daran, ihr auf ihre alten Tage noch mal ein schickes Auto schmackhaft zu machen.

»Meine Mama ist grad auf Mallorca«, plauderte der Junge weiter und wählte bei der Aussprache des Namens der Ferieninsel die deutsche Version mit zwei l. »Da steht das Auto eh bloß aufm Hof rum und der Opa hat g'meint, dass er es genauso Ihnen überlassen kann, bis die Inspektion von Ihrem Auto fertig ist. Ich soll Sie fragen, ob Sie schon mal mit Automatikgetriebe gefahren sind.«

»Ja, einmal. Aber das ist lange her. Eine kleine Einführung wäre mir durchaus sehr recht.« Wie fast immer zog es Frau Mendle vor, nicht mit ihren wahren Fähigkeiten zu wuchern. Ihr Leben lang hatte sie stets lieber etwas tiefgestapelt, um die Leute dann mit detaillierten Kenntnissen und Fähigkeiten überraschen zu können. Im Grunde hielt sie sich für eine versierte Fahrerin und war von ihren Fahrkünsten höchst überzeugt, zumal sie seit Erwerb ihres Führerscheins in den sechziger Jahren unfallfrei geblieben war. Damals war an so einen Schnickschnack wie Servolenkung oder hektisch piepsende Parkhilfe noch gar nicht zu denken und der Fahrlehrer hatte ihr vorsätzlich ein Auto zugemutet, bei dem man Zwischengas geben musste, um die Zahnräder des Getriebes nicht zum Knirschen zu bringen, obwohl in seinem Bestand durchaus auch modernere Fahrzeuge gewesen waren. Er hatte gehofft, der jungen »Reigschmeckten«, also der Zugezogenen, aus dem Norden ein paar zusätzliche Fahrstunden aufbrummen und mehr Geld an ihr verdienen zu können. Er hatte sich getäuscht.

Seither hatte Frau Mendle von Lenkrad- über Knüppelschaltung, vom Familienauto über sportliche Flitzer bis zum schweren Wohnmobil nahezu alles gefahren, was vier Räder hatte. Selbst mit des Nachbarn altem Traktor war sie schon über die Felder gerumpelt. Lediglich mit einem Automatikfahrzeug hatte sie erst einmal zu tun gehabt.

»Dann setzet Sie sich doch gleich mal hinters Lenkrad.« Er ging zur Beifahrerseite.

»Ich habe keinen Schlüssel.«

»Sie müssen bloß am Griff ziehen.« Er klopfte mit der Hand auf seine Brusttasche. »Der hat keyless-go-Technik. Da reicht es, wenn man den Schlüssel bei sich hat.«

Frau Mendle wandte sich ein wenig ab, um ihr Schmunzeln über seine kindliche Freude an der Technik zu verbergen. Ihr eigenes Auto musste noch mechanisch aufgeschlossen werden. Sie stieg ein, schnallte sich an und bat um den Zündschlüssel.

»Drücket Sie bloß da drauf.« Er deutete auf einen runden Knopf, der sich an der Stelle befand, wo man normalerweise ein Zündschloss vermutete.

Frau Mendle drückte, ohne dass sich ein erkennbarer Effekt eingestellt hätte.

Konstantin platzte schier in seiner Rolle des Wissenden. »Erst müssen Sie den Schalthebel in die Stellung »D« schieben. Und dann treten Sie auf die Bremse.« Er zeigte in den Fußraum. »Das ist das linke, also das größere Pedal.«

Frau Mendle folgte den Anweisungen.

»So, jetzt drücket Sie den Knopf noch mal.«

Der Motor war so gut schallisoliert, dass man ihn noch immer kaum hörte.

»Sobald Sie jetzt von der Bremse gehen, fährt des Auto automatisch los und Sie brauchet bloß noch Gas geben.«

Obwohl ihr das fehlende »zu« beim Infinitiv einen Schauer über den Rücken rieseln ließ, gab Frau Mendle Gas. Und das ordentlich! Mit einem enormen Satz schnellte das Fahrzeug nach vorn. Zum Glück fand dieser Blitzstart auf dem einzigen Stellplatz des Hofs statt, an dem kein weiteres Auto Kühler an Kühler gegenüberstand. Die alte Dame schoss mit ihrem blass werdenden Beifahrer zwischen zwei Luxuskarossen über den Parkplatz und kam nach Überwindung eines Randsteins mit quietschenden Reifen nur wenige Zentimeter vor dem Maschendrahtzaun, der das Grundstück umschloss, zum Stehen. Zuckersüß lächelnd, meinte sie entschuldigend: »Tut mir leid. Der scheint ein paar PS mehr unter der Haube zu haben als meine alte Schabracke.«

Der junge Schaufler schluckte. »Sollen wir vielleicht tauschen und ich fahr ein Stück, um es Ihnen zu zeigen?«

»Mit sechzehn darfst du noch gar nicht fahren.«

»Auf dem Hof fahr ich schon, seit ich zehn bin.« Als ihm klar wurde, dass er das vor einer Fremden eigentlich gar nicht hätte sagen sollen, blickte er sie erschrocken an.

»Ich erzähl's nicht weiter. Im Übrigen glaube ich, das Prinzip nun begriffen zu haben.« Sie brachte den Schalthebel in die Position R. »So fahre ich rückwärts?«, vergewisserte sie sich, obwohl sie wusste, dass sie richtig lag.

Bereits in ihren ersten Berufsjahren hatte sie erkannt, dass es oft sinnvoll war, mit ihren Fähigkeiten etwas hinterm Berg zu halten. Vor allem die Jugendlichen hatten es stets zu schätzen gewusst, wenn sie nicht immer vorgaukelte, alles hundertprozentig zu wissen. Sie hatte schnell gelernt, dass sie mit diesen kleinen Schauspieleinlagen Pluspunkte sammeln konnte. Und im Laufe ungezählter Fortbildungen in Darstellendem Spiel und zig Theater-Workshops hatte sie ihre Fähigkeiten im Rollenspiel ständig ausgebaut und verbessert.

Konstantin nickte. Seine rechte Hand krampfte sich am Türgriff fest, seine Linke presste eine Delle ins lederne Sitzpolster.

Frau Mendle kniff die zum roten Hosenanzug passend geschminkten Lippen aufeinander. Natürlich war ihr der Wagen im ersten Moment tatsächlich aus den Zügeln geraten. Doch nun kannte sie ja seine enorme Spritzigkeit und glaubte, diese durchaus kontrollieren zu können. Die Rolle der unsicheren alten Dame hinterm Lenkrad eines viel zu sportlichen Fahrzeugs machte ihr Spaß.

Sie lenkte den Wagen zur Ausfahrt des Autohofs und fädelte sich in den fließenden Verkehr ein. »Wie öffne ich das Dach?«

Der junge Schaufler deutete wortlos auf die betreffende Taste.

»Darf man das Dach auch während der Fahrt öffnen?«

»Ja«, krächzte er.

»Bis zu welchem Tempo?«

Der junge Schaufler nannte die entsprechende Geschwindigkeit.

Nach kurzem Kontrollblick auf den Tacho reckte sie sich nach der Taste und lenkte den Flitzer dabei über den Mittelstreifen, als wäre sie überfordert, zwei Dinge gleichzeitig zu tun. Der arme Junge neben ihr drückte mit den Füßen beinahe das Bodenblech durch.

Sie selbst konnte diese Spritztour genießen. Vor allem, als sie die letzten Häuser hinter sich gelassen hatten und zügig über die Landstraße rollten. Auf einem vierspurigen Abschnitt der Bundesstraße jagte sie das Cabrio kurzfristig, aber deutlich in den dreistelligen Bereich. Aus Rücksicht auf ihre Frisur und den wortkarg im Sitz klebenden Enkel der Laupheimer Autodynastie hielt sie sich im weiteren Verlauf der halbstündigen Probefahrt an die bestehende Geschwindigkeitsbegrenzung. Kaum hatten sie die Innenstadt wieder erreicht, klingelte ihr Mobiltelefon. Frau Mendle warf einen Blick in den Rückspiegel. »Moment bitte«, sagte sie zu ihrem Beifahrer, setzte den Blinker, hielt in zweiter Reihe an und fischte das Telefon aus ihrer Handtasche. »Meine Enkeltochter«, informierte sie Konstantin nach einem Blick aufs Display. »Hallo, mein Schatz!«, flötete sie strahlend, um sich im nächsten Moment mit ernster Miene kerzengerade aufzurichten. Selbst ihr jugendlicher Beifahrer erkannte sofort, dass etwas passiert sein musste.

»Nein!« Frau Mendle war fassungslos. »Das ist ja …« – »Nein, pass auf, du bleibst, wo du bist!« Sie blickte auf die Uhr. »Ich bin in einer Viertelstunde bei dir.« – »Kommt überhaupt nicht infrage! In deinem aufgelösten Zustand steigst du nicht aufs Motorrad. Ich komme zu dir. Und dieser widerwärtige Kerl kann sich auf etwas gefasst machen.« – »Was?« – »Natürlich gehst du damit zur Polizei. Und ich gehe mit!« – »Versuche, dich erst mal zu beruhigen, vertritt dir die Beine. Ich beeil mich, bis gleich.« Sie drückte das Gespräch weg und atmete heftig aus. Die Anspannung hatte sie fast nur noch einatmen lassen.

Konstantin Schaufler blickte sie fragend an. »Ist was – passiert?«

»Das kann man sagen.« Entschlossen drehte sie sich halb zu ihm. »Du verstehst sicher, dass ich dir jetzt keine Details erzähle. Ich muss sofort zu meiner Enkeltochter. Das Autohaus liegt auf dem Weg. Ich setze dich ab und fahre dann alleine weiter.«

Konstantin legte skeptisch die Stirn in Falten. Was würde sein Opa sagen, wenn er sie weiterfahren ließe, ohne dass sie das übliche Übergabeprotokoll für den Wagen unterschrieben hätte?

»Ich rufe deinen Großvater von unterwegs an und sage ihm, dass du mir großartig geholfen hast.« Fast schien es, als hätte Frau Mendle seine Gedanken gelesen. Vielleicht hatte sie das wirklich. Auch in ihrer Zeit als Lehrerin hatte sie oft mit ihrem enormen Einfühlungsvermögen überraschen können. Vor allem die Jugendlichen im sogenannten schwierigen Alter. Gedankenlesen war ihrer Ansicht nach keine Kunst, sondern Übung. Man musste sich nur gegenseitig respektieren und akzeptieren. Und das war das Mindeste, was man von seinen Mitmenschen erwarten durfte.

»Grüße deinen Großvater von mir«, sagte sie, während sie den Wagen auf dem Seitenstreifen vor dem Autohaus zum Stehen brachte.

»Ähm, danke«, erwiderte er. »Den brauchet Sie zum Weiterfahren.« Noch immer zögerlich, fischte er den Autoschlüssel aus der Brusttasche und legte ihn in eine Mulde der Mittelkonsole.

»Keine Sorge. Ich passe darauf auf.«

Kaum hatte er die Tür geschlossen, bog sie in den fließenden Verkehr ein, um ihrer Enkeltochter beizustehen.

Der Liebe wegen war Melanie erst vor wenigen Wochen von ihrem Studienort in die Heimat ihrer Kindheit zurückgekehrt. Sie hatte sich in mehreren Architekturbüros um eine Stelle beworben. Und nun war ein Chef während eines ihrer Vorstellungsgespräche wohl übergriffig geworden. Völlig atemlos hatte Melanie der Großmutter soeben am Telefon erzählt, dass der Typ ihr angeboten hätte, bei einem gewissen Entgegenkommen in der Rangliste der Bewerber ganz weit nach oben zu schnellen. Eigentlich hätte sie jetzt schon aufstehen und gehen müssen. Sie fühlte sich von seinem Ansinnen jedoch dermaßen überrumpelt, dass sie ihn erst noch verblüfft fragte, wie er das denn meine. Daraufhin war er um den Schreibtisch herum zu ihr gekommen. Sie wäre doch eine höchst attraktive junge Frau, die Karriere machen wollte. Als sie sich nun doch endlich aufraffte, den Raum zu verlassen, wurde er handgreiflich und hielt sie zurück. Nachdem sie sich mit Mühe seinem Griff entwunden hatte, war sie panisch aus seinem Büro geflohen, ohne auch nur einen Gedanken an ihre Sachen zu verschwenden.

Das war der Ablauf, wie ihn Frau Mendle aus der hektischen Beschreibung ihrer Enkeltochter rekonstruieren konnte.

Unglaublich! Dass es immer noch solche Typen gab, die glaubten, bei jeder Gelegenheit ihre Schmutzfinger ausfahren zu müssen. Ihre Enkeltochter war vollkommen außer Fassung. So hatte Frau Mendle sie noch nie erlebt.

In der Ablage klingelte erneut das Mobiltelefon. Frau Mendle aktivierte den Lautsprecher. »Gib mir noch fünf Minuten, mein Schatz, dann bin ich bei dir!«, rief sie ohne Begrüßung.

»Was soll ich denn jetzt wegen meiner Sachen machen, Omi? Ich könnte mich ohrfeigen, dass ich vor lauter Panik alles liegen ließ.«

»Dann holen wir uns die Sachen einfach wieder.«

»Bist du sicher? Der war voll sauer. Ich weiß nicht, wozu der imstande ist. Ich hatte richtig Schiss!«

»Ich bin am Ortseingang von Biberach. Wo steckst du genau?«

»In so einer Art Kantinenrestaurant in der Freiburger Straße.«

Während im Hintergrund die Espressomaschine fauchte, berieten Großmutter und Enkeltochter, wie sie vorgehen wollten. Melanie konnte sich nicht vorstellen, dass die Vorzimmerdame, die offensichtlich eher als Vorzeigedame fungierte, zu ihren Gunsten aussagen würde. Dadurch würde sie sicher selbst ihren Job aufs Spiel setzen. Auf Anraten ihrer Großmutter wollte Melanie dennoch nicht darauf verzichten, die Polizei einzuschalten.

»Wo genau hast du deine Sachen zurückgelassen?«

»Motorradjacke und Helm hängen am Garderobenständer im Vorraum. Die sind nicht das Problem. Aber meine Aktentasche hatte ich mit reingenommen und neben meinen Stuhl gestellt. Ich fürchte, wir müssen tatsächlich in sein Büro.«

»Müssen? Ich hatte nicht vor, diesem Subjekt meine Präsenz zu ersparen!«

»Das ist lieb gemeint.« Melanie legte ihre Hand auf die

ihrer Großmutter. »Aber was ist, wenn der Typ auch dir gegenüber handgreiflich wird?«

»Gegenüber einer alten Dame? So einfältig kann ja wohl wirklich keiner sein. Im Übrigen weiß ich mich zu behaupten.«

»Wow!«, stieß Melanie beim Einsteigen ins Cabrio hervor. »Sag jetzt nicht, dass du dir den gerade gekauft hast.«

»Schaufler senior sähe das sicher gern. Auch hat mir die kleine Spritztour eben durchaus gefallen. Auf Dauer wäre das jedoch nichts für mich.« Sie richtete den Innenspiegel auf sich und zupfte die kastanienbraunen Haare zurecht. »Die Friseurkosten brächten mich um.« Sie blickte zu ihrer Enkeltochter und war froh, ihr mit dieser Bemerkung ein Lächeln entlockt zu haben. Sie nutzte den kurzen Weg zum Architekturbüro, um das Dach zu schließen, und stellte das Leihauto mangels einer freien Parkbucht in zweiter Reihe ab. Dass ihretwegen ein Auto nicht mehr wegfahren konnte, erschien ihr im Augenblick nebensächlich. Melanie sah sich um und stellte fest, dass es sich beim zugeparkten Auto um die nobelste Karosse weit und breit handelte. Sie war sich sehr sicher, dass dieser Umstand auch ihrer Großmutter nicht entgangen war. Obwohl ihr aufgrund der bevorstehenden Konfrontation fast schlecht war, konnte sie sich nicht verkneifen zu schmunzeln.

Schweigend warteten sie drinnen auf den Aufzug. Während ihrer überstürzten Flucht hatte Melanie die Treppe genommen.

»Sie haben Ihre Sachen vergessen«, schnappte die Vorzimmerfrau, als sie den Raum betraten.

»Deswegen bin ich hier. Meine Tasche ist noch im Büro.«

»Tut mir leid, Herr Birkhahn hat jetzt keine Zeit für Sie.«

Melanie rang nach Worten.

Ihre Großmutter trat einen Schritt vor den Schreibtisch. »Guten Tag, mein Name ist Mendle. Ich würde gern mit Herrn Birkhahn reden.«

Die Angesprochene antwortete, ohne den angestrengten Blick vom Computerbildschirm zu lösen. »Das geht jetzt nicht.«

Im selben Moment kam der Architekt in den Vorraum. »Sag mal, Tanja«, fragte er, ohne die Besucherinnen wahrzunehmen, weil ihm die deckenhohe Zimmerpflanze die Sicht versperrte, »weißt du, welcher Idiot da unten meinen Wagen zugeparkt hat?«

»Damit meint er wohl mich«, sagte Frau Mendle zu ihrer Enkeltochter.

Überrascht trat er aus dem Schatten der Pflanze. »Was wollen *Sie* noch hier?«, schnauzte er Melanie an.

Melanie schluckte. »Meine Tasche«, antwortete sie so fest, wie es ihre Gefühlslage erlaubte.

»Was für eine Tasche?«

»Die Tasche meiner Enkelin. Sie steht in Ihrem Büro neben dem Stuhl, auf dem sie gesessen hat, als Sie ihr an den Busen gegrapscht haben.«

Er spielte den Überraschten. »Ich verbitte mir solche absurden Anschuldigungen!« Er spielte schlecht.

»Wenn meine Enkelin sagt, dass Sie ihr unter die Bluse gegriffen haben, stimmt das auch.«

»Solche haltlosen Unterstellungen muss ich mir nicht anhören. Verlassen Sie meine Räume!« Mit jedem Wort war er lauter geworden.

Im Gegensatz zur Enkeltochter wich die Großmutter keinen Millimeter zurück. »Erst die Tasche.«

Drei schnelle Schritte und er war bei ihr, um sie Richtung

Ausgang zu schubsen. Während sie rückwärts strauchelnd versuchte, das Gleichgewicht zu halten, beschimpfte er sie und Melanie auf unflätige Weise.

Reflexartig griff Melanie ihrer Großmutter von hinten unter die Arme und vermied so ihren Sturz. »Es macht keinen Sinn, mit diesem Arschloch zu reden, Omi.« Ehe sie jedoch Helm und Motorradjacke an sich nehmen konnte, hatte Herr Birkhahn schon beides vom Garderobenständer gerissen. Er eilte mit Melanies Sachen hinaus auf den Flur, schleuderte sie den Treppenschacht hinunter, um schließlich wutschnaubend an ihnen vorbei in sein Büro zurückzukehren. Krachend fiel seine Tür ins Schloss.

»Komm, es macht keinen Sinn.« Melanie zog ihre Großmutter hinter sich her. Zum zweiten Mal an diesem Tag wollte sie keine Sekunde länger in der Nähe dieses Mannes bleiben.

»Und deine Tasche?«, fragte Frau Mendle vor dem Aufzug.

»Ist ersetzbar!«, stieß Melanie hervor.

Unten angekommen, sammelten sie Jacke und Helm auf. Als sie das Gebäude verließen, schlug Melanies Tasche nur Zentimeter vor ihnen auf dem Gehweg auf. Die Beschimpfungen, die von oben auf sie herunterhagelten, waren eines Mannes mit Hochschulabschluss nicht würdig. Sie eilten zum Cabrio. Nur noch weg hier. So zittrig, wie sich Melanie noch immer fühlte, zog sie nicht einmal in Erwägung, aufs Motorrad zu steigen und selbst zu fahren.

Auch ihre Großmutter war im Moment nicht unbedingt die Ruhe selbst. Sonst hätte sie nicht zweimal ihre Handtasche nach dem Schlüssel durchsucht, ehe ihr wieder einfiel, dass sie nur am Türgriff zu ziehen brauchte, sobald sich der Hightech-Schlüssel in der Nähe befand.

Die beiden waren noch immer mit ihren Gurten beschäftigt, als Frau Mendle im Rückspiegel den cholerischen Architekten erkannte. Mit hochrotem Gesicht stürmte er auf sie zu. »Ich fasse es nicht. Wie dumm ist der Kerl denn?«

Mit Panik im Gesicht blickte Melanie nach hinten. »Mach schnell, Omi. Fahr los!«

Birkhahn brüllte laut genug, dass Frau Mendle ihn auch im Auto gut verstehen konnten. Sie solle ihre Scheißkarre wegfahren, ehe er den Wagen zu Klump trete. Sie presste den Startknopf. »Ist der Motor jetzt an oder nicht?«, fragte sie ihre Enkeltochter.

Ehe Melanie antworten konnte, griff ihre Großmutter nach dem Schalthebel, schob ihn um eine Position nach hinten, nahm ihren linken Fuß vom Pedal und drückte mit dem rechten das Gaspedal bis zum Bodenblech durch. Wie ein Geschoss raste der Wagen rückwärts. Ein dumpfer Schlag und der Architekt flog übers Auto hinweg durch die Luft.

»OMI!«

Frau Mendle brachte den Wagen am Ende des Parkplatzes zum Stehen. Mit ungläubigen Augen blickte sie zunächst auf ihre Enkeltochter, dann auf den Schalthebel, welcher die Position des Rückwärtsganges innehatte. »Was habe ich nur falsch gemacht?« Schließlich schaute sie nach vorn, wo Herr Birkhahn in etwa dreißig Metern Entfernung mit seltsam gekrümmten Gliedmaßen reglos auf dem Asphalt lag. Es machte den Anschein, als würde er nie wieder einer Frau unaufgefordert an den Busen greifen.

Die Polizeibeamten, die sämtliche Reifenspuren akribisch vermessen und den Hergang zu Protokoll genommen hatten, waren bei der Befragung von Frau Mendle äußerst einfühlsam vorgegangen. Die verstört wirkende alte Dame hatte ihnen vom ersten Moment an leidgetan und sie hatten fürsorglich auch ihretwegen einen Krankenwagen gerufen.

Dagegen hatten sie für das Unfallopfer, das sich laut späterem Obduktionsbefund beim Sturz auf die Straße das Genick gebrochen hatte, nach Melanies detaillierter Beschreibung ihrer beiden Besuche in seinem Büro nur fassungsloses Kopfschütteln übrig.

Natürlich hatte dieser Unfall mit Todesfolge ein gerichtliches Nachspiel. Der vorsitzende Richter war ebenso ein Schüler der ehemaligen Lehrerin gewesen wie ihr Rechtsbeistand und der zuständige Staatsanwalt. Bei so einer nahezu überwältigenden Ausgewogenheit war niemand auf die Idee gekommen, einen Befangenheitsantrag zu stellen, und die Angelegenheit wurde mit der gebotenen Sorgfalt verhandelt.

Neben anderen Zeugen war auch die Vorzimmerdame des toten Architekten geladen. Die ganz in Schwarz gekleidete Zeugin, im Moment arbeitslose Bürokraft, wollte Melanies Anschuldigungen jedoch weder bestätigen noch abstreiten und beharrte darauf, nichts gesehen und gehört zu haben. Der Inhaber des Autohauses, Schaufler senior, wurde ebenso befragt wie dessen Enkelsohn. Ob es denn wirklich sinnvoll und angemessen gewesen wäre, wollte der Richter neben anderen Dingen wissen, einer 84-Jährigen so eine Waffe anzuvertrauen.

Der alte Schaufler verstand die Frage nicht. »Waffe? Wie kommen Sie darauf, ein Auto als Waffe zu bezeichnen?«

Der Richter zögerte seine Antwort hinaus, indem er länger als nötig in seinen Aufzeichnungen blätterte. Die vielen Unfälle mit Toten und Verletzten, die er im Laufe seiner zahlreichen Berufsjahre schon zu beurteilen hatte, hatten ihn zum überzeugten Fahrradfahrer und Nutzer des ÖPNV werden lassen. »Nun ja, allein die Höchstgeschwindigkeit dieses – Autos – dürfte wohl zumindest an der Obergrenze des Vernünftigen liegen. Sie hatten also keinerlei Bedenken, Frau Mendle dieses Vehikel anzuvertrauen?«

»Nein. Ich wollte lediglich einer treuen Kundin einen Gefallen tun und ihr etwas Besonderes bieten.«

Im Gegensatz zum souverän auftretenden Großvater flatterten Konstantin Schaufler die Nerven. Er schwitzte, als wäre er derjenige, der wegen des Unfalltodes vor dem Richter stand.

Ein wenig komisch wäre ihm Frau Mendles Fahrweise schon vorgekommen, meinte er. Ja, er hätte tatsächlich Angst gehabt, als er neben ihr auf dem Beifahrersitz gesessen hatte. Und sie hätte in der Tat Probleme im Umgang mit der Automatik gehabt.

»Und weshalb sind Sie nicht zu Ihrem Großvater gegangen und haben ihm gesagt, dass er ihr das Auto besser nicht anvertrauen sollte?«

»Aber da war doch die Sache mit ihrer Enkeltochter.« Er nickte mit dem Kopf in Melanies Richtung. »Das war scheint's eilig. Frau Mendle hat mich einfach abgesetzt. Ich konnt' da echt gar nichts machen.«

Der Richter nickte. »Wirkte sie irgendwie – aufgeregt?«

Konstantin blickte zu Frau Mendle, die schweigend vor sich auf den Tisch starrte. »Ich glaub schon. Doch, schon, sie war arg aufgeregt.«

»Ich danke dir.« Der Richter beendete die Befragung.

Frau Mendle wurde zu einer Freiheitsstrafe von zwei Jahren, die allerdings zur Bewährung ausgesetzt wurde, verurteilt. In seiner Urteilsbegründung betonte der Richter, die 84-Jährige hätte in der Folge des Ereignisses und während der Verhandlung große Betroffenheit gezeigt. Den Führerschein würde sie allerdings selbst nach Ablauf der Bewährungszeit nicht wiedererhalten.

Frau Mendle nickte und sagte kaum hörbar: »Ich habe das Schreiben, dass ich künftig auf meinen Führerschein verzichten möchte, bereits selbst in die Post gegeben, Harry. Verzeihung, Herr Richter.«

Im Vorraum schloss Melanie ihre Großmutter mit Tränen in den Augen in die Arme. »Ich bin so froh. Der Gedanke, dass du ins Gefängnis gemusst hättest ...« Melanie legte ihrer geliebten Omi die Hände auf die Schultern und betrachtete sie sorgenvoll. Nein, das war nicht mehr die kraftvolle und dynamische alte Dame, wie man sie bis vor Kurzem gekannt hatte. Allein das mausgraue Kostüm, in dem sie vollkommen gegen ihren gewohnten Stil zu diesem Termin erschienen war, sprach Bände. Auch wäre es vor dem Unfall undenkbar gewesen, sie ohne Rouge und Lippenstift anzutreffen. Und beim Friseur war sie offensichtlich ebenfalls seit Wochen nicht mehr gewesen. Die stets sorgfältigst nachgefärbten Haare waren gleich mehrere Zentimeter über der Kopfhaut grau. »Meinst du denn wirklich, dass du weiterhin so ganz ohne Auto klarkommst?«

Frau Mendle hakte sich bei ihrer Enkeltochter unter, wandte sich zum Ausgang und marschierte überraschend kraftvoll los. »Ich glaube nicht, dass ich es noch einmal brauchen werde. Schließlich ist dein letztes Bewerbungsgespräch ja ohne widerwärtige Übergriffe und dazu auch noch erfolgreich über die Bühne gegangen.«

Melanie fand die thematische Verknüpfung zwischen der autolosen Zukunft ihrer Omi und ihrem eigenen Arbeitsplatz, den sie schon seit zwei Wochen innehatte, sonderbar. Wurde ihre geliebte Omi etwa alt? Hatten sie der Unfall und das Warten auf die Verhandlung mehr belastet, als sie zugeben wollte? Möglichst unauffällig betrachtete sie ihre Großmutter von der Seite. Immerhin konnte sie wieder lächeln. Sie wirkte durchaus zufrieden. Das durfte sie auch sein. Schließlich war nun alles überstanden. Und für ihr Alter schritt die alte Dame noch immer recht wacker einher.

Der rüstigen Seniorin war die Reaktion der Enkeltochter nicht entgangen und sie ärgerte sich über ihre eigene Bemerkung. Hätte sie mal lieber den Mund gehalten. Allerdings schien Melanie vor lauter Freude über die Freiheit der Großmutter die eindeutige Zweideutigkeit ihrer Aussage nicht einmal wahrgenommen zu haben. »Ich glaube, ich habe große Lust, mich heute mal wieder so richtig schick zu machen.« Sie warf einen Blick auf ihre Armbanduhr. »Begleitest du mich zum Friseur? Vielleicht schieben sie eine treue Kundin ja spontan dazwischen.«

DIE LETZTE FAHRT

Ein Senior mit gut achtzig Jahren
steuert sein Auto übers Land.
Die Leidenschaft, sehr schnell zu fahren,
treibt ihn übern Fahrbahnrand.

Auf dem Acker, der gestoppelt,
kommt koppheister er zum Halt.
’s lag am Tempo, welches doppelt
so hoch war wie der Senior alt …

2 – TÖDLICHE NAVIGATION

Karin Schultheiß hatte sich den Frühjahrsurlaub gänzlich anders vorgestellt. Ein kleiner Abstecher in die Karibik wäre die Erfüllung ihrer Träume gewesen. Raus aus der Kälte, ab in den Sommer, 12 Sonnenstunden pro Tag und endloser Sandstrand. Aber der Herr Gemahl hatte sich ja unbedingt aus nostalgischen Gründen für dieses Jahrgangstreffen in der schwäbischen Provinz anmelden müssen. Zum ersten Mal in ihren über dreißig Ehejahren hatte sie nachgegeben und eingewilligt, an so einer Zusammenkunft teilzunehmen. Wenigstens bei diesem runden Jubiläum könnte sie doch auch mal dabei sein, hatte ihr Edwin in dem ihm eigenen mäkeligen Ton gemeint. Um des lieben Friedens willen und nach dem ihm abgerungenen Versprechen, im Herbst in die Karibik zu fliegen, hatte sie schließlich klein beigegeben und sich auf den Ausflug in die Umgebung seiner Kindheit und Jugend eingelassen.

Kaum waren sie angekommen, bestätigten sich ihre Vorahnungen und -urteile bis ins Detail. Der erste Treffpunkt der Sechzigjährigen war der Friedhof gewesen, wo sich der Jahrgang nebst Anhang versammelte, um der Toten zu gedenken. Entgegen der Ankündigung ihres Gatten war höchstens die Hälfte der Anwesenden, die kaum mehr verband als der Geburtsort Ehingen und das Geburtsjahr, mit Partner gekommen. Die wenigen, die ihre Lebensabschnittsgefährten, Gattinnen oder Gatten dabeihatten, waren niemals aus dem Ort ihrer Kindheit weggezogen. Und wiederum die Hälfte dieser eher sesshaften Spezies hatte sich auch noch jahrgangsintern verheiratet. Kein Wunder also, dass sich Karin Schultheiß fühlte wie das fünfte Rad am Wagen, als die anderen in der Vergangenheit schwelgten und sie sich nur noch ausklinken wollte. Natürlich wurde bei dieser Gelegenheit zu viel gesoffen und der Geräuschpegel stieg parallel zum Alkoholkonsum ins Unerträgliche. In angetrunkenem Zustand versicherten die Jahrgangsgenossinnen und -genossen einander, dass das damals doch alles nicht so gemeint gewesen und alles längst Schnee von vorgestern wäre. Worauf man wiederum einen Grund hatte, erneut gemeinsam anzustoßen.

Statistisch betrachtet war es wenig verwunderlich, dass auch diese Jahrgangsrunde einen Polizisten hervorgebracht hatte, der weit nach Mitternacht die Auswärtigen auf den neuesten Stand brachte, welche Promille-Sträßchen sie zu nutzen hätten, um auf ihren jeweiligen Wegen in Hotels und Pensionen den Kontrollen seiner Kollegen zu entgehen.

Selbst nach diesem Auftakt hätte der Frühjahrsurlaub für die Zwangsmitreisende durchaus noch einen entspannten Verlauf nehmen können. Schließlich zeigte sich die raue Alb von ihrer besten Seite und für Anfang Mai war es angenehm warm. Als sie jedoch nach dem Frühstück zu ihrer Rundreise durchs Schwäbische aufbrechen wollten, sprang das Auto nicht an. Während Edwin Schultheiß Batterie und Anlasser in hilfloser Weise weiterquälte, empfand seine Frau Karin die zunächst angenehme Wärme, die durch die Scheiben ins Wageninnere drang, bereits wieder als lästig.

»Hast du getankt?«, fragte sie.

»Ja, doch«, grummelte er. »Du warst dabei.« Er versuchte es ein weiteres Mal. Der Anlasser mühte sich redlich, schaffte es jedoch nicht, den Motor in Gang zu setzen. »Ich ruf den Fonse an.« Er kramte in der Hosentasche nach seinem Telefon.

»Was rufst du an?« An den Umstand, dass ihr Mann nach jedem Kontakt zu süddeutschen Freunden höchst seltsam redete, hatte sich Karin auch nach dreißig Jahren des Zusammenlebens nicht gewöhnen können.

»Den Fonse. Den Alfons. Das ist der mit der Kfz-Werkstatt.«

Karin Schultheiß verdrehte die Augen. »Ach, der Aufreißer.« Wie hatte sie den feisten Typen, der ausschließlich von Swingerclubs und anderen halbseidenen Einrichtungen erzählt hatte, nur vergessen können? Edwin hatte wortlos neben ihr gestanden, als ihr der widerliche Kerl beim Abschied an den Po gefasst hatte. Und ausgerechnet dieser Typ sollte ihnen nun helfen? »Na, prima.«

Gegen Mittag verstauten sie ihre Gepäckstücke im Kofferraum eines Mietwagens. Ihr eigenes Auto stand vor Fonses Werkstatt auf dem Hof. Der Weiberheld war tatsächlich sofort zur Stelle gewesen und hatte sie abgeschleppt. »Ich richt' euch die Karre in den nächsten Tagen tipptopp her«, versprach er und ließ es sich nicht nehmen, sie nach Ulm zu einem Autoverleih zu bringen, mit dem er in solchen Fällen immer zusammenzuarbeiten pflegte. Vom Rabatt, den Fonse für seine Kunden angeblich immer rausschlug, war nichts zu merken. Aber davon wollte sich Edwin seinen Urlaub nicht verderben lassen. So einen Mietwagen für ein paar Tage konnten sie sich schon noch leisten. Er vereinbarte mit Fonse, sich per Telefon über notwendige Arbeiten und die sich ergebenden Kosten zu verständigen. Edwin setzte sich ans Steuer des geliehenen Fahrzeugs und betrachtete die Armaturen, als säße er das erste Mal in einem Auto.

»Stimmt was nicht?«, fragte Karin.

»Was? Nein. Wieso?« Er schüttelte den Kopf. »Ich verschaffe mir nur einen Überblick.«

»Worüber?«

»Nun ja. Ich hatte noch nie so viele Knöpfe in einem Auto. Schau mal, sogar am Lenkrad sind welche.« Er legte zärtlich die Hand auf den Schaltknüppel. »Wow. Sechsganggetriebe.«

»Zu der jungen Frau am Tresen sagtest du noch, du bräuchtest keine Einweisung.«

»Stimmt ja auch. Ist ja trotzdem nur ein Auto.«

Karin atmete tief durch. Ihr war klar, weshalb er keine Einweisung hatte haben wollen. Vor seinem virilen Freund und dem jungen Ding vom Autoverleih hatte er sich keine Blöße geben wollen. »Kennst du den Weg?«, fragte sie, als er den Zündschlüssel drehte und der Wagen problemlos ansprang.

»Ich denke schon. Hab schließlich in Ulm meinen Zivildienst abgeleistet.« Dass dieser Zivildienst inzwischen satte 40 Jahre zurücklag, schien seiner Ansicht nach keine Rolle zu spielen.

Karin nickte. »In so kurzer Zeit hat sich in Ulm garantiert nicht viel verändert. Schon gar nicht in der Verkehrsführung.« Sie schloss die Augen und versuchte, ihre Vorahnungen fortzuatmen. Die Orientierungsfähigkeit ihres Mannes war erfahrungsgemäß sehr gering und sie hatte wenig Hoffnung, das anvisierte Ziel vor Einbruch der Dunkelheit zu erreichen. Edwin wollte unbedingt an den Limes, den er als Zehn- oder Elfjähriger im Rahmen eines Klassenausflugs besucht hatte. Mit Zwischenstopp in Königsbronn sollte es in Richtung Aalen weitergehen. Wo auch immer das liegen mochte.

Als sie zum dritten Mal durch dieselbe Straße eines am Hang liegenden Wohngebietes fuhren, bemerkte Karin spitz, wie hilfreich es war, dass Edwin sich in Ulm so gut auskannte.

»Die haben überall Einbahnstraßen angelegt, die es früher nicht gab. Wenn ich erst mal aus der Stadt raus bin, finde ich den Weg.«

»Zu dumm, dass sich die Stadt so hartnäckig weigert, dich aus ihren Fängen zu entlassen.«

»Es wäre hilfreicher, wenn du einen Blick auf die Landkarte werfen würdest, anstatt andauernd spitze Kommentare abzugeben.«

Karin reckte sich nach der Landkarte auf der Ablage, drehte und wendete sie einmal hin und her, sparte sich allerdings die Mühe, das Ding zu entfalten. »Super Maßstab. Der hilft uns in der Stadt so richtig weiter.«

Edwins Blick tanzte zwischen Rückspiegel, Straße und Mittelkonsole hin und her. »Die Kiste hat bestimmt ein Navi?«

Sie hob skeptisch die Augenbrauen. »In dieser Preiskategorie?« Wenn schon Mietwagen, hätte sie gern ein Modell der Oberklasse genommen. »Das glaubst du ja wohl selbst nicht.«

»Es war immerhin nur die drittgünstigste«, korrigierte er sie.

»Weil sie in den unteren Klassen nichts da hatten.«

Er drückte eine Taste, das Display zeigte die Eingabemaske für das Navigationssystems. »Ha!«

»Was, ha?«

»Der Wagen hat ein Navi! Gib mal Königsbronn ein.«

»Ich kenne mich mit so was nicht aus.«

»Bei einem Navi braucht man sich nicht auszukennen. Die sind so programmiert, dass sie sich intuitiv bedienen lassen. Absolut idiotensicher.«

»Ein Grund mehr, dass du das übernimmst.«

»Falls du es noch nicht bemerkt hast: Ich sitze am Steuer und sollte mich eventuell auf den Verkehr konzentrieren.«

»Männer und Multitasking.«

Mehr als einen genervten Blick hatte er für diese Bemerkung nicht übrig.

»Im Übrigen könntest du in aller Ruhe navigieren, wenn ich fahren dürfte. Aber nein, du musstest ja den läppischen Aufpreis für die zweite Fahrberechtigung einsparen.«

»Das gibt's doch nicht!«, knurrte Edwin, nahm jedoch nicht Bezug auf die Worte seiner Frau, sondern meinte den dicht auffahrenden Hintermann.

»Wie wär's, wenn du mal eben anhältst, damit wir uns orientieren können und nicht weiter im Kreis fahren.« Sie zeigte auf eine freie Parkbucht in etwa 30 Metern Entfernung. »Auf dem Seitenstreifen ist eine Lücke!«

Er setzte die Fahrt mit unverminderter Geschwindigkeit fort.

»Wieso hast du nicht angehalten?«

»Ich kann nicht mit fünfzig in so eine kleine Lücke brettern. Wenn ich anhalten soll, musst du mir das früher sagen. Im Übrigen bin ich mit dem Modell noch nicht hundertprozentig vertraut. Das Sechsganggetriebe ist ungewohnt.«

»Dann fahr eben langsamer.«

»Ich fahre dem Verkehr angepasst.« Er warf einen Blick in den Rückspiegel. »Und wenn ich so einen idiotischen Drängler im Kofferraum habe, kann ich nicht einfach ausscheren.«

»Irgendwas ist ja immer.«

An der nächsten roten Ampel versuchte sich Edwin doch selbst am Navigationsgerät. »Siehst du? Ganz einfach«, sagte er, nachdem er einige Male aufs Geratewohl auf den Tasten herumgedrückt hatte. »Schon kann man den Ort eingeben.«

»Grün.«

Gleich mehrere Verkehrsteilnehmer hinter ihnen hupten. »Was!«, rief Edwin aggressiv, als könnten ihn die Insassen der anderen Fahrzeuge hören. »Mach du weiter.«

Karin beugte sich vor, um das Display zu studieren. »Ahlen mit h?«

Edwin zeigte sich überrascht. »O, die gnädige Frau lässt sich doch noch herab, mir zu helfen.« Er hatte tatsächlich nicht mit diesem Anflug von Kooperationsbereitschaft gerechnet.

»Ich kann's auch lassen.«

»Aalen mit Doppel a«, lenkte er ein. »Nein, warte, gib als Ziel lieber Königsbronn ein.«

Karin tippte mehrmals auf einen der vier Richtungspfeile, bis das K hervorgehoben war, und drückte auf o.k. »Hey, so geht das.«

»Sag ich doch. Intuitiv eben.«

Sie verdrehte die Augen. »Wo find ich jetzt das verdammte Ö?«

»Umlaute sind immer am Ende.«

»Ach, tatsächlich.« Sie tippte weiter. »Ist ja irre. Jetzt bietet er mir schon eine ganze Reihe von Orten an, die alle mit ›König‹ beginnen. Hast du gewusst, dass es einen Ort gibt, der ›Königswusterhausen‹ heißt?«

»Ja, hab ich. Wir wollen aber nach Königsbronn.«

»Ist ja schon gut.« Sie tippte weiter. »Jetzt will das Ding eine Straße.«

»Dann gib Schulstraße ein.«

»Kennst du da jemanden von früher?«

»Quatsch. Aber eine Schulstraße gibt's ja wohl in jedem Ort.«

Sie tippte weiter. »Tatsächlich. Jetzt wollen sie eine Hausnummer. – Wozu? Wollen die ein Bewegungsprofil von uns erstellen?«

Edwin schlug mit der Hand aufs Lenkrad. Er wollte nur eine Ausfallstraße finden und raus aus Ulm und seine Frau war zu dämlich, ein Navigationsgerät zu programmieren. »Gib fünf ein. Oder sieben.«

»Geht auch neun?«, fragte Karin spitz. Sie hasste es, wenn Edwin diesen belehrenden Ton anschlug. Da versuchte sie, ihm einen Gefalle zu tun und ein Navigationsgerät zu programmieren, das überflüssige Details wissen wollte, und ihm fiel nichts Besseres ein, als sie anzupampen. In diesem Augenblick schwor sie sich bei allem, was ihr heilig war, dass dies der letzte Urlaub mit ihm sein würde. Schweigend drückte sie so oft auf dieselbe Taste, bis das Navi zu ihrer Überraschung auf die zunächst geforderte Eingabe eines Stadtteils verzichtete und unvermittelt eine Karte mit vorgezeichneter Route im Display erschien. Schweigend lehnte sie sich zurück und verschränkte die Arme vor der Brust.

»Was jetzt?«, fragte Edwin.

»Bitte sehr.« Sie deutete aufs Display.

»Gibt's vielleicht auch Ton?«

»Weiß ich nicht. Du bist der Intuitive.«

Erleichtert, bei seiner Suche nach einem Ausweg aus der Stadt endlich Unterstützung zu erhalten, begnügte sich Edwin zunächst mit der im Display rot hervorgehobenen Route. Schon bald fühlte er sich jedoch gestresst, den kleinen Bildschirm ständig mit dem realen Straßenverlauf abgleichen zu müssen. Deshalb ließ er seiner Intuition am nächsten Ampelhalt erneut freien Lauf und fand die Taste, um die Ansage zu aktivieren. »Demnächst rechts abbiegen«, ordnete eine freundliche Frauenstimme an. Triumphierend blickte er nach seiner Frau auf dem Beifahrersitz. Mit noch immer vor der Brust verschränkten Armen starrte sie nach vorn. Er fuhr los. »Jetzt rechts abbiegen.« Sich das Grinsen verkneifend, folgte er den Anweisungen. »Den nächsten Kreisverkehr an der vierten Ausfahrt verlassen.«

»Pf«, machte Karin, die sofort erkannte, dass dies eine unsinnige Vorgabe war. Würden sie die vierte Ausfahrt nehmen, führen sie dahin zurück, woher sie gekommen waren.

»Was?«

Sie schwieg. Ihr Mann verfügte ja über Intuition. Nachdem er auf die Falschinformation hereingefallen war, lächelte sie zufrieden.

»Bitte bei nächster Gelegenheit wenden.«

»Was soll *das* jetzt?«, fragte er ungehalten. »Weshalb schickt mich die Tucke in dieselbe Richtung, aus der wir gekommen sind?« Alle Verkehrsregeln missachtend, änderte er die Fahrtrichtung um 180 Grad.

»Den nächsten Kreisverkehr an der vierten Ausfahrt verlassen«, lautete erneut die Ansage.

Karin war gespannt, was Edwin machen würde. Er fuhr einmal ganz herum, ein zweites Mal ganz herum, ignorierte die zwischenzeitlichen Ansagen und suchte nach Intuition. Schließlich wählte er die erste Ausfahrt.

»Dem Straßenverlauf drei Kilometer folgen.«

Er schüttelte den Kopf. »Die erzählt vielleicht einen Scheiß.« Er rückte sich auf dem Sitz zurecht. »Trotzdem sind wir jetzt richtig. Das ist die B 10. Hier müssen wir raus. So viel weiß ich noch.«

»Toll.«

Daraufhin hatte sich das Ehepaar lange Zeit nichts mehr zu sagen. Das beharrliche Schweigen wurde gelegentlich von der weiblichen Stimme unterbrochen. Was sollten sie einander auch mitteilen? Edwin wusste, dass er auf einer Straße war, die er kannte. Karin wurde derweil einmal mehr von aufkommenden Rückenschmerzen abgelenkt, die sie wie immer auf Unzulänglichkeiten in ihrer unmittelbaren Umgebung zurückführte. Diesmal schob sie die Schuld den ungewohnten Autositzen zu.

Dass sie diese Schmerzen stets bekam, wenn sie sich aufregte oder ärgerte, war ihr nicht bewusst. Und da sie mit ihrem Gatten jemanden an ihrer Seite hatte, über den sie sich sowohl oft als auch heftig ärgern konnte, waren ihr diese Schmerzen leider sehr vertraut.

»Demnächst rechts abbiegen und der A 8 folgen.« Edwin wunderte sich, dass ihn die Frau vor dem Autobahnkreuz Unterelchingen auf eine Route schickte, die er selbst nicht gewählt hätte.

»Warum nehmen wir nicht die A 7 in Richtung Würzburg?«, fragte er, ohne eine Antwort zu erwarten. Er musste nicht zu Karin hinübersehen, um zu wissen, dass ihre Mimik aufgrund der sinnlosen Konversation Geringschätzung widerspiegelte. »Was?«, bellte er.

»Ich habe nichts gesagt.« Karin versuchte, das Stöhnen, zu dem sie von einem weiteren dolchartigen Stich im Lendenwirbelbereich genötigt wurde, zu unterdrücken. Sie löste den Gurt, beugte sich ächzend nach ihrer Handtasche im Fußraum, um eine Tablette zu nehmen. Sie entschied sich für zwei.

Ohne den Blick zu wenden, konnte Edwin im peripheren Bereich seines Gesichtsfeldes beobachten, wie sie beim Schlucken den Kopf kormoranartig in den Nacken warf, um sich dann mit beiden Händen umständlich in eine andere Sitzposition zu wuchten.

Während dieser Prozedur beschwerte sich der Bordcomputer mit penetrantem Piepen, dass die Person auf dem Beifahrersitz nicht ordnungsgemäß angeschnallt war. Das Piepen zerrte an Edwins Nerven. Umso mehr, da es von Karin ausgelöst worden war. »Schnall dich, verdammt noch mal, wieder an!«

»Ich habe Rückenschmerzen«, hauchte sie.

»Jetzt rechts abbiegen. Folgen Sie nun dem Straßenverlauf der A 8 für 59 Kilometer.«

»Das kann nicht sein!«

»Tss!«, stieß Karin hervor, weil er selbst dem Navigationsgerät widersprechen musste.

Ohne die Hände vom Lenkrad zu nehmen, hob er in eindeutiger Geste beide Mittelfinger. Seine rüde Geste ignorierend, schnallte seine Frau sich nun doch wieder an. Auch sie konnte das Signal des Bordcomputers nicht länger ertragen.

Sobald er sich in den fließenden Verkehr der A 8 eingefädelt hatte, reckte sich Edwin nach dem Navi und tippte heftiger als notwendig auf die Tasten. »Ich glaub's nicht!« Fassungslos wandte er den Kopf zur Beifahrerin. »Wie dumm muss man eigentlich sein? Was hast du nur für einen Scheiß programmiert?«

»Den Scheiß, den du mir genannt hast!«, stieß sie unter immer unerträglicher werdenden Schmerzen hervor.

»Ich sagte ›Königsbronn‹!«, zischte er. »Du hast ›Königsbrunn‹ eingegeben.«

»Königsbronn oder -brunn – spielt das eine Rolle?«, erwiderte sie matt. Ihr war vollkommen egal, wohin sie fuhren. Sie wünschte sich nur weg. Weit, weit weg von diesem Mann. Sobald sie zu Hause wären, würde sie sich einen Anwalt suchen. »Ich halt es mit dir nicht mehr aus.«

Wortlos korrigierte Edwin im Navi das Fahrziel. Ob mit ihr oder ohne sie – nach Königsbrunn würde er jedenfalls nicht fahren. »Die Route wird neu berechnet. – Demnächst rechts abbiegen«, wurde er gerade rechtzeitig vor der nächsten Abfahrt instruiert.

Er befolgte die Anweisung, verließ die A 8, ließ im Kreisel mit überhöhter Geschwindigkeit die Reifen quietschen. Karin sagte nichts. Auch nicht, als er, ohne zu blinken, unverhältnismäßig schnell aus der ersten Ausfahrt schoss und der Wagen ins Schlingern geriet.

Karins Entscheidung war ebenso spontan wie entschlossen. Mit der Linken öffnete sie das Gurtschloss ihres Mannes, mit der Rechten griff sie ihm ins Lenkrad und steuerte den Wagen gegen den Brückenpfeiler der Unterführung. Edwins verblüffte Miene im Profil. Ein unglaublich lauter Knall. Der weiblichen Stimme des Navi war keine Zeit mehr verblieben, dem Fahrer neue Instruktionen zu geben.

»Frau Schultheiss?«, sprach sie der Arzt im grünen Kittel an, als sie erwachte.

»Was ist passiert?«, brachte Karin Schultheiss mit Mühe hervor. Ihr Hals fühlte sich rau an, auch fiel es ihr schwer zu schlucken. Dennoch war ihr seltsam leicht zumute.

Um Nähe zu schaffen, berührte der Arzt die Finger ihrer rechten Hand, die ebenso eingegipst war wie die linke. »Sie waren in einen Verkehrsunfall verwickelt.«

Karin blickte umher, nahm die Einrichtung des Krankenhauses wahr. »Und?«, flüsterte sie. »Was ist mit mir?«

Der Arzt lächelte sanft. »Nichts, was wir nicht wieder hinbekämen.«

»Und – mein Mann?«

Der Arzt schloss die Augen, schüttelte schmallippig den

Kopf. Als er kurz darauf wieder die Patientin ansah, lächelte sie sanft. Er warf einen Blick auf den Behandlungsbogen. Bei der Menge an Morphinen, die durch ihren Körper pulsten, gab es keinerlei Anlass, sich über die seltsam unangemessene Reaktion zu wundern.

ENDE EINER EHE

Nach fünfzehn Jahren Ehe
schenkt er ihr endlich ein,
nebst einem Schluck Rosé
auch mündlich reinen Wein.

Er sagt, dass er seit Jahren
sie nicht mehr wirklich liebt,
dass diese Jahre waren
vergeudet und versiebt.

Er könne nicht mehr heucheln,
erzählt er nüchtern ihr.
Deshalb würd' er sie meucheln
und zwar sofort und hier.

Sie möge schnell genießen
den Schlummertrunk zur Nacht.
Dann wird er sie erschießen.

Ein Knall – schon ist's vollbracht.

3 – FEINE NASE

Carmen zögert. Vor einer halben Stunde ist sie sich ihrer Sache noch vollkommen sicher gewesen. Jedoch hatte sie im entscheidenden Moment im Zug kein Netz. Auf ihren Anschlusszug wartend, sitzt sie im Stuttgarter Hauptbahnhof auf einer Bank. Zu ihren Füßen liegt vollkommen entspannt ihre Border-Collie-Hündin Bonny. Carmen überprüft die Netzanzeige ihres Smartphones. Voller Ausschlag. Besser könnte der Empfang nicht sein. Sie holt die Nummer, die sie bereits im Zug gewählt hat, ins Display. Eine Nummer aus ihrer Kindheit und Jugend. Carmen schüttelt den Kopf. Der Vater ist nie umgezogen. Er hat das alte Haus, in dem sie und ihr Bruder Leo nicht wirklich glücklich und behütet herangewachsen sind, offenbar nie aufgeben wollen. Dabei hätte es auch für den Vater nicht nur einen Anlass gegeben, diesem unglückseligen Ort den Rücken zu kehren. Der Rest der Familie hat diesen Schritt vollzogen. Er ist geblieben, als wollte er unbedingt die Stellung halten. Weder das erste spurlose Verschwinden der Mutter hat seine Verbundenheit zu diesem Haus ins Wanken bringen können noch der Auszug von Carmen und ihrem Bruder. Sie hatten den Vater während der Abwesenheit der Mutter allein zurückgelassen. Leo war damals noch nicht einmal 16 Jahre alt gewesen und Carmen selbst erst kurz zuvor volljährig geworden.

Die Mutter war von einem Tag auf den anderen wie vom Erdboden verschluckt. Der Vater gab nicht einmal eine Vermisstenanzeige auf. Trotzdem kam nach einer Woche Polizei ins Haus, weil irgendwer anonym gemeldet hatte, dass die Mutter verschwunden war. Carmen erinnert sich noch immer daran, dass sie sich damals – obwohl sie nichts dafür konnte – geschämt hatte und nur noch fort wollte. Fort vom Vater, fort von diesem Haus und auch fort von einer Nachbarschaft, die nicht kommt und nachfragt, sondern heimlich die Polizei informiert. Carmen fing an, sich beim Jugendamt zu erkundigen, welche Optionen sie und ihr Bruder hätten. Die Situation bis nach ihrem Abi auszusitzen, kam für sie ebenso wenig in Frage, wie ihren Bruder allein bei ihm zurückzulassen. So friedfertig ihr Bruder damals gewesen sein mochte, die beiden wären vermutlich irgendwann auch körperlich aneinandergeraten.

Carmen schaudert vor der Einsamkeit, die der Vater so ganz allein empfinden muss. Wie er es aushält, noch immer dort zu wohnen, übersteigt ihre Vorstellungskraft. Gibt es für ihn etwa auch schöne Erinnerungen, die ihn die unschönen vergessen lassen? Sie selbst hat nur Bilder des Streits und des gefühlskalten Familienlebens im Kopf.

Zum Zeitpunkt des gemeinsamen Auszugs mit ihrem Bruder war Carmen aufgrund der permanenten Familienkonflikte viel reifer gewesen als die meisten ihrer Altersgenossen. Der Vater cholerisch, die Mutter mit ihren Allüren, etwas Besseres zu sein. Ein ewiger Streit zwischen den Eltern, unter dem natürlich auch die Kinder immer zu leiden hatten. All das hatte Carmen früher erwachsen werden lassen. So war es eine Art Notwehrreaktion, dass sie nach dem Verschwinden der Mutter alle Hebel in Bewegung setzte, um für sich und Leo den Auszug durchzufechten. Am Ende ihres mehrwöchigen Ringens mit diversen Leuten in verschiedenen Ämtern, wovon der Vater natürlich nichts mitbekommen durfte, hatte sie endlich klarmachen können, dass ihre Familie so zerrüttet war, dass vor allem Leo nicht geholfen wäre, wenn er beim Vater bleiben müsste. Schließlich wurde ihr und ihrem Bruder eine Sozialwohnung in Ulm bewilligt und sie konnten von Geislingen wegziehen. Wie sie es damals bei all dem Stress schaffte, ihr Abitur durchzuziehen und ihren Bruder mit schwesterlicher Fürsorge und Strenge zum Schulbesuch zu motivieren, weiß sie nicht mehr. Nein, stimmt nicht. Ihr ist absolut bewusst, wieso sie das alles bewältigen konnte: Sie hatte sich und der Welt beweisen wollen, dass sie stark genug war, auf eigenen Füßen zu stehen. Und das war verdammt nötig. Zumal Leo vor allem in der ersten Zeit knapp davor gewesen war, sich in einer zwielichtigen Szene einzunisten. Alkohol und Marihuana waren noch die harmlosesten Drogen, die in dem von ihm gewählten Umfeld die Runde machten. Niemals hätte es sich Carmen verziehen, wenn er abgerutscht wäre. Rückblickend ist sie erleichtert, dass sich das Blatt für sie und ihren Bruder tatsächlich zum Positiven gewendet hat. Und manchmal war es auch ihr Bruder gewesen, der ihr während dieser schwierigen Zeit die Kraft gab durchzuhalten. Genau betrachtet hat es immer zwei Leos gegeben. Zum einen war da der niemals Verzeihende. Leider hat sich dieser Wesenszug im Erwachsenenalter bei ihm als der dominantere gefestigt. Zum andern gab es den jugendlich Flippigen, der heutzutage, gute 15 Jahre später, nur noch selten aufblitzt. Der unbeschwerte Leo ist es damals gewesen, der Carmen zu Beginn der aus der Not geborenen geschwisterlichen Wohngemeinschaft geholfen hat, fünfe auch mal gerade sein zu lassen und nicht immer nur zu organisieren und zu ackern und zu rackern, sondern auch mal zu entspannen.

Ihr kleiner Bruder Leo, der längst einen Kopf größer ist als sie, wird mit Sicherheit immer einer der wichtigsten

Menschen in ihrem Leben bleiben. Obwohl sie sich heutzutage aufgrund der entfernten Wohnorte nur noch selten sehen, verstehen sie einander, beinahe ohne Worte austauschen zu müssen. Sie brauchen einander nur anzusehen und wissen Bescheid. Ihre wenigen Meinungsverschiedenheiten, die sie stets offen austragen, drehen sich fast ausschließlich um ein Thema: Sollen sie nach den vielen Jahren noch einmal Kontakt zum Vater aufnehmen oder nicht? Ein einziges Mal waren sie sich schnell einig geworden, es gemeinsam zu versuchen. Sie hatten erfahren, dass die Mutter zwei Jahre nach ihrem Verschwinden ebenso plötzlich wie unerwartet wieder aufgetaucht war, um offenbar reuevoll nach Geislingen zum Vater zurückzukehren. Dass er sie ohne zu zögern wieder bei sich aufnahm, hatte Carmen und Leo gleichermaßen überrascht. Für die Geschwister kam als Motiv fürs erneute Zusammenleben nur die gegenseitige Hassliebe der Eltern infrage. Waren die beiden vor dem Verschwinden der Mutter doch weder miteinander noch ohne einander klargekommen.

Als Carmen und Leo, die damals noch immer in Ulm zusammenwohnten, die Eltern an einem Sonntagnachmittag zum Kaffee besuchten, dauerte es jedoch keine 15 Minuten, ehe lauthals gestritten und gebrüllt wurde wie früher und die harmonisch geplante Familienzusammenführung jäh mit der fluchtartigen Abreise der Kinder endete. Etwa zwei weitere Monate später nahm der Vater unerwartet erneut Kontakt auf. Wäre Leo in diesem Moment ans Telefon gegangen, hätte er garantiert sofort wieder aufgelegt. Carmen jedoch hörte sich an, was der Vater ihnen mitteilen wollte: Die Mutter war schon wieder verschwunden. Wie beim ersten Mal wisse er nicht, wohin sie abgetaucht war. Er äußerte die Vermutung, sie wäre wieder auf Lanzarote, wo sie auch die vorherige Zeit ihrer Abwesenheit verbracht hatte.

Obwohl der Vater Carmen nahezu anflehte, die Kinder mögen ihn doch wenigstens ab und zu mal besuchen, waren sie und Leo sich damals absolut einig gewesen, jeden weiteren Kontaktversuch des Vaters zu ignorieren, um sich vor weiteren Verletzungen zu schützen.

Das war inzwischen dreizehn Jahre her. Und zumindest Carmens Sicht auf die Welt hatte sich in vielen Punkten deutlich gewandelt. Im Gegensatz zu ihrem Bruder war sie im Lauf der Jahre sicherlich sanfter und verzeihender geworden.

Der schrille Pfiff eines Schaffners auf dem Bahnsteig gegenüber lässt Bonny hochschrecken. Bis zu diesem Zeitpunkt hat sie brav zu Carmens Füßen auf dem Boden gelegen. Nicht einmal die Taube, die tollkühn vor ihrer Schnauze nach Krumen pickt, hat ihr Interesse wecken können. Natürlich ist das auf die gründliche Ausbildung der Hündin zurückzuführen. Und auch darauf, dass sie schlichtweg großartig ist. Nun steht sie auf, reckt ihre Glieder und schiebt Frauchen fordernd ihre Schnauze unter die Hand. Selbstverständlich bekommt sie die erwarteten Streicheleinheiten. »Was meinst du?«, fragt Carmen. »Soll ich?« Bonny neigt den Kopf. »Du bist mir eine große Hilfe.« Die Hündin legt sich wieder ab, platziert den Kopf auf ihren Pfoten und schließt die Augen.

Das Smartphone hat sich zwischenzeitlich längst wieder ausgeschaltet. Erneut gibt Carmen ihren 4-stelligen Sicherheits-Code ein und drückt ohne weiteres Zögern die grüne Taste, um die vorhin eingegebene Telefonnummer zu wählen. Das Rufzeichen geht raus. Zweimal, dreimal.

»Heinkel.«

»Ich bin's, Papa.«

Schweigen. Atmen. Räuspern. Dann beinahe flüsternd: »Carmen. – Nach so langer Zeit?« Schweigen. Räuspern. Offensichtlich rauchte der Vater wieder. Für ein paar Jahre hatte er es, vor allem aus Kostengründen, gelassen. »Wo bist du? Du klingst so nah.«

Carmen hält einen Moment lang inne. Er hat recht. Die Verbindung ist so klar, als säßen sie nur wenige Meter voneinander entfernt. »In Stuttgart. Auf dem Weg nach Ulm. Hast du Zeit?« Sie hält den Atem an, wartet auf Antwort. Es dauert. Sie hört ein Schniefen. Ob er weint? Ach was. Die Ursache für so ein Schniefen kann ebenso in einer Erkältung liegen.

»Ähm, wann?«, fragt er zögernd. »Jetzt?«

Carmen blickt auf die Uhr. »In einer Stunde kann ich in Geislingen aussteigen. Dann hätte ich zwei Stunden, ehe ich weiterfahren muss.«

»In einer Stunde …«, wiederholt er langsam, »… zwei Stunden Zeit.«

»Wenn es dir nicht passt …«

»Nein, nein, nein. Ist nur so überraschend. – Sicher passt es mir. Ich hab nichts vor. Bin ja Rentner. – Kannst du wirklich nur zwei Stunden?« Er schnaubt sich die Nase.

Inzwischen ist sich Carmen sicher, dass er weint. »Ja, ich muss heute Abend in Ulm sein. Eine Schulung.«

»Hast du deinen Hund dabei?«

Dass der Vater nach Bonny fragt, kommt für Carmen vollkommen überraschend. »Ja«, antwortet sie verwundert. »Woher weißt du …«

»Ich habe doch die Bilder in der Zeitung gesehen. Ein schöner Hund. Wie heißt er?«

»Bonny, eine Hündin. Border-Collie.«

»Hab ja nicht gewusst, dass du so was machst«, sagt der Vater. »Du hast dich ja nie mehr gemeldet.« Der vorwurfsvolle Unterton ist nicht zu überhören. Andererseits klingt er nicht so ruppig, wie Carmen ihn in Erinnerung hat. Früher war es ihr immer so vorgekommen, als würde er jedes seiner Worte mehr oder weniger bellen.

Sie muss sich einen Moment sammeln. Natürlich hätte sie damit rechnen können, dass auch ihr Vater etwas von dem internationalen Einsatz mitbekommen hat, an dem sie und Bonny vor einem halben Jahr beteiligt gewesen waren. Schließlich war damals das gesamte Hilfsteam im Anschluss an die Suchaktion in Stuttgart gelandet und sie selbst hatte einem Fernsehreporter ein paar Sätze in die Kamera erzählen müssen. Vor diesem Anruf hat sie überhaupt nicht daran gedacht, dass ihr Vater etwas von ihrem Leben wissen könnte.

»Hab ja so lange nichts von dir gehört.« Das unterdrückte Weinen geht in ein Schluchzen über.

Die Einfahrt ihres Zuges wird über Lautsprecher bekanntgegeben. »Soll ich in Geislingen aussteigen oder nicht?«, drängt Carmen den Vater.

»Ja, natürlich, sicher. Wann kommst du an?«

Carmen wirft einen Blick auf ihren Verbindungsplan. »14.23 Uhr.«

»Ich komme zum Bahnhof.«

»Dann setzen wir uns in das Café gleich um die Ecke. Das gibt's doch noch, oder?«

»Ja, doch. Eine gute Idee«, antwortet der Vater.

»Bis gleich also.« Carmen beendet das Gespräch. Bei allem guten Willen – zu viel Nähe muss auch wieder nicht sein. »Worauf lasse ich mich da bloß ein?«, wendet sie sich an Bonny. »Komm. Wir steigen ein.«

Sie erkennt den Vater am Bahnsteig zwar sofort, erschrickt aber, wie alt und fahl er wirkt. Die Schultern des ehemals athletischen Mannes hängen nach vorn, er trägt eine dunkle, deutlich zu weite Stoffhose, die auf den ersten Blick zwar sauber, bei genauerem Hinsehen jedoch abgetragen und schäbig wirkt. Das Jackett, das er anhat, passt nicht wirklich dazu. Mit zögernden Schritten kommt er Carmen und Bonny entgegen, reicht seiner Tochter beinahe schüchtern die Hand. Das gekrächzte »Hallo« ist kaum zu hören.

»Hallo«, grüßt Carmen zurück. »Das ist Bonny.«

»Ein schöner Hund.«

Im Gegensatz zu fast allen anderen Menschen, denen Carmen ihre Hündin vorstellt, macht der Vater keinerlei Anstalten, sich hinunterzubeugen und sie zu kraulen. »Du weißt, dass ich sie nicht streicheln kann.«

Carmen nickt. »Deine Allergie.«

Er schaut sie an, bekommt glasige Augen.

»Was ist?«

»Du siehst deiner Mutter so ähnlich.«

»Ja, ich weiß.«

Er nickt. Schüttelt den Kopf. »Tut mir leid.«

»Was tut dir leid?«

Er übergeht die Frage. »Gehen wir?« Er macht eine einladende Geste. »Das Auto steht im Halteverbot.«

»Wir wollten ins Café …«

»Lass uns nach Hause gehen. Bitte.«

Nach Hause. Wie fremd sich das anhört. Das, wovon der Vater spricht, ist für Carmen schon lange kein Zuhause mehr. Was soll's. Sie gibt Bonny zu verstehen, dass sie auf der vom Vater entfernteren Seite gehen soll. Carmen selbst hält ebenfalls Distanz, indem sie auf dem Weg zum Auto einen guten Schritt hinter ihm bleibt. Er fährt noch immer den alten Audi

100, dessen Kauf die Mutter damals empört abgelehnt hatte, weil es nicht das neueste Modell von Mercedes war.

Selbst auf der kurzen Strecke, die Fahrt dauert nur fünf Minuten, beginnt der Vater aufgrund der Hundehaare zu niesen. Sein Atem pfeift. Er öffnet das Fenster, presst mit Daumen und Zeigefinger gegen die Nasenwurzel, um das Jucken der Augen zu unterdrücken, hustet. »Ist über die Jahre nicht besser geworden«, stößt er hervor.

»Sollten wir dann nicht doch lieber in ein Café gehen, anstatt Bonny auch noch mit ins Haus zu nehmen?«

»Nein. Bitte. Ich möchte, – ich meine, – also, wenn ihr schon mal hier seid, wäre es schön, wenn ihr nach Hause kommt.«

»Wirklich? Bist du sicher? So wie du keuchst, wirst du noch tagelang unter ihren Haaren im Haus leiden …«

»Carmen! Bitte!«

Sie zuckt zusammen, blickt ihn von der Seite an. Da ist er wieder, der harte, bellende Ton, den sie mit dem Vater verbindet.

Womit sie nicht gerechnet hat, ist, dass er ihn selbst bemerkt hat. »Entschuldige«, sagt er leise. »Es ist mir eben wichtig.«

Sich an die verkehrsberuhigenden 30 haltend, lenkt er den Wagen die Serpentinenstraße hinauf bis zum alleinstehenden Haus, das auf der linken Seite in einer Kehre steht. Die Hecke rings ums Grundstück ist ins Kraut geschossen. Im Garten herrscht Wildwuchs. Der Vater scheint sich in den vergangenen eineinhalb Jahrzehnten wenig bis gar nicht darum gekümmert zu haben.

Carmen steigt aus, schwingt den Rucksack, ihr Gepäck für die nächsten drei Tage, auf den Rücken. »Bist du sicher, dass Bonny mit rein soll?«, fragt sie, während sie die vertrauten acht Stufen zur Haustür hochgehen. Er bleibt auf dem oberen Absatz stehen. Blickt auf den Schlüssel in seiner Hand. Sagt nichts. Carmen wundert sich, wie lange er über die simple Frage nachdenken muss. »Bonny kann auch draußen bleiben. Sie ist ausgebildet. Nötigenfalls kann sie warten.«

»Nein. Ich möchte, dass sie mit reinkommt.« Erneut ist sein Ton harsch. Er schließt auf, geht voraus in die Wohnküche. Der Tisch ist bereits gedeckt. Für ihn war also schon vor seinem Aufbruch klar, dass er die Tochter nach Hause einladen wollte. Neben der alten Thermoskanne mit vergilbtem Dichtungsring erkennt Carmen auch die Butterdose mit der abgeschlagenen Ecke. Das Körbchen, in dem vier Brezeln liegen, hat sie gegen Ende ihrer Grundschulzeit aus Peddigrohr geflochten.

»Die Brezeln sind aus der Gefriertruhe. Ich hoffe, sie schmecken noch«, sagt der Vater. »Schenk dir schon Kaffee ein. Ich muss schnell ins Bad. Mein Spray holen.«

Bereits als sie sich an ihren alten Platz setzt, bereut Carmen, mitgekommen zu sein. Den Vater nach so vielen Jahren zu sehen, ist eine Sache, in der Küche ihrer Kindheit und Jugend zu sitzen, empfindet sie jedoch als enorme Last. Dass sich ihre Unrast auch auf die Hündin zu übertragen scheint, wundert Carmen kaum. Bonny kratzt an der Tür, die von der Küche aus in den Keller hinunterführt. Sie ist einen Spaltbreit geöffnet.

»Bonny, lass das. Komm unter'n Tisch. Wir bleiben nicht lange.«

Die Hündin hält nur einen kurzen Moment inne, kratzt dann unablässig weiter, versucht, die Tür mit der Pfote zu öffnen.

Carmen stockt der Atem. Bonny gibt eindeutige Zeichen. Fassungslos erhebt sich die Hundeführerin von ihrem Platz. Kaum hat sie die Tür weit genug geöffnet, zwängt sich Bonny hindurch und läuft mit klickenden Krallen die Steintreppe hinunter. Ohne hinsehen zu müssen, greift Carmen zielsicher nach dem alten Drehschalter. Das Licht geht an. Ihre Hündin scharrt mit beiden Pfoten auf dem Teppich, der schon abgetreten war, als er noch im Wohnzimmer lag. Mit zitternden Knien steigt sie hinab, nimmt mit jeder weiteren Stufe die Veränderungen wahr, die im Keller vollzogen wurden. Der Boden war vor fünfzehn Jahren noch mit Natursteinen ausgelegt. Rings um den Rand des Teppichs erkennt Carmen jedoch, dass hier unten betoniert worden ist.

Mit Atemzügen bis tief ins Zwerchfell hinunter versucht Carmen, sich zu beruhigen. Zugleich ist sie bemüht, sich ihrer Hündin gegenüber dem Lehrbuch entsprechend und professionell zu verhalten. »Gut gemacht, Bonny. Braver Hund. Das hast du so fein gemacht.« Bei erfolgreich abgeschlossener Suche darf das angemessene Lob nicht ausbleiben. Carmen greift in ihre Westentasche. Sie gibt Bonny, deren Verhalten absolut vorbildlich und der Ausbildung entsprechend ist, ein Hundeleckerli als Belohnung. »Hast du gut gemacht.«

Carmen lauscht. Vom Vater ist nichts zu hören. »Komm«, raunt sie Bonny zu. »Wir sind hier fertig.« Sie klickt die Leine ans Halsband, um die Hündin auf dem Weg in die Küche kurzhalten zu können. Der Vater hustet im ersten Stockwerk. Mit schnellen Schritten ist sie an der Garderobe, nimmt den Rucksack vom Haken und fragt sich zugleich, weshalb sie ihn vorhin nicht im Auto gelassen hat. Eine Vorahnung ihres Unterbewusstseins? Jedenfalls stellt sich dieser Schritt nun als sinnvoll heraus. Sie empfindet Erleichterung, dass sie einfach abhauen kann, ohne das Gepäck aus dem Auto holen zu müssen. Sie reißt die Tür auf und hastet mit Bonny die acht Stufen der Außentreppe hinunter.

Ehe sie das Grundstück durchs offene Zufahrtstor verlässt, dreht sie sich um, läuft einige Schritte rückwärts weiter. Hinter dem Fenster des elterlichen Schlafzimmers im Obergeschoss sieht sie den Vater stehen. Reglos blickt er auf seine Tochter und deren gut ausgebildete Hündin. Einen Moment hält Carmen inne. Durch die lang nicht mehr geputzten Scheiben sieht sie den Vater nur schattenhaft. Seine zusammengefallene Haltung lässt ihn noch älter wirken als zuvor auf dem Bahnhof. Endlich reißt sie sich los, wendet sich ab, eilt mit Bonny die Straße hinunter, um schließlich über Stock und Stein durch den Wald abzukürzen. Eine Abkürzung, die sie auch als Kind genommen hatte, wenn sie drohte zu spät zur Schule zu kommen. Schweißgebadet erreicht sie den Bahnhof. Ihr Zug kommt erst in einer guten Stunde. Was ist, wenn der Vater ins Auto steigt, um nach ihr zu suchen? Damit er sie nicht gleich vom Parkplatz aus entdecken kann, begibt sie sich zur Rückseite des Bahnhofsgebäudes und setzt sich auf einen Gepäckwagen. Allmählich beruhigen sich ihr Herzschlag und ihre Atemfrequenz. Bonny legt den Kopf auf Carmens Knie, als wollte sie mitteilen, dass sie ja bei ihr sei.

Die Hundeführerin schüttelt, noch immer von Bonnys Entdeckung überwältigt, ungläubig den Kopf. Sie rutscht vom Wagen auf die Knie, schließt die Hündin in die Arme. »Bonny«, sagt sie leise. »Was mach ich jetzt bloß?«

Sie fischt ihr Smartphone hervor, wählt die Nummer ihres Bruders.

»Schwesterchen!«, meldet er sich erfreut. »Was gibt's?«

»Mama ist tot«, sagt sie ohne Umschweife.

»*Was*?«

»Papa hat sie umgebracht.«

»Carmen! Was erzählst du da? Wo bist du?«

»In Geislingen. Am Bahnhof.«

»Du hast ihn besucht? Ohne mir Bescheid zu sagen? Wieso?«

»War total spontan. Bin mit Bonny auf dem Weg zu einer Schulung. Hab ihn von Stuttgart aus angerufen, als ich auf Anschluss warten musste. Ist ja fast kein Umweg, über Geislingen zu fahren.«

Dann eine seltsame Pause. Die Geschwister hören einander beim Atmen zu. »Was sagst du, ist mit Mutter …« Er verharrt mitten im Satz.

Erneutes Schweigen.

»Sie liegt im Keller. Der Keller ist betoniert. Bonnys Reaktion war eindeutig. Sie liegt unterm Beton.«

»Wie kannst du so sicher sein?«

»Leo – es ist mein Job. – Und Bonnys natürlich auch. Sie ist ausgebildet, um …«

»… um Leichen zu finden. – Aber was macht dich so sicher, dass er …?«

»Es war seltsam. Erst hab ich mir nichts dabei gedacht. Im Nachhinein bin ich fest davon überzeugt, dass er entdeckt werden wollte. – Als ich anrief, vereinbarten wir, uns ins Café zu setzen. Als wir uns auf dem Bahnsteig trafen, bestand er darauf, dass ich mitkomme. Und Bonny sollte unbedingt mit rein. – Trotz seiner Allergie.« Sie legt eine Pause ein, kann selbst kaum fassen, dass der Sachverhalt so klar zu sein scheint. »Er muss sich das direkt nach meinem Anruf überlegt haben. Warum sonst hat er uns in der

Küche allein gelassen? Die Kellertür stand einen Spalt offen. Ganz sicher mit Absicht. Er wollte, dass ich es herausfinde.«

Leo scheint das nicht zu überzeugen. »Nehmen wir an, es stimmt und er hat sie tatsächlich – umgebracht. Weshalb soll er nach all den Jahren wollen, dass jemand dahinterkommt?«

»Weiß nicht. Weil er die Schuld nicht mehr ertragen kann?« Sie schüttelt den Kopf, ist ebenso fassungslos wie ihr Bruder, der lange schweigt. Carmen merkt, dass sie vor lauter Stress fast nur noch eingeatmet hat, und stößt einen langen Luftstrom aus. »Ich wollte, dass du Bescheid weißt, ehe ich die Polizei rufe«, sagt sie schließlich leise.

»Nein, warte«, sagt Leo.

»Warten? – Wieso? – Worauf soll ich warten?«

»Wer außer mir weiß, dass du mit Bonny bei ihm im Keller warst?«

»Er natürlich.«

»Sonst niemand?«

Carmen zögert. Worauf will Leo mit dieser Frage hinaus? »Nein.«

»Du bist dir absolut sicher, dass es sein Wunsch ist, entdeckt zu werden?«

»Anders ist sein Verhalten nicht zu erklären. Du solltest ihn sehen. Die Schuldgefühle scheinen ihn aufzufressen.«

»Er hat es nicht verdient, dass du ihm den Gefallen tust. Ruf *nicht* die Polizei.«

GELEGENHEITSMAURER

Gar heftig ist des Paares Streit
darüber, ob der offene Kamin
wird stillgelegt für alle Zeit,
oder ob man noch nutze ihn.

Er möcht' die Funktion erhalten,
um mit einem schönen Feuer
sich zu wärmen in der kalten
Zeit mit Holz, welches nicht teuer.

Sie jedoch will Dreck vermeiden,
den Staub und auch die viele Asche.
Also zanken sich die beiden,
bis er wütend greift die Flasche.

Warum hat sie, denkt er betreten,
im Gesicht noch immer rot,
den Standpunkt gar so fest vertreten?
Nun liegt sie vor ihm, mausetot.

Nach angemessenem Bedauern,
dass er sie tödlich hat verletzt,
will er den Kamin vermauern,
weil's ihr so wichtig bis zuletzt.

So mörtelt er bald Stein auf Stein,
lässt dabei die Frau verschwinden.
Mit Sorgfalt mauert er sie ein.
Schließlich soll sie keiner finden.

4 – STROHBALLENLEICHE

»Polizeirevier Münsingen, Wagner«, meldet sich der Polizeiobermeister nach dem ersten Klingeln. Eine halbe Stunde vor Dienstschluss ist die Beschäftigungslage als übersichtlich zu bezeichnen.

»Jo, bist du es tatsächlich? Da hab ich ja gleich den Richtigen erwischt.«

»Ähm«, Joachim Wagner versucht, die Frauenstimme zu identifizieren, »wer ist bitte dran?«

»Erkennst du mich nicht? Die Hannelore.«

»Hannelore, Hannelore …?«

»Wir sind zusammen zur Schule …«

Er schlägt mit der flachen Hand auf die Tischplatte. »Das gibt's ja nicht! Hanne Hilsenbeck?«

»Genau die. Auch wenn ich jetzt anders heiße.« Ihre Stimme klingt mit einem Mal eine Oktav tiefer. »Wusste ich doch, dass du meine Stimme noch erkennst.«

Jo Wagner nickt. Natürlich erkennt er diese Stimme. Zumindest nach dem kleinen Hinweis. Immerhin hatten sie in der zwölften mal was miteinander. Für zwei, drei Monate. Aber das ist in dem Alter ja eine lange Zeit. »Mensch, Hanne, wie geht's? Das muss 15 Jahre her sein, seit wir uns das letzte Mal gesehen haben. Ewigkeiten …«

»Bin ja eigentlich in Hamburg. Besuche nur gerade meinen Bruder für eine Woche …«

»… den Hemu? Den seh' ich noch ab und zu.« Wobei sich der Kontakt zu Hemu, wie Hannelores Bruder seit seiner Kindheit genannt wird, in der Tat aufs Sehen beschränkt. Als sie noch Fußball spielten, hatten sie viel Zeit miteinander verbracht. Dann kam aber diese Geschichte mit dem Herbstfest im vergangenen Jahr. Jo Wagner fühlt das schlechte Gewissen in sich emporkriechen. Damals musste er Helmut Hilsenbeck den Führerschein abnehmen. Was hätte er machen sollen? Wenn jemand mit 2,1 Promille mit einem unbeleuchteten Traktor über einen gut besuchten Festplatz brettert, kann man auch als Dorfbulle kein Auge mehr zudrücken. Das Urteil fiel dann leider überdurchschnittlich heftig aus. Dass Helmut seit jenem Vorfall nicht gut auf ihn zu sprechen ist, versteht sich beinahe von selbst. »Wie geht's ihm denn, deinem Bruder?«, erkundigt er sich vorsichtig.

»Im Moment hat er ein Problem, bei dem er jemanden bräuchte, der sich mit so was auskennt. Als Polizist. Und als Freund.«

»Weshalb ruft er nicht selbst an?«

»Kennst ihn doch. Das mit dem Fahrverbot hat ihn total angefressen. Er meint immer noch, du hättest das anders händeln können.«

Vielleicht stimmte das sogar. Jo Wagner hätte ihn auch einfach vom Traktor zerren, ins Dienstauto verfrachten und nach Hause kutschieren können. »Früher war er nicht so nachtragend, dein Bruder.«

»Dafür ist er ruhiger geworden. Jedenfalls haut er nicht mehr so schnell drauf wie früher«, sagt Hannelore.

Jo Wagner fragt sich, weshalb sie das hervorhebt. Helmut als notorischen Schläger zu bezeichnen, wäre sicherlich übertrieben. Andererseits ist er einer Rauferei nie aus dem Weg gegangen. Dass er selbst welche angezettelt hätte, kann man jedoch nicht behaupten.

Es entsteht eine seltsame Pause. Der Polizist ist froh, als Hannelore endlich weiterredet. »Das mit dem Führerschein hat ihn schwer getroffen. Und eine Stange Geld hat ihn die Sache auch gekostet. Finanziell war das echt der Hammer. Schließlich musste er zum Fahren der Großmaschinen jemanden einstellen. Jetzt könntest du ihm jedenfalls helfen. Als Wiedergutmachung sozusagen.«

»Ach?« Rein sachlich hat sich Jo Wagner nichts vorzuwerfen. Deshalb gibt es auch nichts wiedergutzumachen.

Sein einsilbiger Einwurf scheint Hannelore Hilsenbeck nicht zu beirren. »Im Übrigen ist es nicht seine Idee gewesen, dich anzurufen.« Diese Stimme. Jo Wagner muss ihr einfach weiter zuhören. Längst ist ihm klar, dass er damals vor allem in ihre Stimme verschossen war. Obwohl sie auch sonst nicht gerade unattraktiv gewesen war. Ein bisschen zu kräftig für seinen generellen Geschmack. Aber gut verteilt. »Genau genommen ist Helmut sogar dagegen gewesen, ausgerechnet dich anzurufen. Wenn du also einen Moment Zeit hättest?«

Er blickt auf die Uhr. Kurz vor Dienstschluss. »Für dich hab ich immer Zeit, Hanne«, schmeichelt er ihr und fühlt, wie ihm die Röte ins Gesicht schießt. In Erinnerung an die intimen Stunden, die sie in ihrer Jugend miteinander verbracht haben, war das vielleicht doch ein wenig anzüglich.

Hannelore scheint es nicht übelzunehmen. »Ist auch nur zur Hälfte dienstlich«, haucht sie ins Telefon.

Das klingt beinahe, als könnte da – nach der Trennung von seiner langjährigen Freundin wäre er nicht abgeneigt. Er räuspert sich. »Nur zur Hälfte?«

»Mhm. Allerdings muss ich dich zunächst bitten, mir zu versprechen, für dich zu behalten, was ich dir erzählen werde.«

»Kein Problem. Wenn's nichts Kriminelles ist.«

Sie schweigt. Sie schweigt lange. Sehr lange.

»Ähm«, der Polizeiobermeister setzt sich auf dem Stuhl zurecht und zieht den Schreibblock heran. Instinktiv nimmt er dienstliche Haltung ein, als hätte er jemanden vor sich, der etwas zur Anzeige bringen möchte. »Es ist also was Ernstes.«

»Kann man so sagen.« Sie holt hörbar Luft. »Auf Helmuts Hof ist ein ...«

»Moment«, fällt er ihr ins Wort. Falls sie ihm tatsächlich etwas erzählen möchte, was nicht ganz lupenrein ist, sollte er das Gespräch nicht über die Dienstleitung fortführen. »Kann ich dich zurückrufen? Gibst du mir deine Mobilnummer?«

»Ja, klar. Hast du was zu schreiben?«

»Leg los.« Er notiert die Nummer, reißt das Blatt ab und schiebt es in die Brusttasche. »Ich ruf dich zurück.« Er blickt auf die Uhr. »Zehn bis zwanzig Minuten?«

»Ja, danke. Bis gleich.« Sie beendet das Gespräch.

Er betrachtet das Telefon mit skeptischer Miene. Was auch immer auf dem Hilsenbeck-Hof passiert sein mag, es scheint sich um was Ernstes jenseits der Legalität zu handeln. Es sei denn, Hannelore macht nur deshalb eine dicke Nummer daraus, um einen Grund zu haben, ihn anzurufen. Schließlich hat damals nicht sie mit ihm Schluss gemacht, sondern er mit ihr. Warum eigentlich? Er weiß es nicht mehr. Egal, vermutlich hat Helmut nur wieder mal mit besoffenem Kopf auf dem Traktor gesessen und ein Verkehrsschild umgenietet oder so was Blödsinniges.

Als auf der Dienststelle die Kollegen der Spätschicht eintreffen, hat er keine Zeit mehr für Spekulationen. Jo Wagner gibt in knapper Form weiter, was noch anliegt, und übergibt die zu bearbeitenden Punkte.

»Bekommen wir noch Schnee?«, fragt er abschließend mit Blick aus dem Fenster.

»Hoffentlich nicht«, knurrt einer seiner Kollegen. »Sonst stehen wir die halbe Nacht in der Kälte rum und nehmen Blechschäden auf. Hat doch noch keiner Winterreifen aufgezogen.«

»Na dann, macht's gut, Leute.« Als würde er sich in der Kneipe vom Stammtisch erheben, klopft er zum Abschied auf den Tresen und geht nach hinten, um sich umzuziehen.

Kaum im Auto, holt er sein Telefon aus der Tasche, entscheidet sich dann anders, um sich zunächst außer Sichtweite der Kollegen zu begeben. Am Bahnhof stellt er sich in die letzte Haltebucht hinter einen Lieferwagen. Mit einem Schmunzeln nimmt er sein konspiratives Verhalten wahr. Dabei hat er nichts zu verbergen. Oder vielleicht doch? Ehe er Hannelores Motive nicht kennt, müssen die Kollegen nicht erfahren, dass er sich mit ihr treffen wird. Er gibt ihre Nummer ein.

»Baumann?«, meldet sie sich nach dem ersten Rufzeichen.

»Ah, Baumann heißt du jetzt?« Er hofft, sich nicht enttäuscht angehört zu haben. »Wusste ich noch nicht.«

»Noch. Scheidung läuft. Wir leben schon fast ein Jahr getrennt. Was den Namen angeht, versuche ich mich gerade umzugewöhnen und nenne mich mal so, mal so.« Sie legt eine Pause ein. »Danke für den Rückruf.«

»Dann schieß mal los. Worum geht's?«

»Helmut hat einen Toten auf dem Grundstück.«

»*Was*?« Das übertrifft alles, was ihm bei seinem früheren Freund bezüglich Illegalität in den Sinn gekommen wäre. »Einen Toten? Tut mir leid, Hanne. Da muss ich passen. Das geht nicht. Da kann ich außerhalb des Dienstweges nichts machen.«

»Jo, bitte«, haucht Hannelore. »Mir zuliebe.«

»Wie stellst du dir das vor? Ich komme in Teufels Küche, wenn ich mir aus Freundschaft mal eben ’ne frische Leiche anschaue.«

»Frisch ist was anderes«, erwidert sie kaum hörbar.

»*Was?*« Er glaubt zwar, sie akustisch vollkommen richtig verstanden zu haben, sein Verstand weigert sich jedoch, die Aussage inhaltlich zu erfassen.

»Wahrscheinlich ist die Leiche schon ein paar Monate alt.«

»Dass wir kurz vor Weihnachten haben und nicht den ersten April, ist schon klar?«

Hannelore lacht. »Ach, Jo, dein Humor! Den hab ich immer gemocht.« Als er auf ihre Schmeichelei nichts erwidert, fährt sie sachlich fort: »Nein, wirklich, Jo. Der Tote ist schon länger auf dem Hof. Nur hat Helmut ihn erst jetzt entdeckt. Rein zufällig.«

Der Polizeiobermeister schüttelt fassungslos den Kopf. »Wo ist er, dieser Tote? Sag jetzt bitte nicht, er schwimmt in der alten Güllegrube.«

Auch mit dieser wahrlich nicht scherzhaft gemeinten Bemerkung bringt er Hannelore zum Lachen. »So schlimm ist es nicht. Er steckt in einem Pressballen aus der letzten Ernte.«

Jo Wagner nimmt das Telefon vom Ohr und schaut es kopfschüttelnd an. Er ist zwar erst fünfunddreißig Jahre alt und seine Dienststelle liegt, wenn man so will, in der Pampa, trotzdem hat er im Laufe seines Berufslebens doch schon einiges gesehen oder gehört. Ein Toter im Pressballen ist jedoch in der Tat mal was Neues. »Und Helmut hat …« Er lässt die Frage halb im Raum schweben.

»Er ist sich ziemlich sicher, dass er eigentlich überhaupt nichts mit dem Tod zu tun hat.«

»Ziemlich und eigentlich?«

»Allerhöchstens mittelbar.«

Für ein paar Sekunden hören sich die beiden beim Atmen zu. Erneut ist es Hannelore, die nach kurzem Räuspern das Schweigen bricht. »Kannst du nicht mal schnell rausfahren zu uns und dir die Sache einfach nur anschauen?«

Diese Stimme. Jo Wagner stößt einen Seufzer aus. »Ich bin in zehn Minuten bei euch.«

Der Hilsenbeck-Hof, den Helmut vor wenigen Jahren von einem Tag auf den andern übernommen hat, nachdem die Eltern durch einen Unfall ums Leben gekommen waren, liegt wenige Hundert Meter außerhalb. Als sich der Polizist in ziviler Mission auf dem Zufahrtsweg dem Wohnhaus nähert, stehen die Geschwister wartend vor der Scheune. Beide tragen Arbeitskleidung und Gummistiefel. Hannelore sieht trotzdem gut aus. Jo Wagner steigt aus, reicht zunächst Helmut die Hand. Positiv überrascht stellt er fest, dass er keine Alkoholfahne riecht. Vielleicht hat der ehemalige Freund die Sauferei doch in den Griff bekommen. Schön wär's. Er wendet sich der Schwester zu, die ihm die Peinlichkeit der Entscheidung erspart, wie er sie begrüßen soll, indem sie ihn einfach in die Arme schließt.

»Mensch, Jo, schön, dich zu sehen«, raunt sie ihm ins Ohr.

Helmut verdreht die Augen. »Da hinten hab ich ihn gefunden«, sagt er knapp, wendet sich ab und geht zur Nordseite der Scheune.

Schon auf dem Weg zum Fundort der Leiche versucht der Polizist, alle Details mit professionellem Blick zu erfassen. Was auch immer den Geschwistern vorschwebt, Jo muss die Kollegen baldmöglichst in Kenntnis setzen. Gut, dass der Boden überall betonversiegelt ist. Dann hinterlässt er bei dieser Inaugenscheinnahme wenigstens keine Fußspuren. Wenn die gefunden würden, könnte er den Dienst gleich freiwillig quittieren. In respektvoller Distanz zu den Silageballen, die unter dem Vordach der Scheune dreistöckig gestapelt sind, bleibt Helmut stehen. Die Hände tief in den Hosentaschen, nickt er den Kopf seitlich zu einem Ballen, bei dem die weiße Plastikfolie aufgerissen ist. Der Ballen scheint erst kürzlich mit der Traktorgabel von oben heruntergehoben worden zu sein. Der Traktor steht noch daneben. Hannelore wartet an einem Punkt, von dem aus sie die Vorderseite des Ballens nicht sehen kann. Die Plastikfolie, die das Pressgut luftdicht abschließt, bis es verfüttert wird, hängt in Fetzen herunter. In der Schubkarre vor dem mannshohen Ballen liegen zwei, drei Gabeln voll Silage. Aus dem Loch im Ballen ragt der Ärmel einer Arbeitsjacke. Schon aus der Entfernung erkennt Jo, dass dieser Ärmel nicht leer ist. Darauf gefasst, den unangenehmen Geruch der verwesenden Leiche in die Nase zu bekommen, tritt er näher heran. »Wann hast du ihn gefunden?«, fragt er über die Schulter zurück.

»Gegen neun.«

»Wieso hast du nicht gleich die Polizei gerufen?« Er erhält keine Antwort.

Als er sich fragend nach Helmut umdreht, hebt der nur ratlos die Schultern. »War erst mal voll unter Schock. Hab erst mal einen Kaffee gebraucht. Dann hab ich's Hanne erzählt und wir haben erst mal überlegt, was ich machen soll.«

Jo blickt auf die Uhr. »Sieben Stunden lang? Bei so was ruft man die Polizei! Oder hast du den Typen persönlich so eingepackt?«

Ohne auf die Frage einzugehen, nickt Helmut erneut in Richtung Ballen. »Das ist der Wassi. Jedenfalls hat er die Klamotten an, die ich ihm im Sommer geliehen habe. Er und sein Kumpel, der Franz, – eigentlich heißen sie Wassili und Frantiček – haben bei der Ernte auf dem Hof gearbeitet. Bis dann der Franz, also der Frantiček, ganz plötzlich seine und Wassis Sachen ins Auto gepackt hat und abgehauen ist.«

»Und das kam dir nicht komisch vor?«

Helmut zuckt mit den Schultern. »Schon. Aber …«

»Ja?«

»Nun sag's ihm halt«, drängt Hannelore ihren Bruder.

»Es wären eh nur noch zwei Tage gewesen und die Arbeit war fast durch. Nur noch ein paar Ballen pressen und einholen. Das war nicht mehr dringend. Und der Franz, also der Frantiček, hat gemeint, der Wassi müsste ganz schnell nach Hause. Irgendwas in seiner Familie.« Er hebt ratlos die Hände. »Klar war's komisch. Auch, dass die sich danach nicht mehr gemeldet haben.«

Ein wenig einfältig wirkt er schon, wie er mit der Spitze des Gummistiefels in einer Betonfurche kratzt, denkt Jo Wagner. »Und?«

»Was, und?«

»Gibt's Papiere? Hast du Adressen?«

»Natürlich«, antwortet Helmut fast beleidigt. »Hab mit Hanne schon alles rausgesucht. Die Papiere sind in Ordnung.«

»Du kanntest die beiden?«, wendet sich der Polizist an die Schwester.

»Ich war im Sommer auch zum Helfen hier.«

»Und dieser Wassi, saß der mit im Auto, als der Franz abgefahren ist?« Synchrones Kopfschütteln. Während er die Backen aufbläst, fragt sich Jo Wagner, wie er aus der Nummer wieder rauskommt. Das Beste wird sein, schon mal gründlich zu recherchieren, um den Kollegen am Ende den abgeschlossenen Fall präsentieren zu können. »Wo kamen die zwei her?«

»Der Franz aus Tschechien. Spricht aber astrein Deutsch. Jedenfalls besser wie ich«, spielt Helmut grinsend auf sein raues Albschwäbisch an.

Als ich, denkt Joachim Wagner, besser als ich.

»Und der Wassi ist Russe, hat aber auch einen deutschen Pass. Er lebt schon zwanzig Jahre hier.« Mit Blick auf Wassis Ruhestätte fügt er kaum hörbar hinzu: »Lebte.«

Eine Zeit lang herrscht Schweigen.

»Dir ist klar, dass ich das schnellstmöglich melden muss?«

Hannelore hakt sich bei ihrem Bruder unter. »Wir wollen bloß nicht, dass Helmut in Verdacht gerät.«

»Gibt's denn einen Grund?«, fragt Jo Wagner ohne Umschweife.

»Spinnst du jetzt voll?«, fährt Helmut ihn an und dreht sich um zu Hannelore. »Ich hab dir gesagt, dass grade der bestimmt nicht helfen wird. Der tickt doch nicht richtig.«

Sie legt ihrem Bruder die Hand auf den Mund. »Halt mal den Rand! Der Jo hat dir eine einfache Frage gestellt: Gibt's einen Grund, dass seine Kollegen dich verdächtigen könnten?«

»Natürlich nicht! Es hat halt nur …«

»Was?«, bohrt Jo Wagner weiter.

»Eigentlich gar nichts. Ein paar Tage vorher bin ich mit dem Wassi im Hirsch aneinandergeraten.«

»Habt ihr euch geprügelt?«

»Woher denn. Ich hab ihm nur gesagt, dass ich ihn rausschmeißen muss, wenn er weiter so fahrlässig ist.«

»Inwiefern?«

»Er hat halt nie auf Sicherheit geachtet.«

»Zum Beispiel?«

Hannelores Bruder zuckt mit den Schultern. »Er fuhr mit der Staplergabel vorn am Traktor über den Hof wie eine gesengte Sau. Dann hat er die Automatikabschaltung am Häcksler überbrückt. Mit einem Schraubenschlüssel. Zum Glück hat der Franz blitzschnell reagiert, sonst hätte es ihn die Hand kosten können. Lauter so Scheiß halt. Ich hab's ihm in Ruhe sagen wollen. Aber dann wurd's laut zwischen uns und wir sind rausgeflogen.«

»Dafür gab's Zeugen?«

»'s war schon recht voll«, bekommt er kleinlaut zur Antwort.

»Und wie haben sich die zwei untereinander verstanden?«

Einmal mehr leitet Helmut seine Antwort mit vorherigem Schulterzucken ein. »Ganz gut, denk ich. Die kennen sich schon länger. Haben öfter irgendwo zusammen gearbeitet.«

»Streitereien? Unstimmigkeiten?«

»Mir ist da nie was aufgefallen. Nein, alles ziemlich normal. Irgendwie.«

Ziemlich und *irgendwie* – Wörter, die Joachim Wagner ebenso wenig mag wie *eigentlich*. »Sind deine Papiere in Ordnung?«

Er blickt auf seine Schwester. »Denk schon. Hannelore hat das alles gemacht.«

Fast ein wenig enttäuscht fragt er sie: »Wie lange warst du im Sommer denn hier?«

»Ein paar Wochen. Hatte keine Kohle für Urlaub und Helmut konnte Hilfe gebrauchen.«

Jo Wagner wundert sich, dass er das nicht mitbekommen hat. Münsingen ist nicht so groß. Andererseits war er im

Sommer selbst mit Trennung beschäftigt. Und drei Wochen Auszeit im Süden hatte er sich auch genommen. »Darf ich einen Blick auf eure Unterlagen werfen?«

»Klar. Ich mach uns Kaffee.« Hannelore hakt sich nun bei beiden unter und geleitet die ehemaligen Freunde zur Haustür.

Auf dem Tisch der alten Bauernküche, die noch immer aussieht, wie Joachim sie aus der Kindheit und Jugend erinnert, liegt ein Ordner. Offenbar wurde für jeden, der je auf dem Hof gearbeitet hat, eine Akte angelegt. Auch wenn das Ganze behelfsmäßig wirkt, ist hinter der Sortierung ein System zu erkennen. Zuallererst waren die persönlichen Daten erfasst. Dahinter waren Kopien von Zeugnissen vorheriger Arbeitsstellen und Quittungen für bar ausbezahlte Lohngelder abgeheftet. Eine Quittung über 1.500 Euro trägt Wassilis Namen. Der Empfang des letzten Lohns ist jedoch mit der Unterschrift seines Kollegen bestätigt. »Frantiček hat Wassilis Geld entgegengenommen?«

»Ja. Hannelore hat ihm beide Löhne mitgegeben«, bestätigt Helmut.

Sie zuckt mit den Schultern. »Ich hab ihm so was nicht zugetraut.« Sie nickt mit dem Kopf grob in die Richtung, wo das Opfer im Ballen liegt.

Jo Wagner zieht die Augenbrauen hoch. »Du meinst, dieser Franz …«

»Wer sonst?«

»Was fuhren sie für Autos?«, fragt der Polizist weiter.

»Franz hatte 'nen Lada. Alte Kiste. Sprang aber immer an. Wassi hatte keins.«

»Autokennzeichen?«

Der Gefragte schüttelt den Kopf. »Keine Ahnung.«

Jo Wagner nimmt einen Schluck Kaffee, blättert in seinen Notizen. Auf was hat er sich da nur eingelassen? Die Sache scheint so klar, dass die Heimlichtuerei der Geschwister ihm absolut überflüssig vorkommt. Wenn sein konspiratives Vorgehen allerdings auffliegt, wird er was zu hören bekommen. Selbst wenn die Angelegenheit keine Auswirkungen auf die Arbeit haben sollte, werden ihn die Kollegen mit Sicherheit über Jahre hinweg damit aufziehen.

»Werden deine Kollegen Helmut verhaften?«, fragt Hannelore.

»Kommt darauf an«, antwortet er, nachdem er die beiden durch weiteres Blättern in seinen Notizen unnötig auf die Folter gespannt hat. »Wenn bei der KTU keine Spuren von Helmut auf der Leiche gefunden werden, dann vermutlich nicht.«

»Wer soll keine Spuren finden?«, fragt Hannelore.

»Die Leute von der Kriminaltechnischen Untersuchung.«

»Scheiße, verdammte!« Hannelore schluckt.

»Was?«, fragt Jo Wagner.

Sie sieht ihren Bruder an. »Die Sachen, die er trägt, sind alle von dir.«

»Na, super. Dann ist Helmuts DNA ganz sicher drin.«

»Die Klamotten waren frisch gewaschen, als ich sie dem Wassi gegeben hab«, empört sich der Landwirt.

Jo Wagner lacht. »Mit Waschen kriegst du doch keine DNA weg. Weißt du noch, was an dem Tag, an dem die zwei«, er malt Anführungsstriche in die Luft, »verschwunden sind, los war? Hast du vielleicht ein Alibi? Wenn du den Toten morgen meldest, werden dich meine Kollegen ganz sicher danach fragen. Das ist Standard.«

»Morgen?«, fragt Hannelore.

»Länger kann ich das nicht zurückhalten.« Er wendet sich an Helmut: »Pass auf, du stellst den Traktor gleich ab, wo er für gewöhnlich immer steht. Danach hältst du dich von dort hinten fern. Ich werde ab 7.30 Uhr auf der Dienststelle sein. Wann fütterst du normalerweise?«

»Viel früher. Aber für heute Abend und morgen früh hab ich noch Futter im Stall. Eigentlich hätte ich heute gar nicht an den Ballen rangemusst.«

»Eigentlich«, wiederholt Joachim Wagner kopfschüttelnd.

»Ist daran was falsch?«

»Nein, nichts.« Er schließt die Augen, denkt über einen unverdächtigen Ablauf nach. »Okay, du fährst den Traktor weg, versorgst dein Vieh. Alles wie immer. Um 7.45 Uhr«, erneut malt er Anführungsstriche in die Luft, »entdeckst du die Leiche und rufst auf der Dienststelle an. Nicht die 110. Sonst geht es nach Reutlingen und wir werden erst anschließend informiert. Wenn es sich vermeiden lässt, werde ich nicht selbst ans Telefon gehen. Wir müssen vermeiden, dass jemand ahnt, ich könnte was gewusst haben. Frag also nicht nach mir, sondern sag direkt, dass du eine Leiche gefunden hast. Wahrscheinlich wollen sie wissen, ob du den Toten kennst. Du sagst einfach, wie es ist: dass du anhand der Arbeitsklamotten vermutest, dass es sich um deinen Saisonarbeiter handelt. Erzähl ihnen ruhig sofort, dass du ihm die Sachen gegeben hast. Man wird dir einschärfen, dass du nichts mehr anrühren oder verändern sollst. Dann steigen wir in den Streifenwagen und sind ein paar Minuten später bei euch. Ist das alles klar?«

Bruder und Schwester sehen einander an, schweigen. Hannelore legt Helmut eine Hand auf den Unterarm. »Du schaffst das schon.«

»Es schneit«, sagt Jo Wagner mit Blick aus dem Fenster. »Schaff den Traktor weg, bevor du Spuren damit hinterlässt. Lasst uns hoffen, dass morgen früh ordentlich Schnee liegt.«

»Was soll das bringen?«, fragt Helmut.

»Dann kannst du morgen die Schubkarre durch den Schnee schieben und vor dem Ballen nagelneue Fußspuren hinterlassen. Dann kommt keiner mehr auf die Idee, dass ihr diesen Wassi schon heute gefunden habt. Auf dem Weg zum Telefon rennst du zur Küche.«

»Wieso soll ich in die Küche rennen? Ich hab doch ein Handy.«

»Das lässt du schön auf dem Küchentisch liegen. Die sollen an deinen Spuren ablesen können, dass du es eilig hattest, weil du dich erschrocken hast und halbwegs panisch warst. Bei so klarer Spurenlage sind wir auf der sicheren Seite.« Er deutet auf den Ordner. »Den holst du natürlich erst hervor, wenn sie dich nach Unterlagen fragen. Alles klar?« Erneutes Nicken. »Dann verschwinde ich jetzt, bevor ich Spuren im Schnee hinterlasse. Ich höre morgen von euch.«

Während Helmut nach draußen geht, um den Traktor wegzufahren, begleitet Hannelore ihren Jugendfreund zur Tür. »Sag mal, Jo, kann ich heute Nacht zu dir kommen?«

Er schaut sie überrascht an. Obwohl er nichts dagegen hätte, schüttelt er den Kopf. »Das geht nicht. Die andern müssen morgen glauben, dass wir uns nach langer Zeit zum ersten Mal wiedersehen.«

»Ich kann ganz gut schauspielern.« Als er nicht darauf eingeht, nickt sie mit dem Kopf heftig in Richtung Leiche. »Ich finde das voll gruselig, mit dem Toten da hinten.«

»Da musst du wohl durch. Nachdem ihr mich da reingeholt habt, geht das nicht anders.«

»Schade«, haucht sie, stellt sich auf die Zehenspitzen und gibt ihm einen Kuss.

»Du schaffst das schon«, versucht er sie zu ermutigen. »Vorhin am Telefon warst du doch auch total locker drauf.«

»Das war tagsüber. Jetzt ist es dunkel.«

»Die vorherigen Nächte war er auch da. Du hast es nur noch nicht gewusst.« Durch die Fensterraute in der Haustür blickt er nach draußen. Der Schneefall wird dichter. »Wirklich gut, dass es schneit. Die Kollegen werden nur Helmuts frische Spuren vorfinden. Und jetzt muss ich. Reifenspuren von meinem Wagen sind das Letzte, was wir gebrauchen können. Tschüss.«

»Na, Leute, wie war die Nacht?«, begrüßt POM Wagner am nächsten Vormittag seine Kolleginnen und Kollegen.

»Wie befürchtet«, grummelt Enderle, der Leiter der Dienststelle. »Fünf Stunden in der Kälte rumgestanden, weil sich heutzutage niemand mehr rechtzeitig um seine Winterreifen kümmert. Wir leben auf der Alb, verdammt noch mal! Da kann es im Dezember auch mal schneien.«

Jo Wagner blickt auf die Uhr. Er hofft, dass der Erste Polizeihauptkommissar Enderle nicht mehr da ist, wenn Helmut hier anruft, und wünscht sich eine zügige Übergabe. Der Chef ist ein Fuchs und wittert Unstimmigkeiten früher als alle andern.

»Sag mal, Jo«, spricht der Chef ihn an, »du warst doch mal mit dem Jungbauern vom Hilsenbeck-Hof befreundet.«

Jo Wagner räuspert sich ausführlich. Ehe er antworten kann, muss er sich erst sammeln. »'tschuldigung, Frosch im Hals. Wieso? Ist was mit Helmut?«

»'s war halt merkwürdig gestern. Da ist einer mit dem Motorrad in der lang gezogenen Kurve direkt vor dem Hof im Graben gelandet. Der Kradfahrer wollte um Hilfe bitten und hat an der Haustür geklingelt. Es hat aber keiner aufgemacht. Der hat den Hof doch nicht aufgegeben?«

Joachim Wagner bläst die Backen auf. »Nicht, dass ich

wüsste. Hab ihn erst neulich gesehen. Der ist aber nicht mehr gut auf mich zu sprechen, seit …«

Enderle winkt ab. »… seit du ihm die Fahrerlaubnis abnehmen musstest. Mach dir keine Vorwürfe. – Seltsam war's trotzdem, dass er nicht aufgemacht hat. Um 22.00 Uhr könnte man auch als Landwirt noch auf sein. Hat der immer noch Probleme mit dem Alkohol?«

»Keine Ahnung.«

»Zum Glück ist dem jungen Burschen nichts passiert. Wenn uns nicht noch ein Autofahrer informiert hätte, wäre er vermutlich ohne Hilfe aus dem Graben gekommen. Aber bis auf die paar Rutschpartien war die Nacht heute ruhig.« Er gibt noch ein paar weitere Informationen an die Tagschicht und verabschiedet sich.

Jo Wagner hält sich möglichst weit vom Telefon entfernt auf. Wenn es klingelt, zuckt er zusammen. Es hat jedoch keiner der Anrufe mit dem Toten bei den Hilsenbecks zu tun. Um 8.30 Uhr nimmt Florian Schneider, der jüngste und aufgeregteste im Team, den Hörer ab. »Was?«, ruft er viel zu laut. »Eine Leiche? Wo?« Er greift sich einen Stift. »Moment, der Kuli schreibt nicht.« Hektisch kramt er nach Ersatz. »So, jetzt, bitte.«

Natürlich ist die Aufmerksamkeit längst auf den Kollegen Schneider gerichtet. Anna-Lena Ströbele gibt ihm pantomimisch Zeichen, ganz ruhig zu bleiben. Das Küken der Station schafft es tatsächlich. »Wo ist das, sagen Sie? Hilsenbeck. Der Bauernhof. Ja, kenne ich. Fühlen Sie sich bedroht? Ah, schon länger her.« Er versucht, alles mitzuschreiben. »Bleiben Sie bitte, wo Sie sind, und rühren Sie nichts an. Wir sind in wenigen Minuten bei Ihnen.«

Den Blick auf die Notizen gerichtet, gibt er viel zu laut die Informationen weiter. Bis auf einen Kollegen, der

Revierwache schieben muss und umgehend die Kollegen in Reutlingen informieren soll, eilen alle zu den Streifenwagen. Jo Wagner ist mit Anna-Lena Ströbele als erster auf der Straße. Der zweite doppelt besetzte Wagen folgt mit geringem Abstand.

Auf dem Weg zum Hof scannt Joachim Wagner die Szenerie nach Zeichen seines gestrigen Besuchs. Der Schnee scheint alles zugedeckt zu haben. Nur die Spuren des Zweiradunfalls sind zu erkennen. Sogar die Fußspuren des Hilfesuchenden zum Haus hin und wieder zurück zur Straße. Jo Wagner macht die Kollegen im zweiten Fahrzeug auf die Spuren aufmerksam und hält sich selbst mit dem Wagen so weit links wie möglich, um sie nicht zu überfahren.

Hannelore und Helmut Hilsenbeck stehen wartend im Hauseingang. Nach der Begrüßung und ersten Formalitäten werden die Geschwister gebeten, mit Anna-Lena Ströbele in der Küche zu warten. Die drei Polizisten gehen nach hinten zum Fundort des Toten. Die Kamera vor dem Gesicht, hält Schneider sämtliche Spuren und ihren Weg zu den Silageballen auf Video fest. Jo Wagner ist klar, dass seine Kollegen gerne näher an den Toten herantreten und mehr Eigeninitiative an den Tag legen würden. Sie wissen jedoch alle, dass ihnen die Leute der KTU dermaßen eins aufs Dach geben würden, wenn sie Spuren kompromittieren würden. Also sperren sie den Bereich lediglich großzügig mit Plastikband ab, um sich anschließend ebenfalls in die angenehm warme Küche zu begeben und dort auf die kriminaltechnisch deutlich besser ausgerüstete Verstärkung aus Reutlingen zu warten.

Dass seine Kollegin Gummihandschuhe trägt und zwei Röhrchen auf dem Tisch liegen, lässt darauf schließen, dass sie die Geschwister bereits routinemäßig um Speichelproben gebeten hat. Der Ordner liegt auch schon aufgeschlagen auf dem Tisch. Alles scheint zu laufen, wie Jo es gestern prophezeit hat. Nervös wirken die beiden trotzdem.

»Gestern Nacht hat's vorne auf der Straße einen Zweiradunfall gegeben«, ergreift Kollege Hannes Grieshaber das Wort. Er kennt die zwei ebenfalls persönlich. »Habt ihr überhaupt nichts mitbekommen?«

Die Geschwister schütteln den Kopf.

»Komisch, der Fahrer war sogar an der Haustür«, spricht er seine Gedanken laut aus.

»Ich hab 'ne Schlaftablette genommen«, sagt Hannelore.

»Ich war gestern den ganzen Tag am Schaffen«, sagt Helmut. »Wie immer halt.«

»Du schläfst auch ohne zu schaffen wie ein Bär«, macht Hannelore einen auf locker.

Schlechtes Kino, denkt Jo Wagner. Unauffällig mustert er die anderen, die Hannelores Kommentar nicht weiter zu beachten scheinen.

Anna-Lena winkt Schneider näher. »Mach uns auch Fotos von den relevanten Seiten des Ordners«, sagt sie mit einer Selbstverständlichkeit, die keinerlei Widerspruch zulässt.

Die beiden sehen einander an. Jo Wagner beobachtet sie unablässig. Er kann seine Angst, sie könnten sich verplappern, kaum unterdrücken. Als nach einer guten halben Stunde die Reutlinger eintreffen, empfindet er die neue Dynamik befreiend. Andererseits stellen die Kollegen vom Kriminaldauerdienst auch nur dieselben Fragen, die er gestern gestellt hat. Jedoch erhalten sie nicht dieselben Antworten.

Hannelore erklärt, in der fraglichen Zeit des letzten Sommers nicht in Münsingen gewesen zu sein. Überrascht sucht er Augenkontakt, den sie, ohne mit der Wimper zu zucken, erwidert. »In der Woche habe ich eine Freundin besucht, um mich wieder ein wenig aufzurichten, nachdem mich mein Ex …« Sie lässt den Satz unbeendet wirken.

Jo Wagner schweigt, versucht, sich nicht anmerken zu lassen, wie befremdlich er den Widerspruch findet.

Während der Rückfahrt hakt Anna-Lena nach: »Du warst sehr zurückhaltend da drinnen.«

»Findest du?«

»Hat das mit deiner alten Freundschaft zu Helmut zu tun?«

Er versucht, unverfänglich darauf einzugehen. »Ich denke nicht.«

Sie grinst ihn von der Seite an. »Ihr hattet was miteinander.«

Obwohl er genau verstanden hat, was die Kollegin meint, versucht er scherzhaft abzulenken. »Hör mal, ich bin heterosexuell.«

»Eben«, insistiert sie. »Sonst hättest du ja sicher was mit Hanneiores Bruder gehabt.«

Am besten, er gibt es zu. »Da war mal was. Ist aber so was von ewig her.«

»Du hast mit ihr Schluss gemacht«, stellt sie sachlich fest.

Überrascht blickt er sie von der Seite an. »Ja. Wie kommst du darauf?«

»Wie sie dich ansieht.«

»Echt?«

Anna-Lena lacht. »Nicht mal das bekommt ihr Männer mit. Die würde sofort mit dir in die Kiste steigen.«

Stimmt. Gestern Abend. Aber das kann er der Kollegin nicht sagen. »Wenn du meinst.«

Die nächsten Tage verbringen sie mit routinierter Polizeiarbeit. Natürlich warten alle auf die Ergebnisse der KTU.

Wie von den Geschwistern angegeben, handelt es sich beim Opfer um besagten Wassili. Ehe er in der Ballenpresse gelandet war, hatte man ihn mit einem Stein erschlagen. Der Schädel war oberhalb des linken Schläfenbeins zertrümmert. Als Täter kam also ein kräftiger Rechtshänder infrage. Wie viele andere Indizien, deutet auch diese Tatsache auf Wassilis Kollegen hin. »Wissen wir inzwischen, wo oder wie wir diesen Franz oder Františ̌ek erreichen können?«, fragt Jo Wagner.

Florian Schneider wirkt frustriert. »Den scheint es gar nicht zu geben. Die Hamburger Kollegen sagen, dass es die Adresse nicht gibt. Die Telefonnummer ist auch falsch.«

»Lass mal sehen.« Jo Wagner lässt sich von seinem jungen Kollegen seinen Notizzettel geben. »Du hast die falsch abgeschrieben.«

»Ganz sicher nicht«, setzt er sich trotzig zur Wehr. »Hab's doch überprüft, als beim ersten Mal die Bandansage kam: ›Diese Nummer ist zur Zeit nicht vergeben' oder so.«

»Wo ist der Aktenordner der Hilsenbecks?«, fragt Jo Wagner.

»Den hat Reutlingen«, antwortet Anna-Lena. »Aber wir haben die Fotos.« Sie schiebt ihm die Abzüge über den Tisch.

Er wird rot, als er sieht, dass Florian Schneider recht hat. »Tut mir leid. Ich hätte schwören können, eine andere Nummer gelesen zu haben.« Er lehnt sich im Stuhl zurück, betrachtet den Notizzettel des Kollegen, klatscht sich an die Stirn.

»Was ist?«, fragt Schneider.

»Hamburger Nummer. Siebenstellig. In Hamburg werden Telefonnummern seit Jahren eigentlich nur noch achtstellig vergeben.« Eigentlich – nun fing er auch schon damit an.

»Das heißt?«

»Entweder, dieser Frantiček hat eine falsche Heimatadresse angegeben. Oder …«

»… bei den Hilsenbecks ist was faul«, sagt Anna-Lena.

»Sind die Alibis überprüft?«

»Helmut hat keins und die Freundin von Hannelore erreichen wir auch nicht.«

»Kommst du mit?«, fragt Jo Wagner. Anna-Lena traut er am ehesten zu, dass sie ihn zunächst allein mit Hannelore reden lässt.

»Was hast du vor?«, fragt sie auf dem Weg zum Bauernhof.

»Ich werde sie damit konfrontieren, dass sie Františeks Aktenblatt neu geschrieben hat.«

»Wie kommst du darauf?«

Er zuckt mit den Schultern. »Die falsche Telefonnummer, die unstimmige Adresse. Und selbst kein Alibi.«

»Noch.«

»Ich glaube nicht, dass sie je eines bekommen wird.«

Die Kollegin mustert ihn eindringlich von der Seite, sagt lange nichts. »Was weißt du, was ich nicht weiß?«

Er blickt kurz zu ihr hinüber. »Ich würd's gern für mich behalten.«

»Okay.«

»Wenn es nicht klappt, was ich vorhabe, bist du die Erste, die es erfährt.«

»Deal.«

»Danke.«

Eine halbe Stunde später hat ihm Hannelore alles erzählt. Helmut ist schon nach der Hälfte ihres Geständnisses heulend rausgegangen. Obwohl er ihre Geschichte schon gekannt hat, ist es ihm schwergefallen, sie sich ein weiteres Mal anzuhören. Noch einmal zu hören, wie Wassi seiner Schwester an die Wäsche wollte und auf ihr kniete, während er sich die Hose aufmachte. Dass sie zufällig diesen Stein zu fassen bekam. Dass Franz auftauchte, als sein Kollege bereits tot neben ihr lag, und ihr mit den Worten »Er war ein Arschloch« half, ihn in die Ballenpresse zu verfrachten. Dass sie anschließend dem Saisonarbeiter seinen Lohn auszahlte und Wassis Lohn als Schweigegeld obendrauf. Und dass sie dann auch noch ihrem Bruder gegenüber die plötzliche Abreise der beiden mit einem Familiendrama bei Frantiček begründete.

»Und weshalb bist du nicht zu uns gekommen?«, fragt Jo Wagner am Ende ihrer Ausführungen. »Wieso hast du nicht einfach gesagt, wie es wirklich war?«

»Panik?«

»Wenn du den Ordner nicht erst am Abend meines Besuchs manipuliert hättest …«

Sie lacht. »Glaub's mir oder nicht: ich hatte die Sache zwischenzeitlich vergessen.«

»Verdrängt?«

»Nein, richtig vergessen. Es war schön, diese Erinnerung nicht mehr zu haben.« Sie schaut ihm in die Augen. »Meinst du, sie werden mir glauben?«

»Weiß nicht. Möglich. Warum auch nicht? Wollen wir?« Er nickt Richtung Tür.

»Legst du mir jetzt Handschellen an?«

Er lacht. »Wozu?«

»Aus Nostalgie?«

Plötzlich weiß er wieder, weshalb er damals Schluss gemacht hatte. Sie hatte da ein paar spezielle Wünsche gehabt, die er nicht erfüllen mochte.

Draußen lehnt Anna-Lena am Streifenwagen. Jo rechnet es ihr hoch an, dass sie trotz der Kälte die ganze Zeit geduldig draußen gewartet hat. »Alles klar?«

Er nickt. Nachdem er die Autotür hinter Hannelore geschlossen hat, schickt er der Kollegin ein stummes, jedoch klar erkennbares »Danke« übers Auto. Irgendwann wird er ihr alles erzählen. Ganz sicher.

DIE BALLENPRESSE

Höchst erfreut der Bauer fand
gebraucht auf einer Bauernmesse,
günstig, da aus zweiter Hand,
eine schöne Ballenpresse.

Er kaufte sie, weil ja sein Vieh
fraß im Winter viel Silage.
Doch leider funktionierte sie
nicht sehr gut, er kam in Rage.

Nach grade mal der Ballen dreien,
war seine Presse schon verstopft.
Um das Presswerk zu befreien,
wurde gehämmert und geklopft.

Kopfüber schwitzte der Bauer dann
bei der Entfernung jenes Staus.
Als plötzlich die Maschin' sprang an,
ragten die Beine noch heraus.

Wie geschmiert lief sie nun wieder,
und kurz darauf sah man schon fallen
den Bauer auf den Acker nieder,
versteckt in einem frischen Ballen.

5 – TOD AM TIERSTEIN

Nora kroch auf allen Vieren zur Kante des steilen Felsabbruchs. Sie fühlte sich schwindlig und fürchtete, sich jeden Moment übergeben zu müssen. Gleichzeitig versuchte sie, die aufsteigende Panikattacke im Zaum zu halten. Ruhig atmen. Das war es. Sie musste einfach nur tief und regelmäßig durchatmen. Ganz langsam ließ sie sich niedersinken, um sich, auf dem Bauch liegend, für ein paar Minuten zu sammeln. Sie fühlte die Wärme, die der von der Sonne aufgeheizte Fels abstrahlte. Das tat gut. Endlich hatte sie sich wieder so weit im Griff, um sich Zentimeter um Zentimeter vorwärtsschieben zu können. Einen Blick in den Abgrund wagend, sah sie zunächst nur seine Füße. Sie schloss die Augen, hielt erneut inne. Nora hatte das Gefühl, von der Tiefe angezogen zu werden. An einer Wurzel suchte sie Halt. Sie blinzelte ins grelle Sonnenlicht, versuchte, einen Punkt zu fixieren, um gegen den Schwindel anzukommen, rutschte weiter vorwärts, bis sie den reglosen Körper ausmachen konnte. Sein Gesicht war abgewandt, als blickte er Richtung Tal. Nora war froh, dass sie es nicht sehen musste. Seine Arme waren unnatürlich verdreht. Er lebte nicht mehr. Das war offensichtlich.

Würde irgendjemand glauben, dass es ein Unfall war? Würde man ihr glauben, wenn sie die Wahrheit sagte? Ebenso langsam, wie sie sich an den Abgrund herangearbeitet hatte, schob sie sich nun rückwärts zur Mitte des kleinen Felsplateaus, drehte sich auf den Rücken, betrachtete hinter ihren geschlossenen Lidern das Rot, das die Sonne durch das dünne Häutchen produzierte. Wie lange sie in dieser Position verharrte, würde sie später nicht mit Sicherheit sagen können. Die bei ihr sonst herrschende Kakophonie der Gedanken war schlagartig verstummt.

Erst als ihr Gesicht zu brennen begann und sowohl die entblößten Schultern als auch die Beine bis hinauf zum Rocksaum zu glühen schienen, merkte sie, dass sie viel zu lange in der prallen Sonne gelegen hatte. Sie setzte sich auf, fasste tastend an ihre geröteten Wangen, blickte hinunter auf ihre Füße. Sie waren nackt. Der Morast des Weges, auf dem sie die letzten Meter barfuß zurückgelegt hatte, war längst zu einer schmutzig grauen Kruste getrocknet. Wo waren ihre Schuhe? Ihre neuen korallenroten Highheels, die für diesen Waldspaziergang denkbar ungeeignet gewesen waren? Der rechte lag nicht weit von ihr entfernt. Sie reckte sich danach und streifte ihn, ohne darüber nachzudenken, über den schmutzigen Fuß. Keine Spur vom linken Schuh. Wo war ihr linker Schuh? Sie schüttelte den Kopf. Was für ein Irrsinn. Wie hatte sie sich nur darauf einlassen können, in roten Highheels durch den Wald zu laufen? Wo sie doch schon in ihrer Kindheit die von den Eltern aufgezwungenen sonntäglichen Waldspaziergänge gehasst hatte. Im Grunde hatte sie sich vollkommen richtig gekleidet. Schließlich hatte er sie eingeladen, schick essen zu gehen. Dafür waren das rote Kleid und die dazu passenden Stöckelschuhe absolut angemessen gewesen. Als er exakt zur verabredeten Zeit mit seinem zitronengelben Cabrio vor ihrer Haustür gestanden hatte, um sie abzuholen, wertete sie dies als ein äußerst positives Zeichen. Weil er mit offenem Verdeck fahren wollte, musste sie noch einmal hinauf in die Wohnung, um eine Jacke und ein Tuch für ihre Haare zu holen. Als sie, vollkommen in Rot gekleidet, neben ihm saß, schaute er zu ihr herüber. Länger als nötig. Verunsichert fragte sie, ob er nicht losfahren wollte. Ohne den Blick nach vorn zu wenden, startete er wortlos den Wagen. Sie fragte sich, ob ihm ihr Outfit gefiel. Bis zu diesem Tag hatte er sie noch nie in einem so eng anliegenden Kleid gesehen. Ob es ihm lieber gewesen wäre, sie hätte den lockeren Secondhand-Fummel getragen, den sie für gewöhnlich bevorzugte? Sie fühlte, wie sich von der Magengrube aus eine Hitzewelle ausbreitete, die ihr Dekolleté, den Hals, die Ohren, das Gesicht ebenso rot färbte wie das Kleid und ihre Highheels. Fand er ihre Aufmachung unangemessen? Mochte er so etwas nicht? Mit einem Mal nahm sie sich selbst als über alle Maßen aufgedonnert wahr.

Wäre er nicht im selben Moment losgefahren, hätte sie das Auto verlassen. Sie wäre ins Haus gerannt, hätte in ihrer Wohnung die Rollläden heruntergelassen und sich im Dunkeln zu Tode geschämt. Doch nun waren sie auf der Straße und er fing an, locker drauflos zuplaudern. Über Gott und die Welt. Genauso, wie sie es inzwischen von ihm gewohnt war. Als sie die Stadt endlich hinter sich gelassen hatten und über kleine, kurvenreiche Seitenstraßen auf die Alb hinauffuhren, lösten sich ihre Selbstzweifel allmählich wieder auf. Weshalb hatte sie sich denn auf diese Tour eingelassen? Weil sie ihn mittlerweile schon mehrere Wochen kannte, weil er sich bislang immer äußerst angenehm verhalten hatte und weil sie sich von ihm Dinge erzählen ließ, die sie sich von sonst niemandem anhören würde. Sie selbst wunderte sich am meisten darüber, dass er sie mit dem Thema Sport vollquatschen konnte, ohne dass sie gähnend einschlief oder gelangweilt das Weite suchte.

Nachdem ihre Freundin Filiz mitbekommen hatte, dass sich Nora zum wiederholten Male mit ihm getroffen hatte, musste sie sich die Frage gefallen lassen, ob es denn was Ernstes wäre. Nora stritt dies so vehement und unglaubwürdig ab, dass Filiz' Freund Erdem minutenlang gegen Lachkrämpfe ankämpfte und zur Belustigung der anderen Tischnachbarn mehrfach in sein Weizenbier prustete. In solchen Momenten fand Nora es höchst ärgerlich, dass Filiz und Erdem nahezu ausschließlich im Doppelpack unterwegs waren und sie ihre langjährige Freundin so gut wie nie mehr für sich allein haben konnte. Da sie Neid jedoch grundsätzlich verabscheute, musste sie in Gesellschaft der beiden diese alles vergiftende Emotion unterdrücken. Da in Noras Welt eine funktionierende Liebesbeziehung bis zu diesem Zeitpunkt noch nicht vorgekommen war, fiel ihr das manchmal durchaus schwer. Was sie Filiz und Erdem mutmaßlich niemals würde nachsehen können, war ihre notorische Unpünktlichkeit. Genau die war nämlich ursächlich der Auslöser für diesen tragischen Todessturz am Tierstein. Hätten Filiz und Erdem Nora nicht erst lang und breit zum Besuch des Volksfestes in der Ulmer Friedrichsau überredet, um sie dann schmählich zu versetzen, wäre Ben vermutlich nie in ihr Leben getreten und seines wäre jetzt nicht erloschen.

Die Zahl der Vergnügungssüchtigen war an jenem Abend noch überschaubar gewesen. Nora versuchte, sich nicht anmerken zu lassen, wie sehr sie sich darüber ärgerte, dass ihre Freunde nicht auftauchten. Wie so oft hatten sie ihr die Rolle der Wartenden überlassen, die am vereinbarten Treffpunkt auf und ab ging. Niemals würde sie sich daran gewöhnen, dass außer ihr anscheinend alle anderen Menschen, mit denen sie zu tun hatte, zu spät kamen. Zugleich hatte sie nicht vor, sich dahingehend zu ändern, künftig ebenfalls zu spät aufzutauchen. Wenn man ihrer Mutter Glauben schenkte, war Nora die Pünktlichkeit in die Wiege gelegt worden. Im Bekannten- und Freundeskreis erzählte ihre Mutter immer wieder gern, dass ihre Tochter das vorausberechnete Geburtsdatum exakt eingehalten hätte. Weil sie aufgrund der offenbar angeborenen Pünktlichkeit einen viel zu großen Teil ihres 26-jährigen Lebens wartend zugebracht hatte, fragte sich Nora auch in jener Situation wieder, weshalb sie immer nur die Unpünktlichen kennenlernte? Selbst wenn sie sich tatsächlich einmal vornahm, zu spät zu kommen, pfuschte ihr garantiert eine höhere Macht dazwischen. So hatte sie sich in der Vorwoche durchgerungen, eine Busverbindung zu nehmen, mit der sie sage und schreibe sieben Minuten nach der Zeit angekommen wäre. Und was passierte? Beim Umsteigen in die Linie 7, auf die sie am Hauptbahnhof eigentlich hätte fünf Minuten warten müssen, hielt ein verspäteter 7er- Bus unmittelbar nach Ankunft der Linie 5, aus der sie soeben ausgestiegen war, direkt vor ihrer Nase und machte ihre vorsätzliche Verspätung wieder wett. Am Ende war sie einmal mehr auf die Sekunde pünktlich, um anschließend erneut auf die Person, mit der sie verabredet war, zu warten.

Während sie also wie ein hospitalisiertes Raubtier auf und ab ging, blieb ihr Blick an einem hoch aufgeschossenen jungen Mann hängen, der eigentlich deutlich attraktiver aussah als die Männer, die in Noras Beuteschema passten. Obwohl er ihr auf Anhieb gefiel, kam es für sie nicht infrage, ihn anzuflirten. Für so etwas war sie viel zu schüchtern. Nicht, dass sie sich selbst als unattraktiv betrachtete. Sie hielt sich für durchaus vorzeigbar. Aber einen Kerl anzusprechen, der aufgrund seines Äußeren an jedem Finger eine Geliebte haben könnte, hielt sie schlicht für abwegig und aussichtslos. Andererseits schien der Typ ebenfalls allein auf dem Volksfest herumzuhängen. Zumindest noch. Er stand an einer Wurfbude und räumte serienweise Dosen ab. Seine enorme Trefferquote erregte jedoch nicht nur Noras Aufmerksamkeit. Mehr und mehr Leute blieben stehen, um ihm zuzuschauen. Auch wenn er das zur Kenntnis zu nehmen schien, machte er deshalb keinerlei Aufhebens. Er legte nur immer aufs Neue Geld für den nächsten Satz Bälle hin und warf eine weitere Runde. Und noch eine. Und noch eine. Ganz ohne Imponiergehabe. Nora, die aus einem alten Instinkt heraus Bälle weiträumig mied, wagte sich ebenfalls etwas näher. Der Typ war gut gekleidet. Nora hatte zwar für teure Marken nicht das notwendige Kleingeld, erkannte jedoch auf einen Blick, was Qualität war und was nicht. Allein seine Schuhe kosteten mehr, als Nora in ihrem Lieblings-Secondhand für eine komplette Ausstattung hingelegt hätte.

»Wir wollen die Hundert sehen!«, rief jemand aus der Menge und fing an, rhythmisch zu klatschen. Die meisten Umstehenden ließen sich mitreißen. Nora hatte keine Ahnung, was es mit diesen Hundert auf sich hatte, ließ sich jedoch anstecken und klatschte mit. Als der Werfer seine grandiose Serie geschätzte weitere zehn Runden später schließlich freiwillig beendete, brandete ein beeindruckender Abschlussapplaus auf. Die Frau, die den Wurfstand betreute, überreichte ihm eine riesige Giraffe. Das größte Plüschtier, das man sich an dieser Bude mit Würfen verdienen konnte.

»Da sind noch ein paar Punkte übrig«, sagte er.

Als Nora seine dunkle Stimme hörte, hatte sie das Gefühl, die Frequenz würde ihre Magengrube zum Schwingen bringen. Mit pikiertem Gesichtsausdruck griff die Frau in eine Kiste unterm Tresen und legte fünf weitere, deutlich kleinere Plüschtiere auf den Tresen. »Reicht das?«, fragte sie patzig, als ob sie die Preise aus eigener Tasche finanzierte. Nora hatte keinerlei Verständnis für dieses Verhalten. Wenn man sich seine Punkte redlich erwarf, hatte man auch Anspruch auf entsprechende Preise.

Der Werfer nickte, sagte freundlich »Danke« und warf seine Kleingewinne mit dem Rücken zum Publikum achtlos in die Menge. Während mehrere Teenymädchen kreischend auseinanderstoben, um die Plüschtierchen aus der Luft zu pflücken, nahm er die Giraffe vom Tresen, drehte sich um und ließ den Blick schweifen. Ausgerechnet an Nora blieben seine Augen hängen. Er kam zu ihr und drückte ihr das Tier, das nur unwesentlich kleiner war als sie, in die Arme. »High«, grüßte er. »Ich bin Benedikt, Ben. Du siehst aus, als bräuchtest du ganz dringend eine Giraffe.«

Völlig perplex schloss sie den langen, dünnen Hals in ihre Arme. »Ähm, Nora. Eigentlich bin ich«, sie sah sich nach ihren Freunden um, »also eigentlich bin ich ja, keine Ahnung, wo …«

»Man hat dich versetzt?«, fiel er ihr ins Gestammel.

Sie nickte.

»Dann haben wir was gemeinsam.«

Umständlich versuchte Nora, um den Hals der Giraffe herum auf ihre Uhr zu blicken. »Sind erst zehn Minuten, vielleicht kommen sie noch.«

Er hob entschuldigend die Hände. »Ich wollte mich keinesfalls aufdrängen.«

»Nein, nein! So war das nicht gemeint«, erwiderte Nora, ohne zu wissen, was sie damit ausdrücken wollte. »Ich hätte nur bestimmt noch ein wenig länger …«

»Ich für meinen Teil habe genug gewartet. Obwohl – es

hat sich ja gelohnt. Immerhin hab ich eine Giraffe geworfen. Für dich.«

»Haha, für mich.« Sie lachte. »War ja wohl eher aus Langeweile.«

»Wenn du meinst. – Allerdings wären Antonia und ich längst auf dem Nachhauseweg, wenn ich dich nicht entdeckt hätte.«

»Antonia?« Nora spürte einen Hauch von Eifersucht.

Er zeigte auf die Giraffe. »Antonia. So heißt sie.« Mit einer kleinen Geste lud er Nora zu einem Spaziergang übers Volksfest ein.

Nora selbst war wohl am meisten überrascht, dass sie sich darauf einließ und, ohne zu zögern, die Richtung einschlug, in die er zeigte. »Was haben die vorhin eigentlich gemeint?«, fragte sie, während sie übers Volksfest schlenderten.

»Wer hat was gemeint?«

»Diese Anfeuerungsrufe: ›Wir wollen Hundert sehen‹ und so.«

»Ach so, das.« Er blickte über die Schulter zurück. »Das waren Basketball-Fans.«

»Kapier ich nicht.« Sie schaute zu ihm hinauf und stellte fest, dass er sehr weit von ihr weg war. Immerhin maß sie selbst auch 1,75 Meter.

»Ich spiele Basketball.«

»Ach, deshalb bist du so groß.«

Er lachte. »Vermutlich wird eher umgekehrt ein Schuh draus. Ich bin nicht so groß, weil ich Basketball spiele, sondern beim Basketball gelandet, weil ich so groß bin.«

Nora wäre am liebsten im Boden versunken. Dass sie immer nur dummes Zeug von sich geben musste. Weil sie spürte, wie ihr die Hitze ins Gesicht stieg, verlagerte sie Antonia auf den anderen Arm, um zu verbergen, dass sie vom Hals- bis zum Haaransatz rot angelaufen war. »Sorry, ich hab keinen Schimmer von Basketball. – Du bist also – berühmt?«

»Wie man's nimmt. Wir spielen in der 1. Liga und haben uns in den Playoffs recht gut geschlagen«, antwortete er, ohne dem Ganzen eine besondere Wichtigkeit zu geben.

Nora hatte keinen Schimmer, wovon er redete. Sie machte sich nichts aus Sport. Zu diesem Thema fiel ihr nur ein, wie froh sie gewesen war, als sie dieses Fach in der Schule hatte abwählen dürfen. Seit der fünften Klasse war sie der festen Überzeugung, dass sich alle Bälle dieser Welt heimlich abgesprochen hatten, ihr unter Aufhebung physikalischer Gesetze ins Gesicht zu springen. Zwar hatte sie im Lauf der Jahre mitbekommen, dass Bälle durchaus auch anderen Leuten die Nase blutig schlugen, dieser Umstand hatte ihr jedoch trotzdem keine einzige Sportart nähergebracht. »Verstehe«, meinte sie nun. »Dann waren das also Fans? Ist das nicht nervig, von allen Leuten erkannt zu werden?«

»Nein.« Er zuckte mit den Schultern. »Eigentlich nicht. Außerhalb der Halle sind die meisten ganz zahm. Und«, er sah ihr in die Augen, »alle erkennen mich ja dann auch wieder nicht.«

Nora nickte. »Filiz und Erdem wahrscheinlich schon.« Wie es der Zufall wollte, hatten ihre Freunde sie tatsächlich vor einigen Wochen zu einem Basketballspiel mitschleppen wollen. Die Atmosphäre im Publikum wäre so richtig geil, hatten sie geschwärmt. Mindestens eine halbe Stunde lang hatten sie versucht, sie zu überzeugen, wie packend so ein Spiel wäre. Ständig würde die Führung wechseln und das Ulmer Team wäre so eine Art Underdog, der große Mannschaften immer aufs Neue in Verlegenheit brächte. Das letzte Spiel hätten sie durch einen Dreier in der Schlusssekunde gewonnen. Nora hatte nicht im Entferntesten verstanden, worum es ging, und lediglich aus Freundlichkeit so getan, als würde es sie interessieren, was die beiden erzählten.

»Wer?«, fragte Ben nach.

»Meine Freunde. Die mich versetzt haben. Die haben schon häufiger vom Basketball erzählt. Die würden dich wahrscheinlich auch erkennen.«

»Gut, dass sie heute Abend nicht gekommen sind.«

»Ich hasse es, wenn man unpünktlich ist.«

»Ich auch. War mit 'nem Freund verabredet. Nachdem ich bereits eine Viertelstunde nach ihm Ausschau gehalten hatte, rief er an, um abzusagen.«

»Immerhin hat er Bescheid gesagt.«

»Hätte ihm auch früher einfallen können. Bin fast ausgeflippt, als er mir erzählte, dass er schon seit gestern Abend gewusst hatte, dass er nicht kommen konnte. Echt für'n Arsch. – Dir hat das Warten wenigstens eine Giraffe eingebracht.«

Die ich jetzt mit mir herumschleppen muss, dachte Nora und war überrascht, als er ihr im selben Moment anbot, Antonia für sie zu tragen. Konnte er Gedanken lesen? Sie zögerte eine Sekunde.

»Keine Sorge, ich will sie nicht zurück.«

Mit dankbarem Lächeln hielt sie ihm das Plüschtier hin. Ben nahm es entgegen und hängte es sich lässig über die Schulter.

Noch immer auf dem Felsen sitzend, fragte sich Nora, ob sie die Giraffe nach diesem Vorfall noch behalten sollte oder ob sie Antonia besser verschwinden ließ. Wenn ja, wohin. Das Riesenvieh passte doch nicht einmal in den Müllcontainer der Hausgemeinschaft. Sie schüttelte den Kopf. Weshalb zerbrach sie sich in ihrer augenblicklichen Situation über so etwas den Kopf? War es nicht viel wichtiger, darüber nachzudenken, wie sie hier wieder wegkam? Mit seinem Auto, das etwa zwei Kilometer von hier entfernt am Straßenrand parkte? Sie hatte ihren Führerschein nicht dabei. Auch wusste sie nicht, wo seine Fahrzeugpapiere waren. Nora war in ihrem ganzen Leben noch nie ohne Führerschein oder Fahrzeugpapiere gefahren. Dann fiel ihr ein, dass sie nicht einmal den Schlüssel hatte, weil der ja in Bens Hosentasche steckte. Sie presste die Hände gegen die Schläfen, wünschte sich nichts als Ruhe da oben. Wo sie nur immer herkamen, die unzähligen unerwünschten Kommentare in ihrem Hirn? Das Gefühl, die Herrschaft über ihre eigenen Gedanken zu haben, hatte Nora schon lange verloren. Sie war der festen Überzeugung, dass sie gedacht wurde. Erneut versuchte sie es mit tiefen Atemzügen. Sie brauchte einen Plan. Sie brauchte eine Geschichte. Nein, Unsinn. Die Geschichte existierte bereits. Sie musste sie lediglich wahrheitsgemäß wiedergeben. Das glaubt dir doch keiner!, funkte schon wieder so ein Kommentar dazwischen.

Wie ein kleines Kind saß sie mit ausgestreckten Beinen auf dem Felsen. Ja, wer würde ihr glauben? Dass ausgerechnet sie, die sportfeindlichste aller Frauen unter diesem Himmel, sich mit einem Basketball-Crack angefreundet hatte, der sie nach ihrem ersten zufälligen Treffen auf dem Volksfest auch nach Wochen noch kontaktierte, obwohl sie ihn mit der ihr üblichen Zurückhaltung auf Distanz gehalten hatte? Wer würde ihr, nachdem man sie hier im Wald gefunden hätte, abkaufen, dass er sie an diesem strahlenden Sonntag zum Essen eingeladen hatte? Wie unwahrscheinlich musste es sich für Außenstehende anhören, dass er ihr plötzlich seinen liebsten Aussichtspunkt auf der Schwäbischen Alb zeigen wollte. Sie brauchte sich nur vorzustellen, wie Filiz und Erdem reagieren würden. Die beiden würden sich sofort vielsagende Blicke zuwerfen und alles Mögliche hineininterpretieren. Warmer Sommertag. Aussichtspunkt mitten im Wald. Abgelegen. Einfach nur zum Gucken. Haha. Nie im Leben würden die beiden glauben, dass Ben und sie einfach nur durch den Wald gegangen waren und er sich tausend Mal für den morastigen Weg entschuldigt und ihr ebenso oft angeboten hatte umzukehren, weil ihm dieser Aussichtspunkt dann doch nicht so wichtig gewesen war, um sie weiter dieser Schlammpartie auszusetzen. Vor allem Erdem würde ihr nicht glauben, dass sie und Ben ohne gewisse Absichten hierhergekommen waren. Nora hatte Erdems Fantasien schon des Öfteren als schmuddelig empfunden. Und Filiz würde ihr nicht abkaufen, dass sie freiwillig durch den Matsch gestöckelt war. Wie oft hatte ihre Freundin schon erlebt, dass Nora es hasste, sich schmutzig zu machen. Am allerwenigsten würde man ihr das Ende der Geschichte glauben.

Als sie allen morastigen Widerwärtigkeiten des Waldwegs zum Trotz vor dem Felsplateau standen, verweigerte Nora den letzten Schritt. Die roten Schuhe in den Händen, stand sie mit nackten Füßen vor dem Spalt, den Ben vollkommen problemlos mit einem Schritt lässig überquert hatte. Wie breit mochte die Spalte sein? Sechzig, siebzig Zentimeter?

Wie tief er war, konnte sie nicht sehen. Aber das spielte auch überhaupt keine Rolle. Es war im Grunde lächerlich, diesen Schritt nicht zu machen. Die Distanz war bei nüchterner Betrachtung lächerlich klein. Auf dem Weg hierher hatte sie Pfützen übersprungen, die deutlich breiter gewesen waren als dieser Spalt. Allerdings waren die Pfützen ebenerdig gewesen. Im Spalt lauerte ein Abgrund unermesslicher Tiefe, die auf Nora eine irrationale Anziehungskraft ausübte.

»Tut mir leid!«, rief sie schließlich zu Ben hinüber, der jenseits des Spalts auf dem Plateau auf sie wartete. »Das ist nichts für mich. Ich kann den Ausblick auch von hier aus genießen.«

»Von hier siehst du aber viel mehr!«, erwiderte er strahlend. Er stellte sich auf seiner Seite ganz dicht an die Kante des Spalts und hielt ihr die Hand entgegen.

Nora zögerte, blickte unbeholfen auf ihre Hände, in denen sie jeweils einen Schuh hielt.

Ben lachte. »Dann gib mir eben erst deinen Schuh.«

Nora schluckte, spürte die Trockenheit in ihrer Kehle. Sie reichte ihm den Schuh. Er nahm ihn jedoch nicht entgegen, sondern umschloss stattdessen mit seiner Basketballpranke ihr Handgelenk. »Ich hab dich ganz sicher. Keine Angst. Ich zähl bis drei, dann springst du einfach. Eins, zwei …«

»Lass los!«, kreischte sie voller Panik. Sie stemmte sich mit aller Kraft dagegen, wich einen Schritt zurück, brachte Ben zum Straucheln. Natürlich war der Mann mit seinen Einsneunzig bedeutend schwerer als sie und schaffte es tatsächlich, sich auf dem Felsen zu halten. Ohne Nora loszulassen, verlagerte nun auch er im Kampf um sein Gleichgewicht den Oberkörper nach hinten, stürzte rücklings auf den Fels und zerrte damit Nora zu sich herüber. Instinktiv stieß sie sich nun doch mit den Füßen ab, setzte mit einem Schritt über die Spalte, geriet ihrerseits ins Straucheln und drohte auf den am Boden liegenden Ben zu stürzen. Viel zu spät ließ er ihr Handgelenk los, um sie abzufangen. Während sie noch immer ihre Schuhe umklammerte, prallte sie ungebremst auf seinen Körper. Mit einem entsetzlichen Schrei stieß Ben Nora von sich. Während sie auf dem harten Fels landete, wälzte er sich zur Seite, sprang auf und taumelte brüllend übers Felsplateau. Im nächsten Moment war er weg. Wie vom Erdboden verschluckt. Sie starrte zur Kante, über die er in den Abgrund verschwunden war, blickte auf ihre Hände. Wo war ihr rechter Schuh? Sie hatte nur noch den linken in der Hand. »Ben?«, fragte sie leise, rechnete fest damit, dass er sich gleich wieder zeigen und ihr galant auf die Füße helfen würde. Sein gewinnendes Lächeln würde ihm jedoch nichts nützen. Sie würde ihm erst einmal ordentlich die Leviten lesen! Dass er sie ohne ihr Einverständnis über diese Spalte gezerrt hatte, konnte sie ihm wirklich nicht durchgehen lassen. »Ben?« Wieso antwortete er nicht?

Nora kroch auf allen Vieren zur Kante des steilen Felsabbruchs. Sie fühlte sich schwindelig und fürchtete, sich jeden Moment übergeben zu müssen. Zugleich versuchte sie, die aufsteigende Panikattacke im Zaum zu halten. Ruhig atmen. Das war es. Sie musste einfach nur tief und regelmäßig durchatmen. Ganz langsam ließ sie sich niedersinken, um sich, auf dem Bauch liegend, für ein paar Minuten zu sammeln. Sie fühlte die Wärme, die der von der Sonne aufgeheizte Fels abstrahlte. Das tat gut. Endlich hatte sie sich so weit im Griff, um sich Zentimeter um Zentimeter vorwärtsschieben zu können.

Ja. So war es gewesen. Wer würde ihr das glauben? Resigniert schüttelte sie den Kopf. Niemand. Sie brauchte eine andere Geschichte. Eine plausible. Sie sah an sich hinunter, stellte fest, dass sie sich die Knie aufgeschürft hatte. Ihr rotes Kleid hatte unten am Saum einen kleinen Riss abbekommen. Einen Riss. Das war's. Das würde man ihr glauben. Mit beiden Händen krallte sie ihre Fingernägel in den Stoff des roten Kleides und zerrte daran, bis der leichte Stoff nachgab und riss. Die Haut, die darunter zum Vorschein kam, war im Vergleich zu den sonnengeröteten Hautpartien befremdlich weiß. Sie bearbeitete das Kleid an weiteren Stellen auf entsprechende Weise, bis es in Fetzen an ihr herunterhing. Nun stellte sie sich voller Scham die Frage, was die ersten Leute, denen sie in diesem Aufzug begegnen würde, denken mussten. Aber nein! Wofür sollte sie sich schämen? Schließlich war er über sie hergefallen, hatte ihr Kleid zerfetzt, um sie zu entblößen! Als sie sich in fast aussichtsloser Situation gegen ihn zur Wehr setzte, war er schließlich …

Das war plausibel. Plausibler als die Wahrheit. Das war die Geschichte, die sie dem ersten Menschen, dem sie begegnen würde, erzählen musste. Mitten in diesem Gedankengang fing Nora an zu frösteln. Die Sonne war hinter den Bäumen verschwunden. Ihr erhitzter Körper reagierte auf die plötzliche Abkühlung. Auch wurde sie sich wieder der entsetzlichen Trockenheit in ihrem Mund bewusst. Seit wie vielen Stunden hatte sie nichts mehr getrunken? Sie musste fort von hier. Mit Mühe richtete sie sich auf, schwankend bewegte sie sich in die Richtung, aus der sie gekommen waren. Im letzten Moment hielt sie erschrocken inne. Der Spalt. Wie sollte sie über den Spalt kommen? Sie blickte zurück über die Schulter, als erwartete sie Bens Hilfe. Nein, er würde ihr bei der Überquerung nicht mehr behilflich sein. »Nun mach schon«, sagte sie halblaut. »Mach. Es ist doch nur ein kleiner Schritt.« Ihre schmutzigen, grauen Füße waren jedoch eins geworden mit dem felsigen Untergrund. Sie würde diese Stelle nie wieder verlassen.

»Hallo?«, sprach sie ein Mann vom Waldweg her an. »Brauchen Sie Hilfe? Ist Ihnen was passiert?«

»Was?«, fragte sie, als wachte sie aus einer Narkose auf. »Was haben Sie gesagt?«

»Ob Sie Hilfe brauchen«, antwortete er.

»Natürlich braucht sie Hilfe«, ertönte darauf eine resolute Frauenstimme. »Wir müssen zu ihr, sonst fällt sie uns noch da runter.« Mit einem spielerisch leicht wirkenden Sprung hüpfte sie auf Noras Seite und fasste sie am rechten Arm. »Seien Sie ganz ruhig, wir helfen Ihnen. Unser Auto steht nicht weit von hier.«

Schon stand auch der Mann neben ihr und unterstützte sie behutsam am linken Arm. Nora blickte über die Schulter nach hinten Richtung Tal. »Er ist einfach verschwunden«, hauchte sie kaum hörbar.

Die zwei sahen einander erschrocken an, glaubten zu ahnen, was Nora meinen könnte, gingen jedoch nicht näher auf ihre Worte ein. »Sobald wir am Auto sind, rufen wir die Polizei«, versicherte die Frau.

»Aber zuerst müssen Sie mal von diesem Felsen hier runter«, sagte er.

Widerstandslos ließ sich Nora über den Spalt führen. Es war tatsächlich nur ein Schritt. Ein ganz normaler kleiner Schritt. Kaum hatte sie auf der anderen Seite wieder festen Boden unter den Füßen, fing sie an zu heulen. Je mehr das Paar versuchte, beruhigend auf sie einzuwirken, desto hemmungsloser ließ sie den Tränen und ihrem Schluchzen freien Lauf.

Im Lauf der Aufnahmeuntersuchung im Krankenhaus hatten die Ärzte Verbrennungen ersten Grades festgestellt. Natürlich war Nora auch auf Missbrauchsspuren untersucht worden. Sie stand eindeutig unter Schock, hatte einen Sonnenstich erlitten, war deutlich dehydriert und wurde zur Normalisierung ihres Flüssigkeitshaushalts an den Tropf gehängt. Das zerfetzte Kleid war zur kriminaltechnischen Untersuchung außer Haus gegeben worden. Obwohl sie mit aller noch zur Verfügung stehenden Kraft versuchte durchzusetzen, dass man sie nach Hause ließ, hatten die Ärzte darauf bestanden, sie zur Beobachtung dortzubehalten. Als sie wieder einigermaßen ansprechbar war, wurde Nora von der verantwortlichen Schwester gefragt, ob sie jemanden benachrichtigen sollte. Sie gab ihr die Telefonnummer ihrer Freundin. Tatsächlich kam Filiz noch am selben Abend, um nach ihr zu sehen, wurde aber von der Schwester auf den nächsten Morgen vertröstet, da Nora nach der Verabreichung eines Beruhigungsmittels endlich zur Ruhe gekommen war.

Noch ehe sie zur Arbeit musste, stand Filiz mit ein paar der notwendigsten persönlichen Dinge, einer Tüte Obst und zwei Tageszeitungen im Arm wieder auf der Matte. »Wie geht's dir denn?«

Nora zuckte mit den Schultern. »Mhm.«

»Sag mal, stimmt das?«, fragte Filiz.

»Was?«

Sie hielt die Tageszeitungen hoch. Beide titelten damit, dass ein Ulmer Basketballspieler auf offenbar tragische Weise ums Leben gekommen war. »Warst du das gestern? Wart ihr zusammen unterwegs?«

Nora nickte.

Ihre Freundin setzte sich auf die Bettkante und strich ihr sanft über die Haare. »Du Ärmste. Das muss ja schrecklich gewesen sein.«

Nora konnte nur stumm nicken. Zu mehr war sie nicht fähig. Ihre Augen wurden glasig, füllten sich mit Tränen und liefen über. Zwei Rinnsale flossen seitlich über ihre Wangen. Die salzige Flüssigkeit brannte auf der noch immer geröteten Haut.

»Es tut mir so, so leid«, flüsterte Filiz kaum hörbar und ließ ihren Tränen ebenfalls freien Lauf. »Hat er dich …«

Nora musste erst darüber nachdenken, was Filiz meinte. Als sie begriff, dass ihre Freundin sie nach einer Vergewaltigung fragte, schloss sie die Augen und schüttelte langsam den Kopf.

Filiz atmete tief durch. »Wenigstens das nicht.«

Nora nickte. »Mhm.«

Nach langem Schweigen drückte Filiz Nora beinahe förmlich zum Abschied die Hand. »Tut mir leid, ich muss zur Arbeit. Wenn ich es schaffe, komme ich danach noch mal vorbei. Wenn nicht, komme ich spätestens morgen wieder. Versprochen.«

»Das ist lieb, danke«, flüsterte Nora.

Die nächsten Besucherinnen, die in ihr Zimmer traten, waren zwei Polizistinnen, die sie zum Ablauf des Vortages befragten. Wie lange sie das Opfer schon gekannt hatte, wollten sie wissen, ob sie vorher mit ihm intim gewesen war. Weshalb sie in dieser Aufmachung, die man nicht gerade als Wanderbekleidung bezeichnen konnte, zum Tierstein gegangen war.

»Eigentlich wollten wir ja zum Essen«, antwortete Nora leise.

»Und wer kam auf die Idee, einen Abstecher zum Tierstein zu machen?«

»Er?«, antwortete Nora, als würde sie eine Frage stellen.

Die Polizistinnen sahen einander an, schienen sich mit minimaler Mimik zu verständigen.

Nora fand ihre Blicke seltsam. »Ist irgendetwas?«

»Es gab da Gerüchte«, antwortete die eine.

»Was für Gerüchte?«

»Im Kreis der Fans wurde gemunkelt, dass der Spieler sich demnächst outen würde.«

»Outen womit?«, fragte Nora.

»Es heißt, er könnte homosexuell gewesen sein. Eine heikle Sache im Spitzensport. Man weiß nie, wie die Fans oder das Publikum reagieren. Das kann einem unter Umständen ganz schnell die Karriere kaputthauen.«

»Ben? Homosexuell?« Nora schloss die Augen. Jetzt, wo die Polizistin es sagte, erschien es ihr nicht einmal abwegig. War er doch nicht der rücksichtsvolle Gentleman gewesen, für den sie ihn gehalten hatte? Hatte er wegen seiner Homosexualität keinen Annäherungsversuch unternommen? Nora hatte ihm seine Zurückhaltung immer positiv ausgelegt. Schließlich hatte sie mit anderen genug unangenehme Erfahrungen gemacht. Aufdringlichkeiten schon beim ersten oder zweiten Date hatten sie schon immer angewidert. »Den Nächsten, der sich mir vor dem zehnten Date nähert, bring ich um«, hatte sie nach dem letzten Reinfall zu Filiz gesagt. Gut, da war sie erstens trennungsfertig und zweitens ein wenig betrunken gewesen. Egal – sie hatte jedenfalls keinen Bock mehr auf geile Böcke.

»Hat er sich Ihnen diesbezüglich in irgendeiner Weise anvertraut?«, fragte die zweite Polizistin.

»Nein.« Nora schüttelte den Kopf. »Hat er nicht.«

»Hat er Ihnen vielleicht angetragen, eine Alibi-Beziehung mit ihm zu führen?«

»Eine was?«

»Eine Alibi-Beziehung. Für die Medien. Um in der Öffentlichkeit den Anschein zu erwecken, er wäre heterosexuell.«

Sie sah die Uniformierte fassungslos an. »Nein. Natürlich nicht.« Auf so etwas würde sie sich niemals einlassen. »Könnten Sie mich jetzt bitte wieder allein lassen? Ich bin noch immer schrecklich müde.«

Am nächsten Morgen wurde Nora mit derselben Frage konfrontiert. Filiz meinte, es gäbe eben Gerüchte. Am dritten Tag blieb Filiz aus. Am fünften Tag ihres Krankenhausaufenthalts machte sich Nora das erste Mal zum Rausgehen fertig. Schon so oft hatte sie gehört, dass der Skulpturenweg des Universitätsklinikums über sehenswerte Exponate verfüge. An diesem Morgen fühlte sie sich kräftig genug, den Aufenthalt im Krankenhaus zu etwas Sinnvollem zu nutzen und einen kleinen Spaziergang zu machen. Kaum war sie fertig angezogen, klopfte jemand an die Tür des Krankenzimmers. Ohne auf Noras »Herein!« zu warten, standen erneut die beiden Polizistinnen vor ihr.

»Ach, Sie dürfen schon nach Hause?«, fragte die eine überrascht.

»Nein, erst morgen«, erwiderte Nora. »Aber ich will endlich wieder mal raus an die frische Luft. Der Skulpturenweg soll ganz schön sein.«

»Das tut uns leid, aber daraus wird nun wohl nichts mehr«, sagte die andere.

»Und wieso nicht?«, fragte Nora.

»Wir sind gekommen, Sie zu verhaften.«

»Schwachsinn!«, rief Nora. »Wieso das denn?«

In nüchterner Sachlichkeit erklärten ihr die Polizistinnen, dass die Staatsanwaltschaft im Zusammenhang mit dem zu Tode gekommenen Basketballspieler Anklage gegen sie erhoben hätte. Sie stünde im Verdacht, den Toten vorsätzlich mit ihrem Stöckelschuh geblendet und ihn anschließend vom Felsen gestürzt zu haben.

Nachdem Nora am Nachmittag die Frage nach der Sinnhaftigkeit dieser Anklage auch ihrem Anwalt gestellt hatte, bezeichnete er den von ihr geschilderten Ablauf ebenfalls als fragwürdig.

»Aber wieso? Wenn es doch so war!«, beharrte Nora.

Er warf einen Blick auf die Akten. »Da wäre zunächst mal Ihr Kleid. Im Bereich der Risse wurden keinerlei DNA-Spuren des Verstorbenen gefunden. Ihre DNA dagegen war reichlich vertreten.«

»Wen wundert's? Ich hatte das Kleid an!«

»Drei seiner Mannschaftskollegen«, fuhr ihr Anwalt fort, »haben glaubhaft bezeugt, dass er vorhatte, sich zu outen.«

»Davon ist mir nichts bekannt.«

»Ihre Freunde«, er blätterte zwei Seiten weiter, las Nora Filiz' und Erdems Namen vor, »gaben zu Protokoll, Sie hätten in ihrer Gegenwart die Vermutung geäußert, der Verstorbene könnte schwul gewesen sein.«

Nora lachte bitter. Normalerweise kam ihr das Wort ›schwul‹ gar nicht über die Lippen. Sie hatte schon immer Wert darauf gelegt, stattdessen von ›Homosexualität‹ zu reden. »Das war doch nur im Scherz. Weil er sich mir gegenüber bis zu diesem Zeitpunkt so ungewohnt anständig verhalten hatte.«

»Bevor er sich outen wollte, gab er seinen Kollegen zu verstehen, wollte er noch mit Ihnen ins Reine kommen. Offenbar fühlte er sich Ihnen gegenüber schuldig.«

Nora verstand überhaupt nichts mehr. »Wieso sollte er sich mir gegenüber schuldig gefühlt haben?«

»Weil er – laut Aussage seiner Kollegen – erwogen hatte, Sie zur Vertuschung seiner Homosexualität als weibliche Alibi-Partnerin zu benutzen.«

Nora spürte einen Stich. Sie drohte vor Wut und Empörung zu platzen. »Dann hat er's nicht anders verdient!«, stieß sie giftig hervor.

»Diese Äußerung sollten Sie vor Gericht besser unterlassen.« Eine Zeit lang blätterte er in seinen Unterlagen hin und her, als suchte er etwas Bestimmtes. Schließlich klappte er den Ordner zu, blickte ihr ins Gesicht. »Was können wir denn zu Ihren Gunsten in die Waagschale werfen?«

Nora hielt seinem eindringlichen Blick Stand. Machte es überhaupt noch Sinn, ihm eine andere Version als diese zu erzählen?

BERGTOUR

Von diesem weg nur einen Schritt,
hält er am Abgrund die Balance.
Seine Gemahlin, die auch mit
ihm hier ist, wittert ihre Chance,
den Gatten, welcher schon so lang
ist nicht mehr ihre erste Wahl,
hinabzustürzen jenen Hang,
der jäh und steil führt in das Tal.

Mordlustig hebt sie beide Hände,
um ihn zu stoßen in den Rücken.
Doch weil er ihr weicht aus behände,
will das Vorhaben nicht glücken,
worauf der Mann im nächsten Nu
sich am Sturz der Gattin weidet.
Mit stiller Freude sieht er zu,
wie seine Frau die Luft durchschneidet.

6 – MÄNNERFANTASIE

Robert klappte sein Buch zu und ließ es auf die Bettdecke sinken. Die Heldin des Thrillers, der ihm vom Buchhändler als besonders packend empfohlen worden war, hatte schon wieder Sex. Zum dritten Mal! Nach gerade mal fünfzig Seiten. Wenn er richtig gezählt hatte, dreimal in vier Tagen. Diese Frau ließ wirklich nichts anbrennen und nutzte jede Gelegenheit, Sex zu bekommen. Wenn sie Sex wollte, bekam sie ihn auch. Und was für welchen. 50 Shades of Gray. Nur umgekehrt. Zwar verzichtete die Autorin auf ausführliche Darstellungen, aber ihre Andeutungen ließen keinerlei Zweifel, dass die Heldin stets die dominierende Rolle spielte und die Männer sich nicht nur im übertragenen Sinne von ihr fesseln ließen. Roberts Fantasien befanden sich im gestreckten Galopp. Um seine Erektion vor seiner Frau, die ebenfalls lesend neben ihm im Bett lag, zu verbergen, zog er die Füße heran, damit er mit den Knien die Bettdecke anhob. Es war klar, dass er dieses Buch nicht weiterlesen konnte. Nicht, solange er neben seiner Frau im Bett lag.

Im Augenblick assoziierte er Sonya mit dem genauen Gegenteil der Buchheldin. Sonya legte keinen Wert auf Sex. Jedenfalls bei Weitem weniger als er. Früher hatten sie durchaus Sex gehabt. Zwar nicht mehrmals am Tag, wie es die Pärchen, die richtig heiß aufeinander waren, in Romanen zuweilen zu tun pflegten, aber doch einigermaßen regelmäßig. Jedenfalls oft genug, dass er nie auf die Idee gekommen wäre, sich anderweitig nach Sex umzusehen. Weder bei einer anderen Frau noch im Puff. Letzteres hätte er für sich persönlich als entwürdigend empfunden. Mit dieser Einstellung war er Sonya immer treu gewesen. Andererseits hätte er schon immer mal gerne ausprobiert, wie oft er an einem Tag gekonnt hätte. Aber dazu war es nie gekommen. Einmal hatte Sonya stets gereicht. Nicht, dass er sich darüber beklagt hätte. Im Stillen hatte er nur immer wieder festgestellt, dass es eigentlich hätte mehr sein können. Um genau zu sein, hatte er es stets bedauert, wenn er weniger Sex bekam, als er gerne gehabt hätte. Wenn er ganz ehrlich war, musste er zugeben, dass er Sonya an manchen Tagen nicht eben freundlich behandelt hatte. Erst im Laufe der Jahre fing er an, den von ihr meist schluchzend geäußerten Vorwurf, er wäre hormongesteuert, wenigstens halbwegs nachzuvollziehen. Inzwischen empfand er den Druck nicht mehr so sehr. Vielleicht lag es daran, dass er mit Überschreiten der Vierziger deutlich dicker geworden war. Sonya dagegen hatte mit ihren 47 Jahren noch immer eine äußerst ansehnliche Figur. Allerdings machte sie nie etwas aus sich und kam immer daher wie eine graue Maus. Wenn er sie sich jedoch nackt vorstellte, drohten seine Fantasien durchaus mit ihm durchzugehen. Die Erfahrung hatte ihn jedoch gelehrt, dass es besser für ihn war, keine entsprechenden Signale auszusenden. Zeigte er sich dagegen geduldig, bis sie selbst wieder einmal wollte, hatte er weit größere Chancen, dass sein Hormonstau auf entsprechende Weise aufgelöst wurde. Sobald sie sich auch nur den Hauch von bedrängt fühlte, hatte er schlechte Karten. So betrachtet, war sie im Laufe der gesamten Ehe stets die Herrin über das Sexualleben gewesen. Stets hatte sie bestimmt, ob sie wollte oder nicht. Sie hatte sich darauf eingelassen, mit ihm zu schlafen oder eben nicht. So richtig Robert diesen Grundsatz auch fand, dass eben zwei dazu gehören und es wollen müssen, so sehr hatte er sich von Beginn an nach mehr gesehnt.

»Was ist?«, fragte Sonya, ohne den Blick von ihrem Buch zu nehmen.

»Nichts. Wieso?«

»Wenn du im Bett liegst und Löcher in die Luft starrst, ist nie ›nichts‹.«

»Ach, das Buch …«

»Nicht gut?«

»Ich komm nicht rein.«

»Gib ihm eine Chance.«

»Hm.« Robert legte das Buch auf das Tischchen neben dem Bett, schlug die Decke zurück, um vor dem Einschlafen noch einmal das Badezimmer aufzusuchen. Seine Erektion hatte sich inzwischen wieder entspannt. Zwar nicht auf die Weise, wie er es sich gewünscht hätte, aber wenigstens so weit, dass Sonya nichts mehr davon mitbekam. Ohne dass er etwas dagegen hätte tun können, hatte sie sich oft durch dieses kaum zu unterdrückende körperliche Signal von seiner Lust bedrängt gefühlt. Robert war sicher, dass sie nicht nachvollziehen konnte, dass er seinen steifen Schwanz nicht vorsätzlich spazieren trug. Der größte Fehler ihrer mehr als zwanzig gemeinsamen Jahre war vermutlich, dass sie niemals richtig über ihre Sexualität geredet hatten.

Im Grunde wussten sie voneinander nur, dass sie beide niemals von ihren Eltern aufgeklärt worden waren und dass aller Sex, den sie je betrieben hatten, auf Versuch und Irrtum basierte. Wenn man Robert gefragt hätte, auf viel zu wenig Versuch und deutlich zu viel Irrtum. Weshalb sonst verspürte er nach all den Jahren immer noch den Drang, mit Sonya zu schlafen, und sie schien so gar keine Lust mehr zu haben. Womöglich gab es auch bei ihr noch geheime Wünsche, die er ihr nur deshalb nicht erfüllen konnte, weil er nichts davon wusste. Schließlich hatte auch er gewisse

Fantasien, die er noch nie hatte ausleben können, weil er sie seiner Frau gegenüber niemals gewagt hatte zu äußern.

Sonya drehte sich von ihm weg und verzog genervt das Gesicht, als er sich schwergewichtig aus dem Bett wälzte. Wie von ihr vorausgeahnt, blieb die Schlafzimmertür sperrangelweit offen. Am liebsten hätte sie ihm ihr Buch hinterhergeworfen. Stattdessen ließ sie es auf die Bettdecke sinken, schloss frustriert die Augen und machte sich darauf gefasst, dass er ihr auch diesmal die mit dem Gang zum Klo verbundenen Geräusche nicht ersparen würde, weil er einmal mehr auch die Badezimmertür offen lassen würde. Na bitte. Sie hatte es gewusst. Wie war es möglich, jemanden so genau zu kennen und sich zugleich so fremd zu fühlen? Sogar mehr als fremd war er ihr geworden. Wie hatte sie diesen Mann je lieben können? Weil sie damals nichts dringender wollte, als von zu Hause wegzukommen, und ausgerechnet er im falschen Moment an der falschen Stelle war? Weshalb hatte Sonya nicht längst ein paar Sachen gepackt und war gegangen? Aus Gewohnheit? Gewohnheiten gab es gute und schlechte. Ihre Ehe gehörte eindeutig zu den schlechten. Und die sollte man sich abgewöhnen. Was hielt sie also davon ab, endlich die Konsequenzen zu ziehen? War es die Existenzangst, dass sie nach knapp fünfundzwanzig Jahren kinderloser Ehe und Hausabbezahlen vermutlich keine Chance mehr auf ein eigenständiges Leben haben würde? Sie musste sich endlich aufraffen und sich nach Alternativen umsehen, prüfen, welche Optionen sie hätte.

Sonya hatte ihr Licht bereits gelöscht, als er aus dem Badezimmer zurückkehrte. Auf Zehenspitzen schlich er auf seine Seite, rollte sich in die Bettdecke und knipste ebenfalls die Lampe aus. In die Dunkelheit starrend, wälzte er einen Gedanken, der ihm auf der Toilette in den Sinn gekommen war. Noch immer die dominante Protagonistin des Thrillers vor Augen, hatte er das eheliche Sexualleben aus einer ganz neuen Perspektive betrachtet. Noch war er sich nicht ganz sicher, ob seine These vielleicht etwas weit hergeholt war. Wenn man jedoch bereit war, ein wenig um die Ecke zu denken, war Sonya in Sachen Sex von Beginn an die Bestimmende gewesen. Wenn man wollte, konnte man sie durchaus als die deutlich dominantere Person der Beziehung bezeichnen. Verfolgte man dieses Gedankenspiel weiter, hatte sie gar Ähnlichkeit mit der Heldin des Thrillers. Er dagegen hatte auf passive Weise stets versucht zu genießen, was er bekommen konnte. Schon wieder fing sein Glied an zu pulsieren. Wie sollte er da zur Ruhe kommen? Erregt von seinen Fantasien, blendete er für ein paar Minuten aus, dass ihn seine Frau wegen der Geräusche, von denen er glaubte, sie würde sie nicht mitbekommen, hassen könnte.

Am nächsten Morgen schlüpften beide wieder in ihre Alltagsrollen. Frühstücksroutine, Rumpfsätze, das Nötigste. Hast du den Lokalteil durch? Noch Kaffee? Abschiedsworte. Küsschen gab es schon lange nicht mehr. Während er in seinen Kombi stieg, um seine Außendienstrunde abzuarbeiten, fuhr sie wenige Minuten später mit dem Rad in die Steuerkanzlei, in der sie seit einigen Jahren als angelernte Kraft tätig war. Auf dem kurzen Weg dorthin fasste sie den Entschluss, zuallererst ihren Chef um Urlaub zu bitten, damit sie Raum und Zeit hätte, ihre Zukunft zu überdenken. Er zeigte sich überrascht, dass sie so plötzlich und kurzfristig verreisen wollte. Da ihre Wünsche jedoch ausgezeichnet in die Abläufe der Kanzlei passten, stellte er keine Fragen und sie einigten sich darauf, dass sie die verbleibenden 14 Tage nutzen sollte, die neue Kollegin mit den wichtigsten Abläufen ihres Arbeitsbereichs vertraut zu machen, um in den darauffolgenden beiden Wochen ihrer Abwesenheit entbehrlich zu sein. Da sie nicht wusste, ob Robert das Kommunikationsproblem zwischen dem neuen Laptop und dem alten Router mittlerweile behoben hatte, buchte Sonya noch während der Arbeitszeit eine Pauschalreise nach Mallorca zum Schnäppchenpreis und empfand schon jetzt große Erleichterung, so schnell ihren ersten Schritt in die Zukunft gewagt zu haben. In der Zeit auf Malle würde sie den Kopf so weit sortiert bekommen, um nach ihrer Rückkehr die richtigen Entscheidungen treffen zu können. Die Anzahlung beglich sie per Kreditkarte, deren nächste Abrechnung erst nach der Reise fällig wäre. Da sie sich die Unterlagen zu ihren Händen an die Kanzlei schicken ließ, hatte ihr Mann kaum eine Chance, vorab etwas von ihren Plänen zu bemerken. Die plötzliche Entschlossenheit tat Sonya gut. Als hätte sie sich einer großen Last entledigt, kehrte sie an diesem Nachmittag so beschwingt wie schon lange nicht mehr von der Arbeit nach Hause zurück. Das bis gestern ihren Alltag dominierende Gefühl bedrückender Ausweglosigkeit war wie weggewischt. Sie fühlte sich befreit und war sich ihrer Sache sicher. Zur Not müsste sie eben ganztags arbeiten. Falls Robert in ihrem gemeinsamen Haus in Blaustein wohnen bleiben wollte, würde sie natürlich auch woanders hinziehen. Wenn sie es sich leisten könnte, vielleicht sogar nach Ulm? Dann würde sie öfter mal ins Theater gehen oder Konzerte besuchen, wozu Robert von Beginn an keine Lust gehabt hatte. Sonya war ja schon froh gewesen, als er auf ihr Drängen wenigstens begonnen hatte zu lesen. Wenn auch meistens nur Thriller, Krimis oder manchmal auch Science Fiction.

Robert hatte den ganzen Tag fast ausschließlich im Auto gesessen und zwischen den Terminen, die er für einen Pharma-Konzern abarbeitete, jede Menge Kilometer gefressen. Obwohl der letzte Kunde nur eine knappe Autostunde von zu Hause entfernt war, hatte er sich zum Feierabend beinahe für ein Hotel entschieden. Sein grundsätzlicher Widerwille gegen die vielen Hotelaufenthalte hatte ihn dann doch den Heimweg antreten lassen. Das Erste, was er an seiner beruflichen Situation ändern würde, wären die häufigen Hotelnächte. Andererseits war er sich der Vorteile bewusst, die er durch das ständige Umherreisen hatte. Bisweilen war er ein, zwei Wochen auf Tour, ohne dass er sich zwischendurch in der Firma blicken lassen musste. Solange seine Abschlüsse stimmten, war er weitestgehend ein freier Mann, der es genießen konnte, über die Schwäbische Alb zu gondeln. Heute hatte er zwischen den Terminen allerdings kein Auge für die wunderbare Landschaft gehabt. Seine Gedanken waren ständig um dasselbe Thema gekreist. Sollte er Sonya darauf ansprechen, dass er zwischen ihrem Verhalten und der Dominanz der Heldin dieses Thrillers, dieser Agentin, dieser Naomi, Parallelen erkannte? Oder sollte er es besser lassen, weil er genau wusste, dass ihm so eine Frage ins Gesicht explodieren konnte. Andererseits – wie sollte sich je etwas zu seinen Gunsten verändern, wenn er nicht endlich mal den Mut aufbrächte, seiner Frau mitzuteilen, dass er bereit wäre, sich ihr zu unterwerfen?

Wieder zu Hause, hatten ihn seine Gedankenspiele aufs Neue dermaßen erregt, dass er erst einmal sehr lange an der Garderobe verweilen musste, um dort umständlich sein

Jackett über den Bügel zu hängen, ehe er in die Küche kam. Umso größer war für ihn die Überraschung, dass ihn Sonya mit einer lange nicht erlebten Freundlichkeit begrüßte. In beinahe tragischer Weise lag er mit seinen Vermutungen, was die positive Stimmung seiner Frau ausgelöst haben könnte, himmelweit daneben.

Schon wieder war er an einer dieser nebulös geschilderten Sexszenen angelangt. Die Autorin deutete Naomis bevorzugte Praktiken jedoch immer noch detailliert genug an, dass man sie als sadomasochistisch einordnen konnte. Er räusperte sich. Zog die Füße heran.

»Kommst du immer noch nicht rein?«, fragte Sonya. Sie war nach wie vor bester Laune und hatte das Gefühl, großzügig Smalltalk betreiben zu können.

»Hm. Nein. Das heißt, ja.«

»Was denn nun?«

Er ließ das Buch sinken, atmete tief durch. Sollte sich tatsächlich so schnell die Gelegenheit ergeben, sie darauf anzusprechen? »Das ist nicht nur ein Thriller. Da geht es ziemlich heftig zu.«

»Mhm, ich habe die in Thrillern zelebrierten Gewaltorgien noch nie gemocht«, erwiderte sie beiläufig. »Ist mir zu blutig. Zu viele Opfer.«

Seine Andeutung war wohl noch zu vage gewesen. »Bis jetzt leben alle noch«, stellte er fest. »Es geht in anderer Weise zur Sache.«

Sie ließ nun ebenfalls ihr Buch sinken, blickte zu ihm hinüber. »Nämlich?«

»Beim Sex.« Er wagte ebenfalls einen Blick zu ihr hinüber. Sie verdrehte die Augen zur Decke, hielt ihr Buch wieder hoch.

»Die Heldin steht auf SM.«

»Geh mir weg mit Shades of Gray«, sagte sie kaum hörbar.

»Es ist eher das Gegenteil.«

Sonya zögerte, fragte sich, ob sie sich tatsächlich noch mit seinem Gerede befassen sollte. Dann beschloss sie, großzügig zu sein und den Schein zu wahren. Schließlich sollte er auch keinen Verdacht schöpfen, dass sie etwas im Schilde führte. »Wie, das Gegenteil?«, fragte sie.

»Die Heldin steht offenbar auf masochistische Männer.«

Nun war die Grenze ihrer Geduld allmählich erreicht. »Geht's noch? Liest du jetzt Pornos?«

»Nein, die deuten das nur an.«

»Mhm.« Für sie war diese Unterhaltung beendet.

»Ich find's allerdings spannend.«

»Dann scheint es ja doch das richtige Buch für dich zu sein.«

»Ich meine nicht das Buch.«

Nun verstand sie überhaupt nichts mehr und sah fragend zu ihm hinüber. »Was dann?«

Ganz kurz schaute er ihr in die Augen, starrte schuldig auf seine erhobenen Knie. Nein, es war offenbar nicht der richtige Moment gewesen.

»Sag schon?«

Ihre Nachfrage überraschte ihn so sehr, dass er sich den entscheidenden Ruck gab. »Ich fände das auch spannend. Wenn du mich …«

Sie verdrehte die Augen. »Es geht also wieder mal darum, dass wir zu wenig Sex …«

»Nein. Doch. Aber anders.« Jetzt oder nie, sagte er sich. »Diese Nadja fesselt die Männer ans Bett und macht mit ihnen, was sie will. Und beim Lesen hab ich gemerkt, dass mich das …« Er hielt inne.

Das Entsetzen stand Sonya ins Gesicht geschrieben. »Dass dich das was?«

Er schlug die Bettdecke zurück und überließ die Antwort seinem Penis.

Sonya schloss die Augen. Meinte er tatsächlich Sadomasochismus? In ihrem Schlafzimmer? Ohne ein weiteres Wort raffte sie Bettzeug und Kissen zusammen, löschte das Licht und machte sich die Klappcouch im Wohnzimmer fertig. Sie konnte bis in den Morgen hinein kein Auge zumachen. Als sie ihn schließlich in der Küche hantieren hörte, stand sie kurz auf, um die Tür abzuschließen. Der Gedanke, ihm nach der gestrigen Offenbarung zu begegnen, war ihr unerträglich. Sie fühlte sich erleichtert, als er das Haus deutlich früher verließ als sonst und ihr damit genügend Zeit blieb, sich in Ruhe fertig zu machen. Wäre er zur gewohnten Zeit aufgebrochen, hätte sie sich gezwungen gefühlt, im Wohnzimmer zu verharren und in der Kanzlei anzurufen, dass sie heute später oder auch gar nicht kommen würde. Sie schleppte sich durch den Arbeitstag. Es fiel ihr schwer, sich auf die Arbeit zu fokussieren.

»Geht's dir nicht gut?«, fragte die Kollegin, die während Sonyas Abwesenheit ihren Aufgabenbereich übernehmen sollte.

Sonya war kaum in der Lage, die Abläufe auch nur halbwegs vernünftig zu erklären. »Schlecht geschlafen.«

»Mhm, ich auch. Bei Vollmond liege ich immer wach.«

»War schon wieder Vollmond?« Sonya rang sich ein Lächeln ab. »Dann wird's wohl bei mir auch daran gelegen haben.« Wenn ihre Kollegin wüsste. Der Erdtrabant hatte noch nie irgendwelchen Einfluss auf ihren Schlaf gehabt.

In der Hoffnung, dass er so viel Restanstand besäße, um die kommende Nacht in einem Hotel zu verbringen, machte sie sich auf den Heimweg. Sie war erleichtert, das Haus leer vorzufinden. Zwischenzeitlich war er jedoch hier gewesen, um sich ein paar Sachen zu holen und auf dem Küchentisch eine Nachricht zu hinterlassen. In Großbuchstaben. ›ES TUT MIR LEID.‹ Darunter teilte er ihr in kleiner Schrift mit, dass er erst morgen Abend wiederkäme. Er bräuchte Zeit, um nachzudenken. Sonya zerknüllte den Zettel und versenkte ihn im Altpapier.

Die Müdigkeit überfiel sie noch vor der Tagesschau. Sie ging davon aus, dass er an diesem Abend tatsächlich nicht mehr auftauchen würde, und brachte ihr Bettzeug zurück ins Schlafzimmer. Er hatte ihr, vermutlich, als er sich die Sachen zum Übernachten holte, eine Rose aufs Bettlaken gelegt. Eine Geste, die Sonya höchst albern fand. Mit spitzen Fingern nahm sie das bereits angewelkte Blümchen und warf es achtlos auf sein Kopfkissen, wo auch der Thriller lag, der Roberts abwegige Gedanken ausgelöst hatte. Sonya war zu neugierig, um ihn einfach liegen zu lassen. Der wohlige Seufzer war der Tatsache geschuldet, dass sie anstatt auf der Couch wieder im eigenen Bett schlafen würde. Sie kuschelte sich ein, nahm das Buch von seinem Kissen und blätterte zunächst wahllos darin herum. Die einschlägigen Stellen waren leicht zu finden. Es schien viele davon zu geben. Sie schüttelte den Kopf, fragte sich, weshalb manche Menschen so etwas gut finden konnten. Den Gedanken, sich freiwillig quälen zu lassen, fand sie absurd. Und wie man aus diesen Qualen auch noch einen Lustgewinn ableiten konnte, war ihr ein Rätsel. Sie schüttelte den Kopf, blätterte weiter, las noch einen Absatz und legte, als ihr vor Müdigkeit die Augen zufielen, das Buch zurück auf das Kissen ihres Mannes. Ihres Exmannes in spe.

Mitten in der Nacht dämmerte sie mit einem äußerst verstörenden Gedanken aus dem Schlaf. Hatte sie ihn soeben geträumt oder war er ihr vom Unterbewusstsein ins Hirn gepflanzt worden? Sie hatte tatsächlich erwogen, sich probehalber auf Roberts Wünsche einzulassen, und dieses Entgegenkommen vor sich selbst damit begründet, dass die Ausgestaltung der Spielregeln ja in ihren Händen läge. Eine ihrer Bedingungen wäre natürlich, dass sie nie wieder mit ihm zu schlafen brauchte. Wenn ihm die Fesselei also wichtig wäre und er sich damit zufriedengäbe, könnte sie die ihr schon so lange so lästige Prozedur des Beischlafs endgültig hinter sich lassen. Gut, sie hatte ihn im Laufe der Jahre ohnehin auf Schonkost reduziert. Ungefähr einmal im Monat hatte sie seinem versteckten Drängen dann doch immer wieder nachgegeben.

Moment. Weshalb dachte sie über dieses Thema noch immer nach? Hatte sie nicht gestern beschlossen, sich ohnehin von ihm zu trennen? Es machte keinerlei Sinn, sich deshalb das Hirn zu zermartern. Entschlossen drehte sie sich auf die andere Seite und drückte das Kissen zurecht, um weiterzuschlafen. Nach einer halben Stunde gab sie auf und ging in die Küche, um ihre ständig kreiselnden Gedanken mit einem Glas warmer Milch fortzuspülen.

Obwohl er sich in einem seiner Lieblingshotels einquartiert hatte, in dem er für gewöhnlich schlummerte wie auf Wolken gebettet, kam auch Robert nicht zur Ruhe und verbrachte die zweite halbwegs schlaflose Nacht in Folge. Was hatte ihn nur geritten, Sonya mit solchen Wünschen zu konfrontieren? Wo ihr doch alles, was über die Missionarsstellung hinausging, suspekt war. Nein, das war ungerecht. In den ersten Jahren hatten sich ab und zu auch andere Stellungen ergeben. Nicht, dass sie darüber geredet hätten – weder zuvor noch im Anschluss –, aber es war vorgekommen. Er fragte sich, ob die Rose auf ihrem Bett tatsächlich zur Schadensbegrenzung beitragen würde oder ob er Sonya mit dieser kleinen Geste nur noch wütender gemacht hatte. Vielleicht sollte er morgen ein Reisebüro aufsuchen und sie mit einer Urlaubsreise überraschen. Mit einer kleinen Städtetour zum Beispiel. Paris, London, oder vielleicht einfach in Deutschland bleiben und mal nach Hamburg fahren? Nein, auf keinen Fall Hamburg. Sie würde sofort wieder denken, er wollte mit ihr die Reeperbahn besuchen. Vielleicht machte auch alles überhaupt keinen Sinn mehr und sie sollten sich ehrlicherweise trennen. Überrascht stellte Robert fest, dass er sich nicht erinnern konnte, diesen Gedanken je zuvor erwogen oder gar zugelassen zu haben. Aber was sprach dagegen? Welche Gründe gab es, mit Sonya eine Versöhnung anzustreben? Wenn ihm bis morgen Nachmittag keine einfielen – so nahm er sich in diesem Augenblick vor –, würde er sie gleich nach seiner Ankunft zu Hause mit dem Thema Trennung konfrontieren.

Die Milch, die sie sich in der Mikrowelle warm gemacht hatte, war längst wieder kalt, als Sonya den Laptop herunterfuhr. Der helle Wahnsinn, welche Flut an Informationen das Internet in Sachen SM zu bieten hatte. Einige der Bilder, die sie mehr oder weniger nach dem Zufallsprinzip geladen hatte, konnte sie nur angewidert sofort wieder wegklicken. Bei anderen wiederum hatte sie genauer hingesehen und versucht, sich einen Überblick zu verschaffen, nach welchen Mustern die Sache ablief und welche masochistischen Vorlieben die sogenannten Subs hatten. Fassungslos nahm sie zur Kenntnis, dass sich Männer in Käfigen einsperren oder am Hundehalsband umherführen ließen. Es wurde gepeitscht, gefesselt und geknebelt, gepiesackt und geschlagen. Nachdem der Bildschirm schwarz geworden war, klappte sie den Laptop zu und lehnte sich auf dem Sofa zurück. Was bei solchen Praktiken an- oder gar erregend sein sollte, hatte sich ihr bei dieser Recherche nicht erschlossen.

Robert schloss die Haustür auf, stellte seine Tasche in den Flur und trat, ohne zu zögern, in die Küche. Er hatte sich fest vorgenommen, sofort das Gespräch zu suchen. Sonya saß am Tisch und schaute ihm direkt ins Gesicht.

Er räusperte sich. »Also diese Idee vorgestern …«

»Ist okay«, sagte sie, ohne seinem Blick auszuweichen, »ich mach's.«

Robert war so überrascht, dass er trotz seiner Unsicherheit ihrem Blick nicht auswich. Er setzte sich zu ihr. »Was?«

»Na, das, was du möchtest?«

»Wie jetzt?«

»Verstehst du kein Deutsch mehr? Wenn du noch einmal fragst, kannst du es sofort wieder vergessen.«

Er schluckte, schaute sie an, als wäre sie von einem anderen Stern. »Nein, ich frage ja gar nicht mehr. Bloß …«

»Bloß, was?«

»Es kommt eben – überraschend?«

»Vielleicht willst du es ja gar nicht mehr, wenn du die Regeln kennst, die du einzuhalten hast.« Das mit den Regeln schien Sonya mit am wichtigsten zu sein. Bei allem, was ihr im Internet begegnet war, hatte die devote Person der dominanten ohne Widerspruch zu gehorchen.

»Welche Regeln?«, hauchte Robert unsicher. Nachdem er begriffen hatte, worum es ging, war ihm heiß geworden. Sogar sehr heiß.

»Du besorgst die Sachen, mit denen ich dich fesseln soll. Was auch immer dir am liebsten ist. Schnüre, Leinen, Handschellen, Ketten, mir ist das vollkommen egal. Dass das Zeug auf keinen Fall per Post kommt, ist dir hoffentlich klar. Ich habe keine Lust, dass der Zusteller herumerzählt, dass wir hier was weiß ich was treiben. Niemand bekommt etwas mit. Weder unsere Nachbarn noch sonst irgendwer in unserem Umfeld. So viel, wie du unterwegs bist, dürfte es ja kein Problem sein, deine Einkäufe woanders zu erledigen. Ist das klar?«

»Klar.«

»Und komm bloß nicht auf den Gedanken, vor Freunden oder Kollegen damit zu prahlen. Klar?«

Er nickte.

»Klar?«, fragte sie noch einmal.

»Klar.«

»Du hast Zeit bis zum 15.« Der Freitag vor ihrer Abreise am darauffolgenden Samstag um 17 Uhr schien ihr am geeignetsten. Wenn sie unmittelbar nach dieser Nummer zum Flughafen nach Stuttgart aufbräche, bliebe ihr die anschließende Konfrontation mit diesem masochistischen Monster erspart. Danach könnte sie sich erst einmal in aller Ruhe erholen und sich sammeln. »Klar?«

Er nickte, schickte schnell ein »Klar!« hinterher und war gleichzeitig bemüht, sich die Enttäuschung darüber, dass er sich noch fast zwei Wochen gedulden musste, nicht anmerken zu lassen.

»Was brauchst du noch außer dem Fesselzeug?«

Er hob ratlos die Schultern, überlegte, was ihm gefallen könnte.

»He! Es ist dein Wunsch, nicht meiner!«

»Knebel? Peitsche?« Ohne sich dessen bewusst zu sein,

sprach er jedes Wort aus, als stellte er eine Frage. Schließlich wusste er selbst nicht, was die ganze Geschichte noch reizvoller machen könnte. »Wenn man nicht sieht und nicht hört, was passiert, soll das Erleben noch intensiver sein«, fiel ihm ein, als er sich an eine der erregenden Stellen des Thrillers erinnerte. Ihrem vierten Partner hatte die Agentin die Augen verbunden und seine Ohren mit warmem Wachs verklebt, um ihn dieser beiden Sinne zu berauben.

Sonya erinnerte sich an den Krimi, den sie vor nicht allzu langer Zeit im Fernsehen gesehen hatten. Einen Entführungsfall. Das Opfer hatte ständig eine Kapuze über dem Kopf und war mit Klebeband geknebelt. »Wie wär's mit Klebeband?«

Robert verzog das Gesicht. Klebeband auf der Haut stellte er sich nicht sehr angenehm vor. »Oder Tücher? Und –«, er zögerte, wagte kaum, es auszusprechen, weil es so profan klang, »Ohrenstöpsel?«

Beinahe hätte Sonya gelacht. Das Wort ›Ohrenstöpsel‹ kam ihr aus dem Mund dieses Möchtegern-Masochisten absurd vor. »Wenn du meinst«, erwiderte sie spöttisch und teilte ihm die restlichen Konditionen mit. Er solle bloß nicht glauben, dass sie diese Sache im gemeinsamen Schlafzimmer mit ihm machen würde. Wenn er wirklich wollte, dass sie ihm diesen Gefallen bereitete, hätte er bis zum besagten Termin das Gästezimmer aufzuräumen, das im Lauf der Jahre eher zur Rumpelkammer verkommen war. Das Bett mit den vier Pfosten schien ihr für den geplanten Zweck bestens geeignet. »Klar?«

»Klar.«

»Noch etwas. Du musst dich entscheiden, was dir deine Wünsche wert sind. Wenn ich das tatsächlich machen soll, erwarte ich danach, nie wieder irgendwelchen anderweitigen ehelichen Pflichten ausgesetzt zu sein.«

Damit hatte er nicht gerechnet. Er räusperte sich. »Du willst nie wieder mit mir schlafen?«

Sie nickte. »Willst du es schriftlich haben? Ich dachte, mich klar ausgedrückt zu haben.«

Er zögerte. Jedoch nur einen Moment. Was hatte er schon zu verlieren? »Klar.«

»Gut. Bis es so weit ist, schläfst du im Wohnzimmer.«

»Aber …«

»Wir können das alles auch lassen …«, sagte sie freundlich lächelnd, als hätte sie es mit einem kleinen Kind zu tun.

»Nein, nein, alles gut.« Devot nickend, nahm er unwillkürlich schon jetzt die unterwürfige Rolle ein. »Schon gut, alles so, wie du es haben möchtest.«

Sonya war mit dem Verlauf dieses Gesprächs durchaus zufrieden. Sie stand kurz davor, sich selbst für genial zu halten. Nach ihrer Entscheidung, sich heimlich für zwei Wochen zur Selbstfindung auf die Insel zurückzuziehen, hatte sie sich nun auch noch bis zu ihrer Abreise ihre häusliche Ruhe abgesichert. Mit Genugtuung beobachtete sie im Lauf der nächsten Tage, wie ihr zukünftiger Ex das Gästezimmer ausräumte und damit Dinge erledigte, die seit Wochen, Monaten oder gar Jahren unerledigt liegen geblieben waren. Eines Abends kam er nach Hause und fragte, ob er ihr seine Einkäufe zeigen dürfte.

»Welche Einkäufe?«

»Na, eben die Sachen, die du brauchst, um mich zu …«

»Nein.« Inzwischen gefiel ihr dieser knappe Ton und sie genoss es, ihn damit im Zaum halten zu können. Beinahe fand sie es in solchen Momenten schade, dass dieses Spiel in wenigen Tagen vorüber sein sollte. Ihr Entschluss, sich nach Mallorca von ihm zu trennen, stand jedoch unverrückbar fest.

Wenn sie sich morgens beim Frühstück trafen, gab sie sich durchaus Mühe, ihn nicht unfreundlich zu behandeln. Erst an den Nachmittagen und während der gemeinsamen abendlichen Stunden vor dem Fernseher verfiel sie wieder in den strengen Ton. Gegen Ende der Wartezeit konnte sie es sich dann doch nicht verkneifen, den Zustand des Gästezimmers, von dem sie sich bis dahin ferngehalten hatte, zu überprüfen. Man hätte hier tatsächlich mit bestem Gewissen jemanden unterbringen können. Erstaunlich, wozu Robert fähig war, wenn er ein Ziel vor Augen hatte. In der Ecke stand ein Karton mit seinen Einkäufen. Mit spitzen Fingern hob Sonya den Deckel und stellte fest, dass er so gut wie alles besorgt hatte, was ihr bei der Recherche im Internet für diese Zwecke aufgefallen war. Sie widerstand der Verlockung, eine der Lederpeitschen in die Hand zu nehmen und auf der Matratze auszuprobieren. Allerdings lockerte sie ihrer Fantasie die Zügel und malte sich aus, wie sie mit den zur Verfügung stehenden Utensilien den letzten Akt ihrer Ehe inszenieren könnte. Wenn er seinen Genuss aus der Nummer ziehen konnte, wollte auch sie ein persönliches Sahnehäubchen bekommen.

Ihren Koffer hatte sie bereits drei Tage vor ihrer Abreise gepackt. Es fehlten nur noch ein paar Kleinigkeiten für den Aufenthalt in der Sonne. Deshalb fuhr sie am Nachmittag gleich nach der Arbeit mit dem selten benutzten Kleinwagen nach Ulm. Ehe sie im Zentrum ihren Einkaufszettel für die Insel abarbeitete, hielt sie kurz entschlossen auf dem Parkplatz eines Baumarkts in der Blaubeurer Straße an, um ein paar Hundert Meter zurück zu einem Erotik-Shop zu laufen, in den sie nie im Leben einen Fuß gesetzt hätte, wenn sie nicht mit ihrem zukünftigen Ex diese Vereinbarung getroffen hätte.

Schon beim Betreten des Ladens war sie überrascht, dass er nicht halb so dunkel und schmuddelig wirkte, wie sie es erwartet hätte. Mit Erleichterung nahm sie zur Kenntnis, dass eine Frau an der Kasse saß und kein Mann. Die junge Verkäuferin schien sich nicht im Geringsten über die weibliche Kundschaft zu wundern.

»Wenn Sie Hilfe brauchen, sagen Sie Bescheid«, bemerkte sie mit freundlicher Zurückhaltung.

»Danke, ich wollte mich mal umschauen.« Dass sich ihre Stimme flach und zittrig anhörte, empfand Sonya als peinlich.

Zunächst flackerten ihre Blicke unstet von einem erotischen Spielzeug zum nächsten. Was hatte sie hier verloren? Mit der Zeit kehrte allerdings auch ihr aufgeregter Herzschlag zu einer normaleren Frequenz zurück und sie kam sich vor wie in einer anderen Welt. In einem befremdlichen Wunderland. Als sie die schwarzen hochhackigen Stiefel sah, die übers Knie reichten, fragte sie die Verkäuferin aus einem Impuls heraus, ob dieses Modell auch in ihrer Größe auf Lager wäre. Sie probierte sie an und erinnerte sich schmunzelnd an einen Moment ihrer Kindheit, als sie die Highheels ihrer stets aufgedonnerten Tante Jessy anprobierte und, ungelenk herumstaksend, einen Absatz abbrach. Zum Glück hatte ihre Tante die heimliche Verkleidungsaktion mit Fassung und Humor getragen und war froh gewesen, dass es den Schuh und nicht etwa das Sprunggelenk ihrer Nichte erwischt hatte.

Als Sonya nun vor dem Spiegel feststellte, dass sie sich in den Highheels recht elegant und selbstbewusst fortbewegen konnte, fasste sie einen Entschluss. Robert, der sie nach ihrer Ansicht immer als graue Maus betrachtet hatte, sollten die Augen übergehen. Bis ans Ende seiner Tage sollte er sich an diese Inszenierung erinnern und darunter leiden, dass er so etwas nur ein einziges Mal hatte erleben dürfen. Sie bat die Verkäuferin, sie zu beraten, welches Outfit sie empfehlen würde, um einen Mann so richtig heißzumachen. Am Ende trug sie einen breitkrempigen schwarzen Hut, eine nahezu natürlich wirkende Rothaarperücke im Pagenschnitt und ein Paar zu den Stiefeln passende Handschuhe, die ihr bis unter die Achseln reichten. Das Korsett aus schwarzem Lack mit roter Schnürung saß perfekt.

»Wow!«, stieß die Verkäuferin hervor.

Sonya stellte mit Genugtuung fest, dass sie sich nicht etwa schauspielernd gut geschult, sondern aufrichtig anhörte. Die Frau schien tatsächlich von der Kundin beeindruckt.

Nachdem sie sich wieder umgezogen hatte, nahm sie aus einem Korb mit Sonderangeboten quasi im Vorübergehen für Robert noch eine schwarze Haube aus Latex und einen Knebel mit, von dem die Verkäuferin behauptete, dass der Geknebelte tatsächlich nicht mehr viele Töne hervorbrächte. Sie ließ sich alles in eine neutrale Tüte packen und zahlte in bar. Was würden die Angestellten ihres Kreditinstituts denken, wenn sie auf ihrem Auszug diese Abbuchung sähen?

Beschwingt kehrte Sonya zum Parkplatz des Baumarkts zurück, verstaute ihre Einkäufe im Kofferraum und fuhr in die Tiefgarage am Rathaus, wo sie immer parkte, wenn sie in der Innenstadt etwas zu besorgen hatte. Es war erstens gut beleuchtet, hatte aufgrund der archäologischen Ausgrabungen etwas Museales und man konnte sich beinahe fühlen wie ein V.I.P., weil der rot eingefärbte Boden, der die Parkenden zum Ausgang führte, an einen roten Teppich erinnerte. Und Sonya fühlte sich in ihrer Mission für ihr zukünftiges Leben tatsächlich wichtiger denn je.

Am 15. kehrte Robert auch für einen Freitag früher als üblich von seiner Tour zurück nach Hause. Die Anspannung, die sich in den letzten Tagen aufgebaut hatte, war für ihn kaum noch zu ertragen. Er hatte Sonyas Anordnungen nach bestem Wissen und Gewissen abgearbeitet und hoffte, alles richtig gemacht zu haben. Als er in die Küche trat, fand er seine Herrin, wie er sie seit ihrer Ankündigung, ihm diesen Gefallen zu tun, insgeheim nannte, bei einer Tasse Kaffee lesend am Tisch.

»Hallo«, grüßte er unbeholfen.

»Was willst du denn schon hier?«, fragte sie, ohne aufzublicken.

»Also, ich wär dann so weit.«

»Wenn du das meinst, was ich meine, bist du morgen früh dran.«

»Aber …«

Sie hob den Blick, sah ihm in die Augen.

»Ja, gut. Ganz wie du meinst.« Er gab sich die allergrößte Mühe, seine Enttäuschung darüber, dass er noch den ganzen Abend und die ganze Nacht warten sollte, zu unterdrücken.

»Wenn ich morgen um acht aus dem Haus gehe«, sagte sie, »um noch etwas zu besorgen, machst du dich fertig und wartest auf meine Rückkehr.«

Er nickte.

»Ist das klar?«

»Klar«, antwortete Robert, blieb jedoch unentschlossen neben dem Küchentisch stehen.

»Hast du es dir etwa anders überlegt?«, fragte Sonya.

»Nein, nein. Ich dachte nur, ich hätte alles besorgt. Du kannst gern nachsehen, fehlt noch etwas?«

»Lass dich überraschen.« Sie widmete sich wieder ihrer Lektüre.

Robert verstand das Zeichen und zog sich, beinahe geräuschlos rückwärts gehend, ins Gästezimmer zurück.

Sonya wandte den Blick zur Tür, die er unerträglich devot geschlossen hatte. Sie atmete tief durch, schloss die Augen, schüttelte kaum sichtbar den Kopf. Dass sie keine Liebe mehr für ihn empfand, war ihr klar gewesen. Dass sie ihn für seine untertänige Art, die er nicht nur in diesem perversen Rollenspiel an den Tag legte, hasste, war ihr erst in diesem Moment bewusst geworden.

An diesem Abend ging sie zeitig zu Bett. Zum einen legte sie keinen Wert darauf, ihm noch einmal im Wohnzimmer oder in der Küche zu begegnen. Zum andern wollte sie früh aufstehen, um ihren minutiösen Plan, den sie sich nach ihrer nachmittäglichen Erkenntnis im Zusammenhang mit ihren Gefühlen für Robert zurechtgelegt hatte, durchführen zu können. Um sieben wurde sie von ihrem Smartphone mit dem sanften, von ihr eingespeicherten Song geweckt. Sie schlug die Augen auf, hörte zu. Starrte zur Decke. Der Moment der Entscheidung. Wollte sie das wirklich durchziehen heute? Ja. Sie schlug die Bettdecke zurück, schwang die Beine aus dem Bett. Sie duschte, brauchte aber nicht lange im Bad.

Bis auf den Koffer mit ihrem neuen Outfit lag alles, was sie für heute und die nächsten zwei Wochen benötigte, bereits im Kofferraum. Robert saß in der Küche, blickte sorgenvoll auf den Koffer. Ihr war klar, dass er sich in diesem Moment fragte, weshalb sie das Haus mit einem Reisekoffer verließ.

»Mach dich fertig. In etwa zwei Stunden bin ich zurück.«

Hinterm Ulmer Hauptbahnhof einen Parkplatz zu finden, war einfacher, als sie gedacht hatte.

Sie schloss sich in einer Toilettenkabine ein. Sich in der bedrückenden Enge und dumpfen Wärme umzuziehen, war eine Erfahrung, die sie nicht wiederholen musste. Um ihren Plan nicht zu gefährden, ertrug sie die Unannehmlichkeiten und ließ sich gebührend Zeit, sich aufzudonnern und zu stylen. Sie stopfte die Kleidungsstücke, die sie auf dem Weg hierher getragen hatte, in den Koffer, zog den breitkrempigen Hut tief ins Gesicht und warf, ehe sie nach draußen ging, noch einen prüfenden Blick in den Spiegel über dem Waschbecken. Sie konnte sich sehen lassen. Die ungewohnten High Heels bereiteten ihr auf dem Weg zum Taxistand keine Schwierigkeiten. Obwohl sie über ihrer Dienstkleidung, wie sie ihr Outfit selbst nannte, einen dem Wetter nicht ganz angemessenen Trenchcoat trug, zog sie jede Menge Blicke auf sich, als sie mit dem Koffer durch den Bahnhof rollerte. Ob die Leute wegen des Trenchcoats, wegen des Hutes oder wegen der Stiefel glotzten, war ihr egal. Hauptsache, sie wurde nicht erkannt.

»Wo soll's denn hingehen, schöne Frau?«, fragte die Taxifahrerin.

Sonya nannte ihre Adresse. Ohne nachgemachten Akzent nannte Sonya ihre Adresse. Auf der Herfahrt hatte sie noch erwogen, vielleicht einen südländischen oder östlichen Akzent zu imitieren, und in Selbstgesprächen verschiedene Varianten ausprobiert. Sie war sich dabei jedoch so albern vorgekommen, dass sie diese Idee schnell wieder verworfen hatte. Zu Hause angekommen, fragte sie die Taxifahrerin, ob sie Interesse an der Rückfahrt hätte, ließ sich ihr Kärtchen geben und bezahlte die Fahrt mit angemessenem Trinkgeld.

»Quittung?«

»Nein, in diesem Fall nicht, danke.« Sie blickte auf die Uhr ihres Smartphones. Noch nicht einmal neun. »In etwa zwei Stunden?«

»Geht's etwas genauer?«, fragte die Fahrerin freundlich.

»Nein, leider nicht.«

»Dann kommt vielleicht jemand anderes.« Sie zog lächelnd die Augenbrauen hoch. »Viel Vergnügen!«

»Mal sehen. Danke. Tschüss.«

Herr Scheuble von gegenüber stand hinterm Vorhang am Fenster. Sonya war sicher, dass er sie nicht erkannte. Nie im Leben würde ihr der alles beobachtende Nachbar so etwas zutrauen. Sie musste sich beherrschen, nicht grüßend die Hand zu heben, was sie sonst immer machte, um ihm zu zeigen, dass man ihn auch hinterm Vorhang noch sehen konnte. Ehe sie den Klingelknopf drücken konnte, stand Robert bereits in der Tür, um sie hereinzulassen. »Sonya!«, stieß er halbwegs empört hervor, nachdem er die Tür hastig wieder ins Schloss gedrückt hatte. »Ich dachte, die Nachbarn sollten nichts …«

»Lass sie denken, was sie wollen«, erwiderte sie knapp. »Geh ins Zimmer und zieh dich aus.«

Während sie den Trenchcoat ablegte und den weiten Hut auf der Ablage der Garderobe platzierte, trat er einen Schritt zurück, um sie zu betrachten.

»Hast du nicht gehört!«

»Ja, sicher. Ganz wie du es wünschst.«

»Mach dich nackt und leg dich aufs Bett. Ich bin gleich bei dir.«

Fünf Minuten später trat sie ins Gästezimmer. Mit einer Schlafmaske über den Augen lag er auf dem Bett. Er schien ihre Anwesenheit nicht wahrzunehmen. Erst als sie näher trat, sah Sonya, dass er sich die Ohren zugepfropft hatte. Sekundenlang stand sie neben ihm und sah ihm beim Atmen zu. Dass er sich an ihrem Aufzug jetzt nicht aufgeilen konnte, betrachtete sie beinahe als Kränkung. Da war die ganze Mühe ja umsonst gewesen. Nein – schon in wenigen Minuten würde sie ihm Gelegenheit geben, sie ausführlich zu betrachten. Noch einmal sah sie sich im tipptopp hergerichteten Zimmer um. Die Fesselutensilien, die er auf ihr Geheiß besorgt hatte, lagen auf dem Tisch. Die Seile waren pingelig genau parallel ausgerichtet, die Tücher, die sie vermutlich benutzen sollte, ihn zu knebeln, waren akkurat gefaltet. Daneben lagen vier Ledermanschetten für Hand- und Fußgelenke. Sie war enttäuscht, keine Handschellen vorzufinden. Aber auch mit dem vorhandenen Material würde sie ihn zur Regungslosigkeit verdammen können. Er wurde unruhig. Ehe er auf den Gedanken kommen würde, die Schlafmaske noch einmal abzunehmen, legte sie ihm die erste Manschette um sein linkes Handgelenk. Weshalb er dabei stöhnte, war ihr ein Rätsel. Sie zog eins der Seile durch eine der vorhandenen Metallösen und band es an einer Stelle, die für ihn unerreichbar war, mit strammen Knoten an den linken Bettpfosten. In gleicher Weise verfuhr sie auf der rechten Seite. Nachdem auch seine Füße fixiert waren, holte sie den Knebel aus dem Koffer und steckte ihm das entsprechende Gummiteil in den Mund.

»Mhm?« Selbst in diesen reduzierten Laut konnte man Überraschung interpretieren. Er versuchte, den Knebel mit der Zunge aus dem Mund zu schieben. »Mhm!«

Sie ließ ihm nicht den Hauch einer Chance, legte den Lederriemen um seinen Nacken und zurrte die Schnalle auf der engsten Position fest. Sie beugte sich zu ihm hinunter »Was sagtest du?« Sie nahm ihm die Maske ab. »Man hört dich ja kaum.«

»Mhm!«

Die Verkäuferin hatte recht gehabt. Durch die breite Manschette des perfekt sitzenden Knebels drang in der Tat kaum noch ein Laut. Um zu prüfen, ob der Knebel auch luftdicht abschloss, hielt sie ihm die Nase zu. Seine Augen weiteten sich mit Entsetzen. Er wurde rot. Sie ließ von ihm ab und setzte sich an den Tisch. Mit flehendem Blick sah er zu ihr hinüber. Ihr scharfes Outfit schien ihm zweitrangig zu sein.

»Schon genug?«, fragte sie so leise, dass er sie aufgrund seiner Ohrstöpsel kaum hören konnte.

Trotzdem nickte er. »Mhm!«

Sie stand wieder auf. Nahm die Latexmaske aus dem Koffer und baute sich vor ihm auf.

»Kopf hoch!«

»Mhm?«

»Du sollst den Kopf hoch nehmen«, sagte sie und verdeutlichte ihren Befehl durch Handzeichen. Er gehorchte. Vermutlich glaubte er noch immer an ein Spiel. Sie nahm keine Rücksicht darauf, ob sie ihn unter der engen Maske an den Haaren zerrte oder ihm die Ohren knickte. Sie stülpte sie ihm einfach über. Mit Mühe schaffte sie es, die Aussparung für die Nase tatsächlich so zu positionieren, dass er atmen konnte. Er hörte sich ein klein wenig panisch an. Zu Recht.

Mit einem leichten Peitschenhieb, der nicht wirklich wehtun konnte, verabschiedete sie sich von ihm. Sie schloss den Koffer, zog den Mantel an, rief übers Festnetz ein Taxi und wartete am Fenster.

Zwei Wochen später stieg sie wie ausgewechselt in Stuttgart aus dem Flugzeug. Mit breitkrempigem Sommerhut und einem eleganten, farbenfrohen Sommerkleid schritt sie in ihren modischen Riemensandalen mit halbhohen Absätzen Richtung Gepäcklaufband und freute sich auf zu Hause.

Nach der Ankunft auf Mallorca war sie in Gedanken noch einmal alles minutiös durchgegangen. Hatte sie irgendwelche Fehler begangen? Konnte die Polizei etwas finden, was den Verdacht auf sie lenken würde? Nein. Sie war vollkommen sicher, alles richtig entschieden zu haben. Sie hatte sogar zu Hause angerufen und Robert etwas auf den Anrufbeantworter gesprochen. Natürlich nicht mit ihrem Smartphone, für das sie nicht einmal das Ladegerät eingesteckt hatte. Sie hatte es vorsätzlich vergessen. Schließlich wollte sie von niemandem angerufen werden. Nein, sie hatte einfach am Abend des vierten Tages einen Barkeeper gefragt, ob sie mal das Telefon benutzen dürfte.

Obwohl sie in seltenen Momenten durchaus über Roberts momentane Befindlichkeit spekuliert hatte, war dieser Urlaub äußerst erholsam gewesen und sie hatte sich ihren neuen Lebensentwurf zumindest in groben Zügen im Kopf zurechtgelegt. Die Formalitäten, die nach ihrer Rückkehr aller Voraussicht nach auf sie zukamen, würde sie wahrscheinlich in wenigen Wochen abarbeiten können. So wartete sie mit ausgeglichener Miene geduldig auf ihren Koffer, in dem sich ausschließlich schmutzige Urlaubswäsche befand. Ihre ›Dienstkleidung‹ hatte sie am Tag der Abreise unauffällig hinter dem Ulmer Hauptbahnhof in einem Mülleimer entsorgt. Zu ihrer eigenen Überraschung tatsächlich mit einem weinenden Auge. Beim Durchschreiten der Zollkontrolle wurde sie von zwei Uniformierten freundlich gebeten mitzukommen. Sie wunderte sich, dass die beiden sie mit Namen angesprochen hatten, folgte ihnen jedoch bereitwillig in einen Nebenraum, wo sie auch gleich den Koffer auf den Tisch wuchtete, um ihn zu öffnen.

»Es geht nicht um Ihren Koffer«, sagte der ältere Beamte mit vier Sternen auf der Schulter.

»Sondern?«

»Um Ihren Mann.«

Sie sank auf einen Stuhl nieder. Bereits am Flughafen darauf angesprochen zu werden, kam dann doch überraschend. »Was ist mit ihm?«

Die beiden blickten einander an. Sie schienen sich nicht darum zu drängen, die vermeintlich schlechte Nachricht zu überbringen. »Er ist tot«, sagte schließlich der Jüngere, der nur einen Stern hatte.

»Unfall?«, fragte sie geistesgegenwärtig. Eigentlich hatte sie fest damit gerechnet, Robert würde noch immer angeschnallt im Gästezimmer liegen, wenn sie nach Hause käme. Zwar kein schöner Gedanke, aber das war nun mal der Plan gewesen.

»Nein. Er wurde umgebracht. Auf recht unschöne Weise umgebracht.«

Sie atmete tief durch, nickte unwillkürlich. Festgebunden zu verhungern und zu verdursten – da konnte man sicher von ›unschön‹ reden. »Und – wie ist er denn …?«, hauchte sie kaum hörbar.

Erneut tauschten die zwei Blicke aus. Der Jüngere kniff die Lippen zusammen. »Im Zusammenhang mit recht bizarren Sexpraktiken«, antwortete der viersternige Beamte.

»Robert? Bizarre Sexpraktiken?«, sie glaubte, die Rolle der aus allen Wolken fallenden Gattin ganz gut darzubieten. »Das kann nicht sein.« Weshalb, fragte sie sich plötzlich, hatte man sie schon in Stuttgart in Empfang genommen? »Wieso holen Sie mich hier vom Flughafen ab?«

Der Jüngere schien erleichtert, dass er eine eher unverfängliche Frage beantworten durfte: »Reine Routine. Wir haben Ihren Anrufbeantworter abgehört. Sie haben Ihrem Mann die Ankunftszeit mitgeteilt.«

»Weshalb haben Sie mich dann nicht erst in Blaustein …«

»Weil Sie sonst den Parkplatz vergeblich nach Ihrem Auto absuchen würden«, antwortete der Ältere nüchtern. »Es wurde abgeschleppt.«

»Wieso das denn?«

»Reine Routine. Zuallererst sind immer die Angehörigen dran«, sagte der Jüngere.

»Wenn Sie bitte mit uns kommen, wir fahren Sie nach Ulm«, forderte der Ältere Sonya auf.

Im Streifenwagen nach Hause? Das war das Letzte, was sie wollte. »Danke, aber das ist doch nicht nötig. Ich kann auch den Zug nehmen.«

»Die Ulmer Kollegen haben uns gebeten, Sie ins Polizeipräsidium Ulm zu bringen. Sie brauchen Ihre Fingerabdrücke.«

Allmählich empfand Sonya die Situation beängstigend. Wie kamen die auf den Gedanken, ihre Fingerabdrücke haben zu wollen?

»Reine Routine«, versuchte der Jüngere, ihre Sorgen zu zerstreuen. »Die Kollegen brauchen Ihre Abdrücke sicher nur zum Abgleichen und Ausschließen. Sie wohnen schließlich da.«

Sonya produzierte ein gequältes Lächeln. Eine Frau, die vom Tod ihres Mannes erfährt, sollte nicht locker lächeln, wenn sie den Verdacht nicht auf sich lenken wollte. »Also gut. Fahren wir. Spare ich mir das Geld für den Zug.«

Während der Fahrt nach Ulm wurde nicht viel geredet. Sonya saß im Fond und versuchte, sich nicht anmerken zu lassen, dass sie die Situation nervös machte. Im Polizeipräsidium Ulm bat man sie, auf die mit Roberts Tod befassten Kommissare zu warten. Eine Frau und ein Mann in Zivil bedankten sich bei der Begrüßung schließlich für ihre Geduld und ihre sofortige Bereitschaft zu kommen. Sie begleiteten sie in einen Besprechungsraum, um sich mit ihr zu unterhalten. Nach ein paar belanglosen Sätzen übers Wetter und Urlaub auf Mallorca kam die Kommissarin schnell zur Sache.

»Wir haben Ihren Mann vor drei Tagen entdeckt, nachdem uns der Abteilungsleiter seines Betriebs informiert hatte, dass er seit zehn Tagen überfällig war und zu Hause bei Ihnen niemand ans Telefon ging. – Hatten Sie während Ihres Urlaubs keinen Kontakt mit ihm?«

»Nein.« Sonya überlegte, wie viel Wahrheit sinnvoll wäre, um ein glaubhaftes Gesamtbild abzugeben. »Mein Urlaub war vor allem dazu da, mich zu entscheiden, ob ich die Ehe weiter haben wollte«, sagte sie leise.

Der Kollege nickte. »Hm. Ihre Mitteilung über Ihre Ankunftszeit hörte sich aber recht – wie soll ich sagen – liebevoll an.«

Sonya nickte. »Ich hatte mich entschieden.«

»Zusammenzubleiben?«, fragte die Kollegin.

»Ja.«

»Haben Sie gewusst, dass Ihr Mann eine Neigung für – ähm – bizarre Sexualpraktiken verspürte?«

Sie legte die Stirn in Falten, als würde ihr dieser Umstand Sorge bereiten. »Er hat es vor nicht so langer Zeit mal erwähnt«, sagte sie Richtung Tischplatte. Dann hob sie den Blick und schaute der Frau in die Augen. »Einer der Gründe, weshalb ich über eine Trennung nachdachte.«

Einen Moment herrschte Stille. Sie schienen sich durch Blickkontakt zu verständigen, wie sie fortfahren sollten.

Sonya wollte nur noch raus hier. »Können Sie nicht einfach meine Fingerabdrücke nehmen und mich dann nach

Hause gehen lassen? Die Nachricht vom Tod – also, ich fühle mich ziemlich fertig.«

Erneut warfen sich die beiden Blicke zu. Die Kommissarin reckte sich nach einer Plastikwanne mit Deckel, zog sie zu sich heran. Durch das milchige Plastik konnte Sonya dunkle Kleidungsstücke erkennen. Die Kommissarin hob den Deckel, zelebrierte die simple Tätigkeit, sich einen Gummihandschuh anzuziehen, um schließlich das schwarze Schnürkorsett von Sonyas ›Dienstkleidung‹ zum Vorschein zu bringen. »Kennen Sie das?«

Sonya schwieg.

»Ist es möglich, dass wir beim Abgleich eine Übereinstimmung mit Ihren Fingerabdrücken darauf finden werden?«

Warum hatte sie die Sachen nicht einfach mit nach Malle genommen und dort entsorgt? Ohne den Blick vom Korsett zu wenden, fragte Sonya sehr leise, jedoch halbwegs gefasst, ob sie einen Anwalt haben könnte.

Wenig später erfüllten die Kommissare Sonyas Wunsch, endlich ihre Fingerabdrücke geben zu können. Den Wunsch, nach Hause fahren zu dürfen, erfüllten sie ihr nicht.

GRENZÜBERSCHREITUNG – ÜBERGRIFFIG

»Finden Sie's hier auch erotisch?«,
fragt der Chef – Blick auf Bürotisch.
Die Sekretärin schaut den Mann
zunächst einmal entgeistert an.

Dann jedoch macht sie ihm lose
seinen Gürtel an der Hose,
worauf sie die nach unten zieht.
Er kann kaum glauben, was geschieht.

Schon ist die Hose auf den Knöcheln
und er beginnt bereits zu röcheln.
Während ihm die Sinne flieh'n,
greift sie mal eben hinter ihn.

Er wähnt sich schon im Paradies,
als sie ganz plötzlich und recht fies
ihn tackert auf dem Tische fest
und ihn mit sich alleine lässt.

7 – ABSTURZ

»Wenn du morgen mit deiner neuen Liebe in die Flitterwochen abhaust, Hannes«, spricht Cornelius Sontheimer seinen Tischnachbarn an, »komme ich endlich wieder mal dazu, ein paar schöne Runden mit deiner alten Liebe zu drehen.«

»Wenn du in seine alte Liebe überhaupt noch reinpasst!«, ruft Simone Schwenkedel über den Tisch.

Hannes Grießhaber schüttelt den Kopf und steckt mit seinem scheppernden Lachen auch diejenigen an, die weiter weg sitzen und nicht verstanden haben, dass mit der neuen Liebe Simone gemeint ist, mit der er eineinhalb Jahre, nachdem sie ihren vorherigen Mann verloren hat, auf vorgezogene Hochzeitsreise geht. Die Trauung ist zwar für den Herbst geplant, aber in jenem Zeitraum haben die beiden in ihren Terminkalendern keine gemeinsamen freien Tage gefunden. Mit der alten Liebe meint der bullige Cornelius Sontheimer das Segelflugzeug Bella, zu dem Hannes Grießhaber eine ganz besondere Beziehung hat. Schließlich hat er darin vor dreißig Jahren seinen ersten Alleinflug absolviert und im weiteren Lauf seines Fliegerlebens ungezählte traumhafte Flugstunden verbracht. Die Bella ist und bleibt sein Lieblingssegler. Die anderen Mitglieder des Laichinger Flugsportvereins akzeptieren stillschweigend, dass Hannes eine Art Vorrecht hat, sie zu fliegen. Schließlich ist es auch seiner fürsorglichen Wartung zu verdanken, dass das Flugzeug noch immer reibungslos durch jede Jahresnachprüfung kommt und dem Verein nach wie vor in einem derart guten Zustand zur Verfügung steht.

Hannes legt Cornelius freundschaftlich einen Arm um die Schultern und tätschelt mit der freien Hand den stattlichen Wohlstandsbauch des Sitznachbarn. »Simone hat schon recht: wenn du da noch reinpasst. Dir ist schon klar, dass die Bella eher schmal gebaut ist?«

»Bloß kein Neid, du Hänfling! Das reibst du mir doch nur unter die Nase, weil an dir nichts dranbleibt.« Genussvoll streicht er sich über seine Rundung. »Im Übrigen ist es nicht meine Schuld, dass ich so eine – wie soll ich sagen – barocke Erscheinung bin.«

»Da bin ich aber gespannt, wem du das wieder in die Schuhe schieben möchtest, mein Lieber«, kontert Hannes und verfällt erneut in sein ansteckendes Lachen.

Mit fleischigem Finger zeigt der barocke Cornelius über den Tisch auf seine Angetraute: »Hier sitzt die Schuldige, Euer Ehren! Mein Weib beherrscht die gute alte Schwäbische Küche aus dem Effeff – Spätzle, Maultaschen, Dampfnudeln und was das Herz sonst noch alles begehrt.« Er dreht sich halb zu Hannes um und sagt scheinbar vertraulich, aber trotzdem für alle gut hörbar: »Wenn sich meine Anita bloß mal ins Fernsehen einladen ließe – sie würde jede Koch-Show gewinnen und ich müsste nicht mehr arbeiten. – Aua!«

»Pass auf!« Anita hat ihrem Mann unter dem Tisch spielerisch gegen das Schienbein getreten. »Und geh mir weg mit dieser saublöden Fernsehkocherei.« Sie wendet sich an die anderen. »Seitdem sich die Köche mit ihren Shows wie die Gockel vor den Fernsehkameras inszenieren, liegt er mir in den Ohren, dass ich da irgendwo mal mitmachen sollte. Und was die Schuldfrage angeht, weise ich sie entschieden von mir. Schließlich besteht *er* darauf, dass ich weiterhin so viel koche, als wären die Kinder noch zu Hause.«

»Man weiß ja nie, ob sie nicht überraschend zur Tür reinkommen«, rechtfertigt er sich grinsend.

»Weil eure Kinder mal eben unangemeldet vorbeischauen können!«, wirft Rudi Bauer vom entfernteren Tischende ein.

Die meisten Mitglieder des Flugvereins wissen, dass Anita und Cornelius ihre Kinder gerne öfter bei sich hätten. Weil die beiden jedoch die Leidenschaft fürs Fliegen von den Eltern geerbt haben, hat es sie beruflich weit weg verschlagen. Während die Tochter schon seit mehreren Jahren bei der Bundesstelle für Flugunfalluntersuchung in Braunschweig arbeitet, hat der Sohn nach seinem in Stuttgart abgeschlossenen Studium die schwäbische Heimat erst kürzlich verlassen, um seine erste Arbeitsstelle bei Airbus in Hamburg anzutreten. Einerseits freut sich das Fliegerpaar, etwas an ihren Nachwuchs weitergegeben zu haben, andererseits können Anita und Cornelius kaum überspielen, wie sehr sie darunter leiden, die Kinder nicht öfter zu Besuch zu haben. In diesem Jahr verpassen Carina und Alex sogar zum ersten Mal in ihrem Leben den traditionellen Laichinger Flugtag.

»Genießt es, solange ihr sie noch bei euch habt!«, ruft Anita den Ehepaaren Bauer und Straub zu und nickt mit dem Kopf zum hintersten Tisch hinüber, an dem die jüngeren Mitglieder des Vereins sitzen und in besonders ausgelassener Stimmung zu sein scheinen.

»Kopf hoch, Cornelius. Deine beiden sind doch gut geraten!«, ruft Sigi Straub.

Anita Sontheimer tätschelt ihrem Mann die fleischige Hand. »Nicht jeder kann so gut mit den angeblich so schrecklichen Jugendlichen wie der Meine.« Sie spielt auf Cornelius' Engagement in der Ausbildung der Jungflieger an. Was sonst kaum einer freiwillig übernehmen würde, betreibt er nun schon seit über zehn Jahren mit nicht nachlassender Begeisterung. Als die eigenen Kinder, Carina und Alex, ins entsprechende Alter kamen, nahm er auch die anderen Laichinger Jungflieger unter seine Fittiche, um sie mit väterlicher Wärme und zugleich klarer Linie zu verantwortungsvollen Piloten auszubilden. Und immer ist er ausgezeichnet mit den Heranwachsenden klargekommen. Vor allem auch während des sogenannten schwierigen Alters.

Halbwegs verlegen hebt er die Schultern. »Man muss sie halt nehmen, wie sie sind«, wiegelt er bescheiden ab. »Und immer klappt es ja auch nicht.« Erst vor ein paar Wochen ist ihm eines der Mädels wegen eines dummen Fehlers durch die Prüfung gefallen.

Rudi Bauer verdreht missmutig die Augen und grummelt vor sich hin: »Ich für meinen Teil wäre froh, unsere wären auch schon so weit.«

Seine Frau Hedi knufft ihn mit dem Ellbogen in die Seite. »So was sagt man nicht. Das geht keinen was an.«

Den meisten ist klar, worum es bei diesem aufflackernden Familienzwist geht. Bauers Jüngster hat in letzter Zeit ein paar Probleme bereitet. Dass er in der Schule einen mächtigen Durchhänger hat, wäre ja noch akzeptabel. Wenn's nach Rudi Bauer geht, muss nicht jeder mit Abitur abschließen. Ihm selbst hat auch der Hauptschulabschluss gereicht, um etwas aus sich zu machen. Aber dass sein Sohn neulich von der Polizei nach Hause gebracht wurde, weil er mit seinem frisierten Zweirad im sanfthügeligen Gelände um die Laichinger Tiefenhöhle Motocross gespielt hatte, ist ihm mehr als peinlich. Polizei vor der Haustür – wie sieht das denn aus? Im Kreis der Anwesenden gibt es vermutlich kaum jemanden, der das nicht mitbekommen hat.

»Halt durch, Rudi!«, ruft Cornelius Sontheimer daher augenzwinkernd. Auch Felix, mit dem Rudi gerade glaubt Probleme zu haben, ist dem knuddeligen Cornelius durchaus sympathisch. Er gesteht jedem zu, mal einen Fehler zu machen. Vielleicht, weil er sich im Gegensatz zu anderen Erwachsenen noch daran erinnert, in seiner Jugend selbst einige Male Mist gebaut zu haben. Immerhin hat Felix alle Schuld auf sich genommen und die Namen seiner Kumpels verschwiegen, mit denen er die Mopeds frisiert hat. So eine Haltung gefällt Cornelius. »Wir sind eben alle keine Engelchen. – Und was mein Volumen angeht«, kehrt er zu seinen barocken Formen zurück, »plädiere ich auf halb schuldig. Wie soll ich mein Gewicht halten, wenn's bei meiner Anita immer so gut schmeckt?«

Für dieses zweite eingeflochtene Kompliment gibt es dann auch keinen Fußtritt mehr. Seine Frau beugt sich über den Tisch und belohnt ihn mit einem dicken Kuss.

»Aaaaah!«, stimmen alle ringsum in einen Chor gespielter Rührung ein, um wie abgesprochen die Gläser auf die beiden zu heben. Die meisten der im Festzelt neben dem Hangar des Laichinger Flugplatzes Anwesenden haben die Gastfreundlichkeit des Paares und insbesondere auch Anitas Kochkünste bereits am eigenen Leib erleben dürfen.

»Etwas ganz anderes, Hannes«, Cornelius fährt seinen sonoren Bass auf vertrauliche Lautstärke herunter. »Noch vor ein paar Wochen hattest du gesagt, ihr würdet nicht wegfahren, ehe mit dem Nachlass von Simones Mann alles im Reinen wäre. Wenn ihr euch nun doch einen Urlaub gönnt – bedeutet das, ihr habt euch endlich mit Helmuts Verwandtschaft geeinigt?«

Hannes winkt ab. Er und sein Freund stecken die Köpfe zusammen. »Geh mir bloß weg mit dem Thema heut' Abend. Eigentlich kann man so etwas gar nicht glauben. Karl-Heinz, der Bruder von Simones verstorbenem Mann, …«

»Ich kenne die Verwandtschaftsverhältnisse, du brauchst sie mir nicht zu erklären.«

»… also der Karl-Heinz Schwenkedel geht ja noch.« Hannes blickt kurz in die Richtung, in der ein Teil besagter Verwandtschaft sitzt, um flüsternd fortzufahren: »Aber sein ältester Sohn, der Tom, behauptet jetzt, sein Onkel hätte ihm die Oldtimer versprochen.«

»Alle?«, fragt Cornelius dazwischen.

Hannes nickt.

»Komplett? Wie sie in der Scheune stehen?«

In einem Städtchen von der Größe Laichingens hat bestimmt der Großteil der Bevölkerung mitbekommen, dass Anitas im Vorjahr so plötzlich verstorbener Mann leidenschaftlicher Sammler alter Motorräder, Autos und selbst Traktoren war. Irgendwann vor ewigen Zeiten hatte er besagte alte Scheune erworben und hergerichtet, um die vielen Fahrzeuge unterzustellen. Während einige nur noch Schrottwert haben und vor sich hin rosten, steht zugleich eine Vielzahl meist eigenhändig restaurierter Schmuckstücke herum. Um die Oldtimer originalgetreu wieder herzurichten, musste der Hobbyrestaurator oftmals wochen- oder monatelang im Internet nach Ersatzteilen recherchieren, die es nur noch auf Liebhaberbörsen gab. Nicht ohne Stolz öffnete er im Rahmen von Laichinger Stadtfesten oder Märkten immer wieder die Scheunentore, um die alten Vehikel der Bevölkerung zu zeigen. Vor ein paar Jahren hatte er sogar eine Oldtimer-Parade durch die Straßen der Stadt organisiert.

»Tom beansprucht die komplette Sammlung«, raunt Hannes Grießhaber seinem Freund zu.

»Hm. Da stehen durchaus ein paar beachtliche Werte rum, oder?«

Hannes nickt. »Eigentlich geht das niemanden etwas an. Aber Simone hat bestimmt nichts dagegen, wenn ich dir das erzähle. Vor ein paar Jahren waren Simone und ihr Mann wegen eines Darlehens in meinem Büro bei der Bank gewesen. Als wir mit den Sicherheiten nicht weiterkamen, brachte Simone die Oldtimer ins Spiel. Ich war zunächst skeptisch und habe im Namen der Bank einen Gutachter beauftragt. Hätte damals nicht gedacht, dass da wirklich viel bei rumkommt. Der Gutachter stufte zwar tatsächlich vieles als Schrott ein, für das benötigte Darlehen reichte es aber locker. Ich sag dir, da stehen ein paar Kisten rum – den alten VW T1 würde ich zum Beispiel sofort nehmen. Der ist unser Jahrgang und steht noch genauso klasse da wie wir«, sagt er augenzwinkernd.

»Die Harley und die BMWs sind auch nicht schlecht«, meint Cornelius halbwegs verträumt. »Die mit Seitenwagen – also –, ehe ich mich schlagen ließe, würde ich sie glatt nehmen.«

»Vielleicht wird ja was daraus«, sagt Hannes. »Einerseits würde Simone gern verkaufen, um das Darlehen auszulösen. Andererseits kann sie sich gut vorstellen, dieses oder jenes Schmuckstück als Erinnerung zu behalten. Es ist ja nicht so, dass sie meinen Vorgänger gehasst hätte.«

»Wie sieht es in dem Zusammenhang bei dir aus?«, scherzt Cornelius. Er weiß, dass Hannes schon während der Schulzeit heiß auf Simone gewesen war. Und nachdem er seine erste Ehe vor gut zehn Jahren in den Sand gesetzt hatte und Simones Mann so überraschend nicht mehr im

Weg war, hat er nicht unbedingt lange gewartet, sich ihr zu nähern. »Wärst du nicht froh, wenn alles, was an deinen Vorgänger erinnert, verschwinden würde?«

Hannes denkt einen Augenblick nach, ehe er Antwort gibt. »Auch wenn er mir Simone damals weggeschnappt hat, bin ich mit Egon immer bestens klargekommen. Schon allein um Simones willen. Hab sie ja trotzdem noch gemocht. Nein, ich wollte nie böses Blut zwischen uns haben.« Er wirft ihr einen liebevollen, beinahe scheuen Blick zu. »Was die Oldtimer angeht, stehe ich ein bisschen dazwischen. Der Neffe meint, ihm stünde alles zu, was in der Scheune steht. Wenn er nicht so gierig wäre, hätte ihm Simone das eine oder andere Fahrzeug längst freiwillig überschrieben. Es ist ja nicht von der Hand zu weisen, dass er Egon beim Restaurieren geholfen hat. Andererseits möchte sie nach Möglichkeit eine so große Summe aus dem Verkauf erzielen, dass es fürs Darlehen reicht. Zum Glück habe ich den Vorgang schon vor über zwei Jahren an meine Kollegin abgegeben. Der Trottel hat sich nämlich vergangene Woche auch noch dazu verstiegen zu behaupten, ich würde Simone heiraten, um an ihr Vermögen zu kommen.«

Cornelius haut mit der flachen Hand auf den Tisch und bringt die Gespräche ringsum zum Verstummen. »Das ist nicht dein Ernst?«

»So wahr ich hier sitze«, erwidert Hannes.

»Wer hat dem denn ins Hirn geschissen?«

»Worum geht's bei euch?«, ruft jemand vom Obertisch.

»Hannes tritt zur Bürgermeisterwahl an«, erwidert Cornelius Sontheimer, ohne zu zögern, mit würdevoller Miene.

Ein Raunen geht durch die Reihen.

»Soll aber noch keiner wissen!«, nimmt Hannes Grießhaber die Steilvorlage an und bestätigt die brisante Neuigkeit, ohne mit der Wimper zu zucken. Erst als er einmal mehr mit seinem scheppernden Lachen die anderen ansteckt, kapieren die meisten, dass Cornelius lediglich auf eine dumme Frage eine dumme Antwort gegeben hat. Dennoch kann man in einem Städtchen wie Laichingen mit an Sicherheit grenzender Wahrscheinlichkeit davon ausgehen, dass sich das Gerücht um die Kandidatur nun ausbreiten wird wie ein Lauffeuer.

»Lass das aber bloß nicht den Mangold hören!«, ruft der Neugierige vom Obertisch, der offenbar als Einziger nicht begreift, dass hier nur gescherzt wurde.

Daraufhin ist es vollkommen um Hannes geschehen. Es erheitert ihn über alle Maßen, dass jemand ernsthaft glauben kann, er würde dem Kollegen Mangold von den Freien Wählern bei der Bürgermeisterwahl Konkurrenz machen wollen.

Zwei Tage später sind alle Spuren des Festes beseitigt. Das Zelt ist vom Gelände verschwunden, der Alltag auf dem Jakob Lauer Flugplatz, der etwa in der Mitte des Dreiecks Laichingen-Westerheim-Feldstetten liegt, wieder hergestellt. Das diesjährige Flugtag-Wochenende wird den meisten Besuchern nicht nur als eines der schönsten, sondern auch als das in Erinnerung bleiben, an dem der stets gut gelaunte und leidenschaftliche Flieger Hannes Grießhaber, langjähriges Mitglied des Flugsportvereins Laichingen, zum letzten Mal die Leute um ihn herum mit seinem scheppernden Lachen angesteckt hat.

»Papa, ist es wahr, dass es sich bei dem verunglückten Piloten um Hannes handelt?«, fragt Carina am Telefon ihren Vater, nachdem die Nachricht vom Absturz eines Segelflugzeugs auf dem Laichinger Flugplatz bei der Bundesstelle für Flugunfalluntersuchung in Braunschweig eingegangen und auf ihrem Schreibtisch gelandet war.

»Ja«, haucht Cornelius. Von seiner durchdringenden Bassstimme scheint nichts mehr übrig zu sein. »Hallo, Carina. Haben sie den Fall etwa dir übergeben?«

»Nein, Papa. Du weißt, dass das nicht geht. Im Umfeld meines eigenen Flugsportvereins darf ich die Untersuchung nicht übernehmen.«

»Ach ja, logisch. Hätte ich selbst drauf kommen können.« Er kämpft gegen die Tränen an. »Ich kann's noch immer nicht glauben«, schluchzt er ins Telefon.

»Klar. Wie auch? – Sag mal, Papa, das lag nicht an der neuen Winde?«

»Kann ich mir nicht vorstellen. Natürlich hat sie deutlich mehr Power als die alte. Aber wir sind höchst zufrieden und auf Anhieb gut klargekommen. Und so einer wie Hannes passt doch gerade beim ersten Start an einer neuen Winde besonders auf. Ich kann's mir nicht erklären.«

»Wer saß denn dran?«

»Der Rudi.«

»Hm, bei dem geht auch nichts schief. Wie kommt er damit klar?«

»Macht sich Vorwürfe. Obwohl sich niemand vorstellen kann, dass er was dafür konnte.« Nach längerem Schweigen, das sich an Carinas erste Idee bezüglich der Unfallursache anschließt, fragt Cornelius seine Tochter, ob sie nicht trotzdem aus Braunschweig anreisen könnte.

»Würde ich gern«, antwortet Carina, der man ihre Trauer und ihre Rührung ebenfalls anhört. »Geht aber erst am Wochenende. Solange mein Kollege Mertens bei euch unten ist, muss ich hier die Stellung halten. Wir sind im Moment knapp besetzt. Hier oben haben bereits die Schulferien begonnen. Wie überall drängeln sich die Leute mit Kindern um Urlaub während der Ferien.«

»Wenn du's am Wochenende einrichten kannst, ist das auch schön. Soll ich dich in Stuttgart vom Flughafen abholen?«

»Ich komme mit der Bahn. Geht schneller. Wenn du mich in Ulm einsammeln könntest, wär's prima.«

»Meinst du, dein Bruder könnte es auch einrichten? Ich wollte euch gerade anrufen. Du bist mir zuvorgekommen. Werd's auch gleich bei Alex versuchen.«

»Keine Ahnung, wie es bei ihm gerade aussieht. Hab länger nicht mit ihm telefoniert. Wenn es irgend möglich ist, kommt er bestimmt. Ich geb dir noch die Ankunftszeit des Zuges durch, ja? Vielleicht schaffe ich es sogar noch, Freitagabend anzukommen.«

»Das wäre schön, danke, bis bald.«

Als sie tatsächlich am späten Freitagabend in Ulm aus dem Zug steigt, ist Carina überrascht, dass sie nicht von ihrem Vater auf dem Bahnsteig in Empfang genommen wird. »Mama? Ist was mit Papa?«

»Ach!« Unfähig zu antworten, schließt die Mutter sie in ihre Arme. »Ich habe versucht, dich anzurufen, aber du bist ja nicht rangegangen«, klagt sie schluchzend.

»Tut mir leid«, erwidert Carina besänftigend. »Mein Akku war leer und im Zug waren die Steckdosen ausgefallen und ich konnte ihn nicht aufladen.« Sie schiebt ihre Mutter auf Armlänge von sich, blickt sie eindringlich an. »Mama, sag endlich, was los ist.«

Sie schüttelt den Kopf. »Wir können das gar nicht glauben – Papa versteht die Welt nicht mehr. Er ist absolut sicher, dass er das nicht war, und kann sich nicht erklären, wie das passieren konnte.«

»Was war er nicht? Mama! Bitte! Ich verstehe kein Wort!« Carina sieht sich um, entdeckt eine Reihe dieser ungemütlichen Gitterstühle, die den Kunden der Deutschen Bahn unverschämter Weise auf Bahnhöfen angeboten werden. Sie führt ihre Mutter hin, damit sie sich erst einmal setzen kann. »Mama, bitte, ganz ruhig. Was ist mit Papa?«

»Papa war völlig aufgelöst, als er es erfahren hat. Ich wusste nicht, was ich machen sollte, und hab Doktor Steinbach gerufen. Der ist auch gleich gekommen.« Sie atmet tief durch, versucht, sich zu sammeln. »Er hat ihm ein Beruhigungsmittel verabreicht. Ich solle mir keine Sorgen machen, es wäre nicht schlimm. Nur die Aufregung.«

»Papa hat einen Schwächeanfall gehabt?«

»Ja, genau das hat der Doktor gesagt. Wegen der Aufregung.«

»Und worüber hat sich Papa so aufgeregt?«

»Dein Kollege von der Bundesstelle für Flugunfalluntersuchung, der Herr Mertens, war heute Mittag bei uns. Mit zwei Polizisten. Sie haben Papa wegen Hannes' Unfall befragt.« Erneut nimmt sie ein paar tiefe Atemzüge.

»Und?«, fragt Carina ungeduldig.

»Erst lief alles ganz ruhig ab. Papa hat zwar geweint, als er über Hannes' Tod sprechen musste, hat aber alle Fragen beantworten können, bis …« Sie fängt abermals an zu schluchzen.

Carina nimmt sie in den Arm. Allmählich ist ihr klar, dass Drängen nichts hilft. Sie wartet, bis sich ihre Mutter mit dem Taschentuch die Augen getupft hat und wieder ruhig atmen kann. Erst dann haucht sie fragend: »Bis …?«

»Na ja, laut der Aufzeichnungen im Bordbuch war Papa der Letzte, der vor Hannes die Bella geflogen hat. Herr Mertens hat ihn gebeten, alles, woran er sich erinnert, so genau wie möglich zu erzählen. Das hat er auch gemacht. Obwohl ihn der Gedanke an Hannes gequält hat. Jede Kleinigkeit, pingelig genau hat er alles geschildert. Wie er die Trimmgewichte überprüft hat, weil er doch so viel schwerer ist als Hannes. Dass er Bleielemente aus dem Bug entfernt hat, um den Gewichtsunterschied zwischen Hannes und ihm wettzumachen. Und wie sie die Bella zum Start geschoben haben.«

»Wer war dabei?«, fragt Carina dazwischen.

»Rudi war an der Winde. Einer von den Jungs hat beim Rausschieben geholfen. Dann hat Papa seine Flugroute beschrieben und versichert, dass bei der Bella alles in Ordnung war. Flug und Landung wären absolut reibungslos verlaufen. Anschließend hätten sie die Bella wieder in den Hangar geschoben.«

Ein Punkt schien Carina noch zu fehlen. »Hat er was zum Bordbuch gesagt?«

»Dass er wie immer alles darin festgehalten hat. Die Trimmgewichte hat er nach dem Flug auch wieder dahin zurückgelegt, wo er sie herausgenommen hat. Obwohl bei der Vorflugkontrolle jeder selbst für die Schwerpunktberechnung verantwortlich ist. Aber du kennst ja Papa. Versucht immer, für alle mitzudenken. Da alle Flieger wissen, dass Bella meist von Hannes geflogen wird, hinterlässt er das Flugzeug so, wie man es von Hannes erwarten würde. Danach hat der Mertens die Polizisten angeschaut, dann hat er Papa angeschaut und schließlich hat er gemeint, er müsse noch einmal raus zum Flugplatz, um diese Angaben zu überprüfen.«

Carina versteht die Aufregung nicht. »Wenn alles so normal abgelaufen ist – weshalb hat sich Papa dann so hineingesteigert?«

»Das war ja noch heute Mittag. Später haben die zwei Polizisten noch einmal bei uns geklingelt. Diesmal ohne Mertens. Sie haben Papa nach den Gewichten gefragt. Nachdem Papa alles noch mal erzählt hatte, meinten sie, dass im Bug keine Trimmgewichte gewesen wären.«

»Was? Papa würde nie im Leben das Gegenteil von dem erzählen, was er gemacht hat!«

»Deshalb hat er sich ja so aufgeregt«, sagt ihre Mutter empört. »Niemand kann erklären, wo die Trimmgewichte sind.«

»Wenn Papa die Gewichte nicht selbst …«

»Hat er nicht!«, ruft Anita Sontheimer so laut, dass die Leute vom Bahnsteig gegenüber herübersehen.

»… dann hat jemand die Trimmgewichte vorsätzlich entnommen und Hannes …«, Carina bricht mitten im Satz ab.

»… umgebracht«, ergänzt ihre Mutter flüsternd.

Voller Entschlossenheit erhebt sich Carina von der Bank. »Mama, komm, wir können Papa nicht länger warten lassen.«

Auf dem Parkplatz lässt sie sich von ihrer Mutter die Schlüssel geben. »Ich glaube, es ist besser, wenn ich fahre, Mama.« Ehe sie sich ans Steuer setzt, bittet sie die Mutter um ihr Telefon, um Alex anzurufen. Sie ist erleichtert, als sie von ihrem Bruder erfährt, dass er für ein paar Tage Urlaub bekommen hat und schon morgen Nachmittag zu Hause sein wird.

Zum leicht verspäteten Mittagessen um 14.00 Uhr sitzt Alex am nächsten Tag bereits mit am Tisch in der Küche seiner Kindheit und Jugend. Allerdings bleibt von dem wie immer lecker zubereiteten Essen an diesem Tag mehr übrig als an den Tagen, an denen die Kinder nicht zu Hause sind. Unter den dunklen Wolken der Schuld, die Cornelius noch immer glaubt sich aufgeladen zu haben, mag es niemandem so richtig schmecken. Noch immer halb voll, werden die Teller abgeräumt. Beim Kaffee informiert Carina den Rest der Familie, was sie im Laufe des Vormittags von ihrem Kollegen Mertens erfahren hat. Sie hatte mit ihm verabredet, sich noch vor dem Frühstück um acht Uhr in der Früh am Flugplatz zu treffen. Zunächst hatte er es abgelehnt, sich mit ihr über den Absturz auszutauschen. Sie wäre emotional viel zu sehr involviert in das Geschehen, stehe in viel zu enger Beziehung zu den – Betroffenen. Er hätte beinahe ›Verdächtigen‹ gesagt. Mit dem Argument, dass sie ihm schon wegen ihres internen Wissens eine Hilfe wäre, weil sie sich sowohl im Vereinsleben als auch im Hangar bestens auskenne, konnte sie ihn dann doch überzeugen.

»Während der ersten Inaugenscheinnahme wurden sowohl die Absturzstelle als auch die Lage des havarierten Flugzeugs aus allen Blickwinkeln mit Fotos und auf Video festgehalten und jedes Detail in Großaufnahme dokumentiert. Die Polizei hat den Vorgang aufgenommen. Auch die neue Winde wird man auf Fehler untersuchen. Ich selbst habe heute Morgen im Hangar noch einen 360° Rundum-Shot mit der Videokamera gemacht. Mit den Befragungen im Umfeld des Verunglückten wird voraussichtlich am Montag begonnen.«

»Wieso warten die so lange?«, fragt Cornelius aufgebracht.

»Es ist ja nicht unbedingt Gefahr in Verzug«, versucht Alex, seinen Vater zu besänftigen.

»Und mein guter Ruf ist nichts wert? Wenn sich rumspricht, dass die Gewichte nicht im Bug waren, wie ich gesagt habe, müssen ja alle glauben, ich hätte den Hannes umgebracht!«

Carina legt ihm die Hand auf den Unterarm. »Papa, die Leute glauben viel, wenn der Tag lang ist«, sagt sie. »Die haben dir beim Flugplatz-Hock auch geglaubt, der Hannes würde fürs Bürgermeisteramt kandidieren.«

Natürlich hatte ihr der Vater davon schon unmittelbar nach dem Laichinger Flugtag erzählt. Bei der Erinnerung an diesen gelungenen Scherz huscht den Sontheimers tatsächlich wieder mal ein Lächeln über die Gesichter.

»Der Hannes und Bürgermeister«, murmelt der Vater kopfschüttelnd vor sich hin. »In unserem Verein gibt es tatsächlich ein paar Trottel, die das sofort geglaubt haben.«

»Dann haben wir ja schon mal einen ersten Verdächtigen, der das gemacht haben könnte«, stellt Alex fest.

»Was gemacht haben könnte?« Der Vater versteht nicht, worauf sein Sohn hinaus will. Zu sehr war Cornelius Sontheimer bislang mit den Vorwürfen gegen ihn selbst beschäftigt. Dass nach seiner Schilderung die Trimmgewichte, die er vor seinem Flug der Bugkammer entnommen und sie nach dem Flug wieder zurückgelegt hat, ein Unbekannter vorsätzlich wieder entfernt haben muss, ist in seine Überlegungen bisher nicht eingeflossen. »Meinst du, der Mangold hat die Bella sabotiert, weil er Angst vor Hannes' Kandidatur gehabt haben könnte?«, wendet er sich ungläubig an Alex.

»Red keinen Blödsinn.« Anita Sontheimer erscheint die Überlegung vollkommen abwegig. »Wenn du mich fragst, klebt der Mangold zwar wie eine Klette an seinem Bürgermeisterstuhl. Aber der Typ hat doch keine Ahnung vom Segelfliegen. Und selbst wenn er wüsste, wie man mit Trimmgewichten die Flugeigenschaften manipulieren könnte, bringt er niemanden um.«

»Stimmt«, pflichtet Carina der Mutter bei. »Im Übrigen ist der Mangold für so was auch viel zu blöd.«

Nicht immer sind sich die Sontheimers in politischen Belangen so einig wie beim amtierenden Bürgermeister. Während es einigen Ortsvorstehern der umliegenden Gemeinden gelungen ist, mit intelligenten Anreizen Kleinindustrie anzusiedeln und etwas zum Wohl ihrer Orte zu bewegen, ist ihnen der hiesige einfach zu verschnarcht.

Alex versucht weiter, Struktur in die Überlegungen zu bringen. »Um rauszufinden, wer's gewesen sein könnte, brauchen wir Motive. Wer könnte so einen Hass auf Hannes gehabt haben, dass er ihn umbringen wollte? In welchem Zusammenhang könnte Hannes diesen Hass auf sich gezogen haben?«

»Hannes' Stimme hatte bei der Vergabe von Krediten und Darlehen seiner Bank doch ordentlich Gewicht«, sagt Cornelius Sontheimer.

»Simones Neffe hat ihm unterstellt, dass er sie wegen ihres Geldes und wegen Egons Oldtimer-Sammlung heiraten wollte«, trägt seine Frau ein mögliches Motiv bei.

»Woher weißt du das jetzt wieder?«, fragt ihr Mann erstaunt. »Das hat mir der Hannes erst auf dem Fest vertraulich erzählt.«

»Vielleicht hat mir Simone auch mal was vertraulich erzählt?« Um das Wort ›vertraulich‹ hat sie Anführungszeichen in die Luft gemalt.

»Okay, dann haben wir den Bürgermeister und Tom, den Neffen von Simones erstem Mann, als mögliche Verdächtige. Wer fällt euch noch ein?«, fragt Alex.

»Mögliche Verdächtige – was soll das heißen?«

»Das ist Brainstorming, Mama. Wir erstellen eine Liste, um uns darüber klar zu werden, wo es Sinn macht, genauer hinzusehen.«

Mehr als ratloses Kopfschütteln erntet Alex mit seinem Brainstorming trotzdem nicht. Auch bei der Frage, wann die Gewichte manipuliert worden sein könnten, gelingt der Familie keine wesentliche Eingrenzung. Zwischen Cornelius Sontheimers Flug und Landung mit der Bella und Hannes Grießhabers verunglücktem Start, bei dem das Flugzeug, noch ehe das Seil ausklinkte, mit der Spitze voran auf die Wiese stürzte, waren laut Bordbuch knappe 16 Stunden vergangen. Im Grunde war das ein sehr überschaubarer Zeitraum, bei dem man alle Abläufe rekonstruieren können müsste. Alex lässt nicht locker und bohrt weiter. »Wer war an dem Tag, an dem du die Bella zum letzten Mal geflogen hast, draußen am Flugplatz?« Schreibbereit rückt er den Block zurecht, auf dem er sich schon die ganze Zeit Notizen gemacht hat.

Cornelius fängt an aufzuzählen, wen er am Tag seines letzten Flugs mit der Bella auf dem Flugplatz gesehen hat. Rudi Bauer war einmal mehr an der Winde gewesen. Die 17-jährige Franzi, die Cornelius bei der theoretischen Prüfung leider durchfallen lassen musste, weil sie die Sicherheitschecks noch nicht draufhatte. Allerdings komme sie für ihn keinesfalls als diejenige infrage, die Trimmgewichte manipuliert haben könnte. »Die Franzi? Nein, vollkommen abwegig. So was würde die niemals tun. Im Übrigen stellt die sich in der Praxis richtig gut an. Gerade weil ich ihr den Fehler in der Theorie nicht habe durchgehen lassen, hängt sie sich voll rein, beim nächsten Prüfungstermin alles perfekt draufzuhaben. Hab ihr sogar meine Nummer gegeben, damit sie anrufen kann, wenn sie Fragen hat. Die wird mal eine richtig gute Fliegerin.«

»Weiß man eigentlich inzwischen, wer ›FRANZI FOREVER!‹ im Hangar auf den Boden gesprüht hat?«, fragt Carina, die sich noch immer darüber freuen kann, dass sich jemand getraut hat, nachts in den Hangar einzudringen, um ein Herz mit diesen Worten darin auf den Asphalt zu sprühen.

Anita wiegt den Kopf. »Ich habe da jemanden im Auge.«

»Wen denn?«, fragt die Tochter. Ihrer Ansicht nach verdient derjenige, der die Courage hat, im Umfeld des Flugsportvereins so eine freche Tat zu begehen, Respekt.

»Wir geben das aber auf keinen Fall weiter!«, vergewissert sich Anita der Verschwiegenheit ihrer Familie. Alle nicken. »Ich bin sicher, dass es der Felix war.«

»Was?« – »Wie kommst du auf Felix?« – »Ausgerechnet Rudis Sohn?«, fragen die drei andern durcheinander.

Anitas Theorie löst in der Familie das erste unbeschwerte Lachen seit dem Unglück aus. Es gibt in der Tat ein paar Vereinsmitglieder, die sich mächtig darüber aufgeregt haben, dass »das mit dieser Scheiß-Graffiti jetzt auch in Laichingen losgeht«. Dabei scheint es die Betreffenden deutlich weniger zu stören, dass jemand unrechtmäßig in den Hangar eingedrungen ist, als dass jemand Farbe auf den Boden aufgetragen hat. Wenn Anita recht hat, müsste Rudi, einer der lautesten Kritiker der Aktion, seinen eigenen Sohn hochkantig aus dem Verein werfen.

»Hast du nicht mitbekommen, wie Franzi und Felix am Flugtag umeinander herumscharwenzelten?«, wendet sich Anita an Cornelius. Er schüttelt den Kopf.

»Ach, ihr Männer bekommt auch nie was mit.«

»Jetzt, wo du es sagst.« Er nickt. »Im Übrigen war der Felix vor meinem Start auch auf dem Flugplatz. Allerdings sah das zwischen Franzi und ihm nicht wirklich nach großer Liebe aus. Im Gegenteil – die haben sich recht heftig gestritten.«

»Weißt du, worum es ging?«, fragt Alex.

»Keine Ahnung. Dafür waren die viel zu weit weg. Ist das wichtig?«

»Alles kann wichtig sein«, erwidert Alex, klopft mit dem Stiftende auf seinen Notizblock und hält auch diesen Vorfall fest.

Cornelius fährt mit der Aufzählung fort. Schließlich stehen auf der Liste neunzehn Leute, die unmittelbar nach seiner Landung Gelegenheit gehabt hätten, die von ihm zurückgelegten Trimmgewichte wieder zu entfernen. »Ach ja«, fügt er noch hinzu, »Simone hat auch noch überraschend vorbeigeschaut und erzählt, weshalb sie schon drei Tage früher nach Hause gekommen sind. Sie wurden von einem Wasserrohrbruch aus ihrem Hotel vertrieben. Hannes hat nach der vorzeitigen Rückkehr gleich bei seiner Bank vorbeigeschaut und war nicht mit zum Flugplatz gekommen.« Er stößt einen Seufzer aus. »Dieser verdammte Wasserrohrbruch.« Allen ist klar, wie er das meint. Wären sie nicht früher nach Hause gekommen, würde Hannes noch leben. »Und Simone hat mir noch gesagt, dass sich Hannes, wenn das Wetter mitspielen würde, am nächsten Tag die Bella schnappen wollte.«

»Hat das sonst jemand mitbekommen?«, fragt Carina nach einiger Zeit ins nachdenkliche Schweigen.

Er schüttelt den Kopf. »Nein. – Das heißt, Tom hat in Simones Auto gesessen. Nach dem Streit wegen der Oldtimer habe ich mich noch gewundert, dass die Stimmung zwischen den beiden so gelöst wirkte. Aber der war zu weit weg, als dass er unsere Unterhaltung hätte aufschnappen können.«

»Also bist du außer Simone der Einzige, der von Hannes' Plänen wusste?«

Cornelius sieht seine Tochter an. Ihm ist klar, was das bedeutet. Wenn niemand wusste, dass Hannes Grießhaber als Nächster die Bella fliegen würde, geht die Wahrscheinlichkeit, dass jemand vorsätzlich die Gewichte verlagert hat, um einen gezielten Anschlag auf ihn auszuüben, gegen Null. Er schließt die Augen, um sich noch einmal auf die Situation zu konzentrieren. Noch einmal kehrt er zum Moment zurück, in dem Simone in den Hangar kam, um etwas für Hannes zu holen. Erneut beschreibt er, dass das Flugzeug bereits am Platz stand, dass er die Korrektur der Trimmgewichte auf sein Körpervolumen schon wieder rückgängig gemacht hatte und dass er gerade die üblichen Eintragungen ins Bordbuch fertig hatte, als er Simone im Hangar entdeckte. Daraufhin hätte er das Bordbuch an seinen Platz gelegt, sie begrüßt und nach draußen begleitet, wo er schließlich Tom im Auto sitzen sah. »Simone war höchstens fünf bis zehn Minuten auf dem Gelände. Wenn sie nicht später noch einmal zurückgekommen ist und es weiteren Leuten erzählt hat, bin ich der Einzige, der in dem Moment etwas von Hannes' Startplan mitbekommen hat. Allerdings können wir davon ausgehen, dass er sich spätestens am Vorabend bei Rudi gemeldet hat.« Er blickt auf den Schreibblock. »Hilft uns das jetzt weiter?«

Carina zieht die Notizen ihres Bruders zu sich heran. »Das wissen wir noch nicht. Bislang ist das alles nur sinnvolle Routine. Letztlich kann jedes noch so kleine Detail den entscheidenden Hinweis geben.«

Nachdem ihr Vater eine Pause eingefordert hat, um sich alles noch einmal durch den Kopf gehen zu lassen, fahren Carina und Alex Sontheimer hinaus zum Flugplatz. Natürlich ist ihnen klar, dass der Hangar weiterhin versiegelt ist und das auch noch so lange bleiben wird, bis die kriminaltechnischen Untersuchungen abgeschlossen sind, und dass auch die Absturzstelle mit rot-weißem Polizeiband noch immer abgesperrt ist. Trotzdem wollen sie mit frischen Eindrücken versuchen, neue Theorien zu entwickeln. So gerne sich Cornelius an der Spurensuche beteiligen würde, bleibt er besser zu Hause. Solange der Verdacht nicht ausgeräumt ist, er könnte einen Fehler mit den Trimmgewichten begangen haben, werden ihn die meisten Mitglieder des Flugsportvereins nicht willkommen heißen. Er ist gezwungen, sich in Geduld zu üben, und wartet mit seiner Frau in den eigenen vier Wänden auf mögliche Erkenntnisse seiner Kinder.

Um nicht einmal den Hauch eines Manipulationsverdachts aufkommen zu lassen, halten sich Carina und Alex von den abgesperrten Bereichen fern und beschränken sich darauf, das Szenario aus der Distanz in Augenschein zu nehmen. Während sie den Haupthangar umrunden, weist Alex seine Schwester auf der Rückseite des Gebäudes auf einen grauen Fetzen hin, der in der Fuge eines Kippfensters hängt. »Hier könnte jemand eingestiegen sein.«

»Ohne Leiter oder fremde Hilfe kommt man da nicht hoch«, stellt Carina fest. Sie schießt aus verschiedenen Blickwinkeln Fotos, um sie gegebenenfalls ihren Kollegen zeigen zu können.

Alex deutet auf einen schwarzen Fleck an der Wand. »Halt die Kamera auch hier noch mal drauf. Sieht aus wie Gummiabrieb.«

»Von der Höhe her könnte das von einem Fahrradlenker stammen«, spekuliert Carina, während sie den Fleck anvisiert. »Jemand ist mithilfe seines Fahrrads durchs Fenster geklettert und hat drinnen in aller Ruhe die Gewichte manipuliert.«

Ihr Bruder tritt einen Schritt zurück, um die zu überwindende Höhe besser schätzen zu können. »Ganz schön sportlich. Allerdings kann dieser Einbruch auch ganz harmloser Natur sein. Ich sag nur: ›FRANZI FOREVER‹.«

Zu Hause am Computerbildschirm stellen sie bei optimaler Vergrößerung fest, dass der Fetzen am Fensterrahmen von einem grauen Arbeitshandschuh stammen könnte. Davon gibt es Zigtausende. »Das beweist rein gar nichts«, stellt Carina fest, übermittelt ihre Aufnahmen trotzdem an den Kollegen Mertens und ihre Arbeitsstelle in Braunschweig. Darauf eingestellt, dass sie jetzt nur noch warten können, bis alle Informationen abgeglichen und Schlussfolgerungen gezogen sind, ist die Familie überrascht, dass sich Mertens bereits wenige Minuten später telefonisch bei ihr bedankt und ihr versichert, dass sie diese Spuren bestimmt in ihre Überlegungen einbeziehen werden.

»Ich hab auch noch etwas«, sagt Mertens. »Die Trimmgewichte wurden hinter einem Müllcontainer gefunden.«

»Na, das ist doch was«, erwidert Carina. »Da hätte sie Papa niemals hingelegt.«

»Hm. Wir untersuchen sie auf Fingerabdrücke. – Inzwischen haben wir auch einen Blick auf das Handy des Verstorbenen geworfen. Laut Anrufliste hat offenbar jemand im Zeitraum des Unfalls versucht, ihn zu erreichen.«

»Hannes wäre im Flieger niemals rangegangen«, erwidert Carina sofort.

»Davon gehe ich auch aus – allerdings könnte das Klingeln des Telefons in der Hosentasche als Ablenkung genügen, um selbst einen so erfahrenen Piloten daran zu hindern, die schlechte Austrimmung mit dem Höhenruder auszugleichen.«

»Und dazu die neue Winde …«, ergänzt Carina. »Ich danke dir für die Info.«

»Ist alles inoffiziell. Wir müssen die exakten Zeiten des Starts und des Anrufs noch genauer abgleichen. Übers restliche Wochenende wird nicht mehr viel passieren. Ich halte dich auf dem Laufenden. Mach's gut.«

»Ja, danke, tschüss.«

Carina setzt die Familie über den Inhalt des Telefonats in Kenntnis. Während die offenbar versteckten Trimmgewichte mit Kopfschütteln quittiert werden, ist ihnen die Zahl der unglücklichen Umstände unbegreiflich. Weil er darauf vertraut hatte, dass die Trimmung nicht verändert worden war, schien Hannes zuallererst bei der Vorflugkontrolle geschlampt zu haben. Des Weiteren soll er vergessen haben, sein Handy auf stumm zu schalten, weshalb er während der Startphase wiederum vom Klingeln ablenkt werden konnte. Das alles in Kombination mit der stärkeren Winde soll dazu geführt haben, dass es dem versierten Flieger nicht mehr gelang, die schlechte Austrimmung übers Höhenruder auszugleichen.

Bis Montag auf neue Erkenntnisse und Entwicklungen warten zu müssen, scheint den vieren schier unerträglich. Den Vorschlag der Kinder, die Zeit mit einem Besuch des Kletterwalds bei der Laichinger Tiefenhöhle zu füllen, von dem Carina und Alex zwar schon viel gehört, den sie aber noch nie besucht haben, lehnt der Vater missmutig ab. Die Gefahr, dort jemanden zu treffen, der ihn auf seine Rolle bei Hannes' Absturz ansprechen könnte, ist ihm zu groß. Dass obendrein allerbestes Segelflugwetter herrscht, trägt nicht dazu bei, seine Stimmung zu heben. Normalerweise wäre er jetzt in der Luft. Mit Engelszungen müssen ihn seine Angehörigen überreden, wenigstens einen Ausflug nach Blaubeuren an den Blautopf mitzumachen. Ein ausgedehnter Spaziergang durch den kühlen Wald bringt sie tatsächlich für ein paar Momente auf andere Gedanken.

Am Sonntagmorgen vibriert um sieben in der Früh Cornelius Sontheimers Mobiltelefon auf dem Nachtischchen auf seiner Seite. Anita hört es zuerst. Nichts Gutes ahnend, rüttelt sie ihren Mann wach. Ächzend und grummelnd reckt er sich, um den Anruf entgegenzunehmen. »Hm, ja, Sontheimer.«

Die Anruferin redet aufgeregt drauflos, ohne sich vorzustellen. Es dauert ein Weilchen, bis Cornelius darauf kommt, wen er da am Ohr hat. »Franzi? Bist du das? Mach langsam. – Ich versteh' ja gar nichts. Noch mal alles ganz ruhig.«

Als Anita die hysterische Stimme des Mädchens bis auf ihre Seite hört, ist ihr sofort klar, dass etwas nicht in Ordnung sein kann. Während Cornelius sich weiter bemüht, aus Franzis Worten schlau zu werden, wirft sich seine Frau den Morgenmantel über, um Alex und Carina zu wecken. Sie geht davon aus, dass gleich alle Kräfte gebraucht werden.

Kurz darauf informiert Cornelius seine Familie am Küchentisch über Franzis Anruf. »Das Mädel ist total aufgeregt. Sie scheint panische Angst um Felix zu haben. Offenbar hat Rudi sie vor einer Viertelstunde angerufen und sie aus heiterem Himmel angepfiffen, dass sein Sohn gefälligst auf der Stelle nach Hause kommen soll.«

»Versteh ich nicht«, sagt Carina verschlafen.

»Franzi hat's offenbar auch nicht gleich kapiert. Bis ihr dämmerte, dass Rudi seinen Sohn verdächtigte, etwas mit ihr zu haben. Weil er Felix' Bett heute früh unberührt vorgefunden hat, glaubt Rudi, die zwei hätten die Abwesenheit von Franzis Eltern genutzt, die letzte Nacht bei sturmfreier Bude miteinander zu verbringen.«

Alex schüttelt grinsend den Kopf. »Das ist jetzt nicht mal so abwegig.«

»Da Franzi den Jungen jedoch seit gestern nicht mehr gesehen hat und er jetzt nicht ans Telefon geht, macht sie sich Sorgen um ihn.«

»Und wieso ruft sie ausgerechnet dich an?«, fragt Anita Sontheimer.

»Weil ihre Eltern tatsächlich nicht zu Hause sind und –«, Cornelius blickt ernst in die Runde, »weil das verstörte Mädel glaubt, er könnte mit dem Absturz zu tun haben und sich etwas antun.«

»Wie kommt sie darauf?«, fragt Carina.

»Sie meint, er hätte sich seit dem Absturz seltsam anders verhalten.« Er blickt in die Runde. »Was machen wir jetzt?«

Carina reagiert als Erste. »Gib mir dein Telefon, Papa. Ich ruf Franzi zurück, um sie zu fragen, wo Felix sich gerne aufhält. Ihr ruft die Polizei. Sie sollen nach ihm fahnden. Wenn Franzi recht hat, könnte er tatsächlich vorhaben, sich etwas anzutun.«

Wenige Minuten später befinden sie sich im Auto auf dem Weg zur Laichinger Tiefenhöhle. Franzi glaubt, das wäre der Ort, an dem Felix am ehesten zu finden sei. Dort würden er und seine Freunde regelmäßig auf ihren frisierten Maschinen durch die Muldenlandschaft brettern, um ihre verwegenen Sprünge zu üben. Alex hat seine Sprünge in der Kindheit und Jugend zwar auf dem Mountainbike gemacht, weiß aber sofort, wo diese Mulden liegen. Um diese frühe Uhrzeit ist der zur Höhle und zum Kletterpark gehörige Parkplatz noch leer. Sie springen aus dem Auto, lassen das Eingangshäuschen zur Höhle links liegen und eilen unter Alex' Führung in die Richtung, in der sie Felix vermuten. Offenbar hat er sie jedoch entdeckt, ehe sie ihn im weitläufigen Gelände haben ausmachen können. In einer Entfernung von etwa zwei- bis dreihundert Metern heult sein Zweirad auf. Mit zunehmender Geschwindigkeit kommt er querfeldein auf sie zu. Er hat seine Maschine nicht wirklich unter Kontrolle. Zunächst gehen alle vier davon aus, Felix würde, koste es, was es wolle, Richtung Straße steuern, um stadteinwärts zu entkommen.

Carina wird als Erster bewusst, dass er offenbar einen ganz anderen Plan verfolgt und vorsätzlich auf eine der mächtigen Buchen zuhält. »Felix! Nein!«, brüllt sie entsetzt.

Als auch Alex die Absicht des Jungen erkennt, sprintet er los, als wollte er Felix in der Manier eines Rugbyspielers attackieren oder ihn wie ein Eishockeyspieler durch einen Bodycheck vom Zweirad rammen. Tatsächlich gelingt es ihm, die Maschine durch einen Stoß gegen das hintere Schutzblech ins Schlingern zu bringen. Felix stürzt, landet unsanft im Gras und bleibt liegen, während das Krad Sekundenbruchteile später tatsächlich gegen den Stamm der Buche prallt.

Die Sontheimers eilen zu ihm hin und stellen fest, dass ihm der Sturz zwar alle Luft aus den Lungen gehauen hat, er auf den ersten Blick jedoch nicht allzu schwer verletzt zu sein scheint.

Nach allem, was sie sich inzwischen zusammenreimen können, scheinen die seelischen Schmerzen die körperlichen auf dramatische Weise zu überwiegen. Die Knie umfassend und den Körper wiegend, starrt er vor sich ins Gras und wiederholt immer und immer wieder, dass er das nicht gewollt hat. Dass er den Tod von Hannes nicht gewollt hat.

Carina kniet neben ihm nieder, legt ihm einen Arm um die Schultern. »Was wolltest du denn?«, fragt sie, um überhaupt etwas zu sagen und ihm in irgendeiner Form Ansprache zu geben.

Mit übermüdeten und verheulten Augen hebt er den Kopf, sieht zu Cornelius. »Zeigen, dass Erwachsene auch Fehler machen?«

Aus wenigen Metern Entfernung blickt Cornelius Sontheimer fassungslos auf den Jugendlichen. »Was hat er gesagt?«, wendet er sich an seine Frau. Obwohl er nicht im Entferntesten begreift, was Felix' Antwort bedeutet, tritt er einen Schritt auf ihn zu, um etwas zu erwidern.

»FELIX!«, brüllt im selben Moment Franzi, die auf ihrem Fahrrad auf die kleine Gruppe von Menschen zurast. »FELIX!« Sie bremst, schlingert, springt noch während der Fahrt ab, stolpert taumelnd auf den am Boden kauernden Freund zu. »Felix? Ist dir was passiert?«

Carina tritt zur Seite, um den beiden Raum zu geben. Franzi lässt ihre Tränen einfach rollen. Reihum sucht sie Augenkontakt zu den Sontheimers, bleibt bei Cornelius hängen. »Er wollte ganz bestimmt nicht, dass so was passiert«, flüstert sie.

»*So was*?« Auch Cornelius Sontheimer hält seine Tränen nicht zurück. »Er wollte nicht, dass *so was* passiert?« Sein Freund Hannes ist tot! Er tritt einen Schritt auf die beiden zu. Anita hakt sich bei ihm unter, zieht ihn gegen seinen halbherzigen Widerstand zur Seite. »Dies ist jetzt nicht der Moment, Cornelius«, sagt sie kaum hörbar. Sie führt ihn über die Wiese davon.

DER BRUCHPILOT

Wenn ein Pilot wählt einen Ort
weit entfernt & ganz weit fort
von Flughafen und Landebahn,
wo er nicht wirklich landen kann
und trotzdem landet ohne Not,

dann ist er ein Bruchpilot.

8 – ZWEI KINDER UNTERM BAUM

»Was? Das ist jetzt nicht wahr! – Am Baumlehrpfad in der Friedrichsau?« Den Telefonhörer am Ohr, weicht Veronika Roller einen Schritt vom Schreibtisch zurück. Sie wirkt geschockt. Durch ihre Reaktion zieht sie die Aufmerksamkeit aller Kolleginnen und Kollegen, die sich mit ihr im Besprechungsraum befinden, auf sich. »Ihr seid absolut sicher, dass es sich um ein und denselben Baum handelt …?« Sie schüttelt fassungslos den Kopf. »Ohne jeden Zweifel – die Eiche vom Richter.«

Die anderen verharren in stummer Erwartung, um über den Inhalt des Telefongesprächs informiert zu werden. Dass es sich um eine höchst brisante Nachricht handeln muss, lässt sich am ungewöhnlichen Verhalten der Ersten Kriminalhauptkommissarin ablesen. In der Regel lässt sie sich nicht so leicht aus der Ruhe bringen. Bevor der Anruf durchgestellt worden war, hatten alle in Akten geblättert, Mails gecheckt oder einfach zum Fenster hinausgeschaut, nun ist die Aufmerksamkeit aller Anwesenden auf die Telefonierende gerichtet. Mit der freien Hand signalisiert Veronika Roller den anderen, dass sie sich noch einen Moment gedulden müssen. »Ja. – Ja. – Geht klar. Ist die Spurensicherung – ja, gut. Zufahrt am besten am Stadion vorbei? Über Gänsewiesenweg? Was?« Sie hält sich ein Ohr zu, redet lauter: »Ich versteh nichts! Der Rettungshubschrauber? Okay! Wir kommen!« Sichtlich erschüttert, legt sie auf. Atmet aus, um sich zu sammeln. »Zwei Kinder«, teilt sie nun mit, ohne den Blick vom Telefon zu wenden. »Unten in der Friedrichsau.« Sie ringt um Fassung. »Die Kollegen von der Streife schätzen die beiden Jungs auf ungefähr zehn Jahre. Bislang gibt's noch keine Namen. Enderle, seien Sie so gut und schauen Sie sich die aktuellen Vermisstenanzeigen an, vielleicht werden die beiden schon gesucht und wir können sie wenigstens schnell identifizieren.«

»Schon unterwegs.« Während der Kriminalmeister den Raum verlässt, um die gewünschten Informationen zu besorgen, nennt Veronika Roller bereits die nächste Option zur Identifizierung der unbekannten Opfer: »Falls wir mit der Vermisstenliste keinen Erfolg haben, müssen wir es über die beiden Fahrräder versuchen, die am Tatort gefunden wurden. Wenn wir Glück haben, wurden sie im Zuge der Registrierungskampagne in Schulen und Fahrradläden bereits von unseren Verkehrskaspern erfasst. Die waren in den letzten Jahren erfolgreich bei der Sache.«

Allen ist klar, dass Veronika Roller die Kollegen von der Verkehrserziehung nicht aus Respektlosigkeit ›Kasper‹ nennt, sondern weil sich die Bezeichnung über die Jahre hinweg wegen der im letzten Jahrtausend von den pädagogisch geschulten Mitarbeitern häufig inszenierten Puppentheateraufführungen für die ganz Kleinen bei allen im Sprachgebrauch eingeschliffen hat. Die Erste Kriminalhauptkommissarin weiß die Präventionsmaßnahme, Kindern auf spielerische Weise Verkehrsregeln beizubringen und gleichzeitig die Quote an Fahrraddiebstählen zu reduzieren, zu schätzen. Sie wirft einen Blick auf ihre Notizen, die sie sich während des Anrufs gemacht hat, atmet tief durch die Nase ein und lässt die Luft durch die kaum geöffneten Lippen wieder entweichen. »Einer der beiden Jungen wurde erschossen. Offenbar von hinten ins Genick.«

»Uach, das klingt ja fast nach Hinrichtung!«, stößt die junge Kollegin Schmied hervor, die so gut wie nie für sich behalten kann, was sie gerade denkt. Wie so vieles, hat auch dieser Charakterzug seine Vor- und Nachteile. Zwar mag es beim Brainstorming ganz nützlich sein, alles rauszuhauen, was einem so in den Sinn kommt, andererseits überschreitet sie oft genug die Grenze zur Peinlichkeit oder der politischen Inkorrektheit. So verdrehen auch jetzt die meisten Anwesenden die Augen oder schütteln den Kopf. »Was denn?«, schnappt sie verständnislos.

Kriminalkommissar Petrovic macht den Scheibenwischer. »Hinrichtung – geht's noch? Bei einem Kind!«

Jessica Schmied feuert einen ihrer giftigen Blicke ab, kann jedoch ihren Drang, immer das letzte Wort haben zu müssen, ausnahmsweise im Zaum halten. Zumal die ranghöhere Veronika Roller den Schlagabtausch zwischen den beiden im Augenblick offensichtlich als unangemessen betrachtet.

»Der zweite Junge«, berichtet sie weiter, »wird in diesen Minuten vom Rettungshubschrauber in die Neurochirurgie nach Günzburg geflogen. Er scheint sich eine Kopfverletzung zugezogen zu haben und ist ohne Bewusstsein. Verdacht auf Schädel-Hirn-Trauma. Ob er uns in absehbarer Zeit erzählen kann, was da unten an der Donau passiert ist, bleibt abzuwarten.« Sie schließt einen Moment die Augen, um ihre sich überschlagenden Gedanken zu sortieren.

»Sie haben am Telefon nach einem bestimmten Baum gefragt?«, hakt die junge Schmied nach. »Nach einer Eiche?«

Noch einmal schüttelt die Erste Kriminalhauptkommissarin voller Verwunderung den Kopf, als müsste sie die Information, die ihr soeben durchgegeben wurde, selbst erst noch verarbeiten. »Die beiden Buben wurden unter demselben Baum entdeckt, unter dem vor zwei Jahren Richter Mägerlein erschossen aufgefunden wurde.«

»*Was*?« Mit seinem lauten Zwischenruf zieht Kriminaloberkommissar Hartmut Greiner alle Aufmerksamkeit auf sich.

Veronika Roller nickt. »Kein Vertun, die uniformierten Kollegen vor Ort sind sich absolut sicher.«

Greiner wischt sich mit einer fahrigen Bewegung über die Stirn. »Ein Richter und zwei Jahre später dann zwei Kinder? – Erschossen. – Unter demselben Baum. – Wie passt das denn zusammen?«

Im Besprechungsraum herrscht betretenes Schweigen. Greiner blickt zur Decke. Die meisten wissen, dass er sich keiner Religion zugehörig fühlt. Umso merkwürdiger wirkt es nun, dass er sich an eine höhere Macht zu wenden scheint: »In was für einer Welt leben wir?«, fragt er anklagend, ohne eine Antwort zu erwarten. »Wir müssen alle erdenklichen Verbindungen zwischen dem Richter und den beiden Jungen abklopfen«, wendet er sich dann an Veronika Roller. »Verwandtschaft, Freundeskreis, Kinder von Verurteilten, Zeugen, Rechtsanwälte. Irgendwie müssen sie ja wohl mit dem Richter zu tun haben.«

»Sobald wir sie identifiziert haben«, stellt sie nüchtern fest.

»Gab's Spuren von Missbrauch?«, fragt er tonlos weiter.

»Auf den ersten Blick konnte die Streife vor Ort offenbar nichts erkennen«, antwortet sie ebenso leise. Sie blickt dem Kollegen in die Augen. »Hast du im Moment Luft? Ich würde dich gern dabeihaben.«

Hartmut Greiner nickt schwermütig. Wenn es um Kinder geht, lässt seine Fähigkeit, professionelle Distanz einzunehmen, immer wieder zu wünschen übrig. Dessen ist sich auch Veronika Roller bewusst. Zugleich weiß sie, dass sie sich auf das häufig fotografisch anmutende Gedächtnis des dienstältesten Kollegen der Runde verlassen kann. Und eben gerade weil es um Kinder geht, möchte sie den von ihr geschätzten Ermittlungspartner bei der ersten Inaugenscheinnahme des Tatorts im Team sehen. »Ja, klar«, antwortet er nach sehr kurzem Zögern, das allenfalls ihr aufgefallen ist.

»Stellt euch schon mal auf Überstunden und ein langes Wochenende ein«, stimmt die Erste Kriminalhauptkommissarin das Team auf einen noch nicht überschaubaren Berg von Arbeit ein.

Hartmut Greiner erhebt sich von seinem Platz. »Wenn du mich für zwei Minuten entschuldigst. Muss eben rüber an meinen Schreibtisch, um ungestört zu telefonieren.«

Während er den Raum verlässt, fokussieren die Kolleginnen und Kollegen, die noch vor wenigen Minuten wie jeden Montag in entspannter Atmosphäre den Wochenplan besprochen und verteilt haben, auf die neu entstandene Situation. Die Erste Kriminalhauptkommissarin Veronika Roller benennt ein Team von sechs Leuten, das unverzüglich zum Tatort aufbrechen soll. »Scholz, du kommst bitte mit mir. Petrovic, wartest du bitte auf den Kollegen Enderle, bis der die Vermissten-Info eingeholt hat, und fährst dann mit ihm zusammen? Jessica, du begleitest Greiner, sobald er fertig telefoniert hat?«

»Geht klar.«

»Wer vor Hartmut am Tatort ist, wartet bitte, bis er eingetroffen ist. Ich möchte, dass er sich die Sache in aller Ruhe mit möglichst wenig Gewusel anschauen kann. So, los geht's.«

Unter gemurmelter Zustimmung machen sich bis auf Jessica Schmied alle in kontrollierter Eile auf den Weg zu den Fahrzeugen. Hartmut Greiner kann seine Überraschung darüber, dass ausgerechnet die junge Kriminalmeisterin Schmied im Flur auf ihn wartet, kaum überspielen. Die Kollegin ist nach seinem Geschmack zu oft zu vorlaut und gehört nicht unbedingt zu seinen Lieblingspartnerinnen. Andererseits ist er inzwischen lange genug im Polizeidienst, um frischen Leuten erst mal eine Chance zu lassen und zunächst bewusst über gewisse Macken und Eigenheiten hinwegzusehen. Das war beileibe nicht immer so gewesen. Selbst noch am Anfang seines beruflichen Werdegangs stehend, hatte er beispielsweise Veronika Roller schon beim allerersten Kontakt in eine seiner damals stets offen stehenden Vorurteilsschubladen gepackt und sie erst nach Jahren wieder rausgelassen. Er hatte sie vom ersten Moment an als karrieregeil betrachtet und geglaubt, sie würde alle wegbeißen, die ihrem persönlichen Aufstieg im Weg stehen könnten. Als er schließlich erkannte, dass sie im Grunde nur über einen gesunden Ehrgeiz verfügte und zugleich ihren Job ausgesprochen gut und kompetent erledigte, war es für eine entspannte Zusammenarbeit schon fast zu spät. War er doch bis dahin wegen seiner Fehleinschätzung mehrfach mit ihr aneinandergeraten. Über Jahre hinweg war er einer Zusammenarbeit mit ihr ausgewichen, hatte versucht, nicht dieselben Fälle bearbeiten zu müssen wie sie. Seine dauerhafte Antipathie spürend, war auch Veronika Roller mehr und mehr auf Distanz zu ihm gegangen. So hatten sie bereits drei oder vier Jahre gemeinsamer Dienstzeit hinter sich, bis er endlich ein zufälliges Aufeinandertreffen zu einer Aussprache nutzte. Sie hatten sich bei einer Musikveranstaltung im Rahmen der alljährlichen Musik- und Kulturveranstaltungsreihe Ulmer Zelt am Bierstand getroffen. Für seine Verhältnisse äußerst spontan hatte er sie zu Leberkäs-Wecken und Weizenbier eingeladen. Nach dem Konzert gingen sie auch noch in einen Biergarten an der Donau, wo er die Gelegenheit nutzte, sich für seine Vorurteile ihr gegenüber zu entschuldigen. Ihre Behauptung, diese nie bemerkt zu haben, war zwar sicher nett gemeint, jedoch sehr unglaubwürdig. Seit diesem Abend pflegen Veronika Roller und er einen sich gegenseitig wertschätzenden, mittlerweile vielleicht sogar freundschaftlichen Umgang. Am Morgen nach jenem höchst intensiven Zufallstreffen hatte er sich einerseits vorgenommen, nie wieder irgendwelche Kolleginnen und Kollegen eilfertig in Schubladen einzusortieren und andererseits nie wieder so viele Weizenbiere an einem Abend zu trinken. Was die Kollegen angeht, glaubt er noch üben zu müssen, den Weizenbiervorsatz hat er bis zum heutigen Tag einhalten können.

Während er den grauen Dienstwagen hinunter zur Donau lenkt, spricht ihn die Kollegin Schmied auf den vermeintlichen Suizid des Richters unter einer Eiche des Baumlehrpfades an der Donau an. »Ich hab damals von den Ermittlungen gehört, kenne allerdings keine Details.«

»Jetzt bleib doch verdammt noch mal in deiner Spur!«, schimpft Hartmut Greiner zunächst mit einem Lieferwagenfahrer, der ihn natürlich nicht einmal hören kann. »Na bitte, geht doch«, fügt er trotzdem hinzu, nachdem sich der hektische Verkehrsteilnehmer fürs Linksabbiegen entschieden hat.

Veronika Schmied findet zwar, dass es die Situation durchaus rechtfertigen würde, mit Signal zu fahren und das Blaulicht aufs Dach zu stellen, hat jedoch gegenüber dem älteren Kollegen eine Art ehrfürchtigen Respekt und behält den Gedanken, dass er dies doch tun könnte, für sich.

»Wenn ich überhaupt jemals einen Fall als mysteriös bezeichnen würde, dann ist es der mit dem toten Richter unterm Baum.« Während er noch dabei ist, sich die Fakten in chronologischer Reihenfolge zurechtzulegen, spürt er Jessica Schiemds erwartungsvollen Blick vom Beifahrersitz. So kompakt und sachlich wie möglich nutzt er die weitere Fahrt, um ihr den Fall zu schildern:

Richter Mägerlein war damals von Spaziergängern unter einem Baum, einer alten Eiche, in der Friedrichsau tot aufgefunden worden. Obwohl ihn viele aufgrund seiner zuweilen seltsamen Urteile als einen schrulligen Kauz bezeichneten, waren nach seinem gewaltsamen Tod das Entsetzen und die allgemeine Betroffenheit sehr groß gewesen. Die forensischen Untersuchungen ergaben, dass das Opfer durch einen an der rechten Schläfe aufgesetzten Kopfschuss ums Leben gekommen war. An der rechten Hand des Richters wurden Schmauchspuren nachgewiesen. Das legte einen Selbstmord nahe. Zumal der Richter eindeutig Rechtshänder gewesen war. Gegen die Suizid-Theorie spricht allerdings bis heute, dass die Tatwaffe niemals gefunden wurde. Dieser Umstand konnte einerseits bedeuten, dass eine unbekannte Person das Opfer gezwungen hatte, sich zu erschießen, um die Waffe im Anschluss an die Tat verschwinden zu lassen. Allerdings fand man keine befriedigende Antwort auf die logische Frage, wie man jemanden zwingt, sich selbst umzubringen. Mit vorgehaltener Waffe? Weshalb sollte der Bedrohte dem Drohenden die Arbeit abnehmen und sich selbst erschießen?

Da war die Theorie, dass ein Passant, der in die eigentliche Tat zunächst nicht verwickelt war, die Waffe dem Toten entwendet und an sich genommen hatte, schon plausibler, führte die Ermittlungen jedoch ebenso in die Sackgasse wie das Bedrohungsszenario. Rätselhaft erschien auch der Umstand, dass der Richter über einen Waffenschein verfügte und in seiner Waffenbesitzkarte eine Handfeuerwaffe des entsprechenden Kalibers eingetragen war. Zwar wurde seine Pistole weder am Arbeitsplatz noch bei ihm zu Hause gefunden, jedoch lag im Kellertresor des Herrn Mägerlein wiederum ein angebrochenes Päckchen Munition, in dem exakt die Menge Patronen fehlte, die ein Magazin seiner Waffe gefüllt hätte.

In den Medien hatte der Tod eines Richters, der während seines Berufslebens mehrfach mit dem organisierten Verbrechen befasst war, natürlich ebenfalls großes Aufsehen erregt. Weit über die Grenzen Ulms und auch die des Landes hinaus wurde spekuliert, ob dieser Suizid ohne Tatwaffe unter Umständen von der Mafia oder einer ähnlich strukturierten Vereinigung inszeniert worden war. Die Boulevard-Journalisten überboten sich gegenseitig mit immer noch absurderen Theorien. In unappetitlichster Weise griff so mancher Medienvertreter bis über die Ellbogen in die Schmuddelkiste, um billige Vorurteile und Ressentiments zu schüren. Man brachte den toten Richter mit versteckter Homosexualität in Verbindung, unterstellte ihm Gefälligkeitsumgang mit Prostituierten des Rotlichtmilieus, er wurde der Bestechlichkeit bezichtigt. Die ganze schmierige Palette bis hin zum Vorwurf der Pädophilie.

Für nichts von alledem gab es irgendwelche Belege und keiner dieser Anfeindungen schien auch nur im Entferntesten ein Körnchen Wahrheit anzuhaften. Die Kriminalisten konnten keinen auch noch so kleinen Fleck auf des Richters weißer Weste finden. Um über die Analyse seiner Urteile vielleicht das eine oder andere Rachemotiv zu finden, fraß man sich durch Kisten von Gerichtsakten. Man fahndete nach Verurteilten, die meist höchst emotional unmittelbar nach ihrer Verurteilung ihm gegenüber Drohungen ausgesprochen hatten, weil sie ihre Haftstrafen als zu lang oder als nicht gerechtfertigt empfunden hatten. Nach Überprüfung ungezählter Alibis konnten jedoch weder bei Finanzdelikten noch bei der Klientel der gewaltbereiten Wiederholungstäter irgendwelche Zusammenhänge nachgewiesen werden. »Was wir auch versuchten – alles ohne Ergebnis«, schließt Greiner seinen Bericht, während er sich mit dem Wagen dem Tatort nähert und ihn hinter dem der Kollegin Roller zum Halten bringt. Er zieht den Zündschlüssel, greift zum Schloss des Sicherheitsgurts, lehnt sich, einen Moment innehaltend, zurück. Schließlich fügt er noch eine letzte Information hinzu: »Im Übrigen war Richter Mägerlein am Vortag seines Todes beim Arzt gewesen. Krebs im fortgeschrittenen Stadium. Man hatte ihm noch etwa drei Monate gegeben.«

»Also doch Suizid?«, stellt Jessica Schmied in Frageform fest.

»Ein Suizid ohne Waffe.« Erst jetzt fällt Kriminalhauptkommissar Greiner auf, dass die vermeintlich geschwätzige Kollegin zwischenzeitlich keine einzige Frage gestellt hat. Von wegen keine Vorurteile und Schubladen mehr. Mit kaum erkennbarem selbstironischen Lächeln wendet er den Kopf zu ihr hin. Den Blick nach vorn Richtung Eiche, unter der noch immer der leblose Körper des Jungen liegt, nickt sie langsam und nachdenklich vor sich hin. »Wie vom Erdboden verschluckt. Spurlos verschwunden. In Luft aufgelöst. Weggezaubert?«

Nein, denkt Greiner, das ist keine Geschwätzigkeit. Diese Frau scheint nur ihr Brainstorming niemals leise zu machen. Sie hat schlicht und ergreifend die seltsame Angewohnheit, stets alle Anwesenden daran teilhaben zu lassen. Vielleicht haut sie auf diese Weise ja durchaus mal was Brauchbares raus. »Dann wollen wir mal.« Endlich lässt der Kriminaloberkommissar das Gurtschloss klicken. Er öffnet die Fahrertür und schält sich aus dem Wagen.

In den weißen Overalls und mit Plastikkappen über ihren Schuhen läuft den sechs Mitgliedern des von Veronika Roller zusammengestellten Teams selbst im Schatten der weit ausladenden Eiche bald der Schweiß über den Rücken. Einige Meter entfernt vom toten Jungen wurden von den Spurensicherern bereits mehrere Nummerntäfelchen aufgestellt, um die Stelle zu markieren, an der der zweite Junge gelegen hat. Die Ärzte haben eine Verletzung am Hinterkopf festgestellt, die entweder durch einen Schlag oder durch einen Sturz verursacht worden sein könnte. Veronika Roller hat an die Ärzte der Günzburger Neurochirurgie die Bitte übermitteln lassen, an den Händen und Fingernägeln des Jungen nach Möglichkeit fremde DNA zu sichern. Unter Umständen hat sich der Junge gewehrt. Zwar dürfte er inzwischen dort eingetroffen sein, gehört hat man jedoch noch nichts Neues.

Die Blutspuren auf einem mehrere Zentimeter aus dem Boden ragenden Wurzelstrang lassen darauf schließen, dass es sich um eine stark blutende Kopfverletzung gehandelt haben muss. Die Neuankömmlinge lassen sich auf einem Laptop die Aufnahmen zeigen, die einer der als Erste eingetroffenen Polizisten gemacht hat, ehe im Rahmen der Rettung des Bewusstlosen am Tatort etwas verändert worden war.

»Schön, wenn mitgedacht wird«, murmelt Greiner mehr zu sich selbst, sieht jedoch aus dem Augenwinkel, dass er mit diesem beiläufig ausgesprochenen Lob einem jungen Beamten ein Strahlen aufs Gesicht zaubert.

Nachdem sich die Kriminalisten einen Ersteindruck der Gesamtsituation verschafft haben, markieren sie in routiniertem Zusammenspiel mit den Leuten der Spurensicherung weitere Punkte, von denen sie glauben, dass sie bei der Aufklärung relevant sein könnten. Auch wird jeder weitere Schritt mit Foto- und Videokameras festgehalten.

Der tote Junge liegt mit dem Gesicht nach unten in Bauchlage auf dem staubig trockenen Boden. Er trägt eine dunkelblaue Sporthose, Turnschuhe und ein Fußballtrikot mit rot-blauen Längsstreifen. Auf dem Rücken prangt in Gelb eine 10 und darüber der Name ›MESSI‹. Ganz offensichtlich ein Fan des FC Barcelona. Lässt man sich vom dunklen Teint leiten, könnte man auf eine südländische Herkunft schließen. Ein Junge mit Migrationshintergrund? Greiner sieht sich die zwei Fahrräder an, die mit großer Sicherheit den beiden Jungen zuzuordnen sind. Eines lehnt ordentlich am Baum, das andere liegt auf der abgewandten Seite des Stammes im Gras, als hätte es der Nutzer achtlos fallen lassen, nachdem er abgestiegen war. Auf dem Gepäckträger klemmt ein fast neuer Fußball von der Art der letzten WM. Vielleicht ist der dunkle Teint des Jungen einfach dadurch zu erklären, dass die beiden im Verlauf dieses wunderbaren Sommers schon so oft auf dem Bolzplatz gewesen waren, dass die Haut wegen der vielen Sonne eine dunkle Farbe angenommen hat.

Die Füße des Kindes zeigen Richtung Stamm. Die Arme liegen eingeklemmt unter dem Körper verborgen. Erste Einschätzungen werden geäußert. Der Schuss ins Genick scheint unmittelbar zum Tod geführt zu haben. Sonst hätte der Junge vielleicht noch Schutzreflexe gezeigt und die Arme gehoben, um den Sturz abzufangen. Auch dass das Schild der blauen Baseballkappe zwischen Stirn und Boden klemmt und das Innere der Kappe nach oben zeigt, lässt auf ein vollkommen reaktionsloses Fallen schließen. Der Schuss scheint von schräg oben abgefeuert worden zu sein. Das passt insofern ins Bild, wenn man davon ausgeht, dass ein Erwachsener die Waffe geführt hat. Genaueres wird man nach Untersuchung des Schusskanals sagen können. Im Gegensatz zur Tatortsituation beim getöteten Richter, lässt die Spurenlage hier darauf schließen, dass die Waffe nicht aufgesetzt, sondern aus bislang unbestimmter Entfernung abgefeuert worden ist. Selbst wenn keiner der Anwesenden davon ausgeht, dass man an den Fahrrädern Täterspuren finden wird, gehört es zur Routine, sie zur kriminaltechnischen Untersuchung zu bringen. Vielleicht findet sich ja doch der eine oder andere fremde Fingerabdruck.

»Sind die Fahrräder registriert?«, fragt Veronika Roller, als ein Beamter der Spurensicherung die Zweiräder nacheinander übers rot-weiße Absperrband hebt, um sie im dahinter geparkten Lieferwagen zu verstauen.

»Ja, die Schulkampagne trägt Früchte. Bald fahren in Ulm keine nicht registrierten Fahrräder mehr herum. Wir haben die Nummern schon weitergegeben. Die Kollegen sagen Bescheid, sobald sie die Besitzer ausfindig gemacht haben.«

»Gut, danke.« Die Erste Kriminalhauptkommissarin tritt neben Hartmut Greiner. »Erste Einschätzung?«

In einer Art stummer Meditation lässt er schweigend den Blick über die zahlreichen weißen kleinen Tafeln mit den schwarzen Nummern schweifen. Jede Zigarettenkippe, jeder noch so unscheinbare Schuhabdruck im staubtrockenen Untergrund, ja, selbst ein Hundehäufchen ist mit so einem Täfelchen markiert. Ein schwarzer Knopf wurde gefunden, sieht aber so aus, als wäre er schon lange der Witterung ausgesetzt. Ebenso die zwei vertrockneten Kondome, die auf der vom Weg abgewandten Seite der Eiche im Staub lagen. Kriminaloberkommissar Greiner dreht sich langsam um die eigene Achse, nimmt nebenher die Schaulustigen wahr, die mit Smartphones Fotos von der Szene schießen oder die sensationelle Nachricht von einem toten Kind in der Friedrichsau über ihre Freunde und Angehörigen nicht nur in Ulm, sondern in der ganzen Welt verbreiten. Vielleicht sind auch wieder ein paar unerträgliche Bürgerreporter darunter, die versuchen, persönliche Schnappschüsse an BILD und Konsorten zu verkaufen. Angewidert wendet sich der Kriminaloberkommissar wieder Richtung Baum.

»Weggeflogen, weggeweht, weggezaubert, fortgespült …«, hört er Jessica Schmied ein paar Meter im Hintergrund vor sich hin murmeln, während auch sie ihren Blick schweifen lässt. Offenbar ist sie in eine Art Brainstorming-Meditation verfallen. Mag sein, dass sie doch ein wenig seltsam ist, die Kollegin. Er folgt ihrem Blick ins dicht belaubte Astwerk hinauf. Als wäre die Lösung dort zu finden.

»Nein, tut mir leid«, beantwortet er schließlich Veronika Rollers Frage. »Bis jetzt nicht.« Dass er sich in einem so frühen Stadium nicht einmal ein vorläufiges, vages Urteil erlaubt, ist bei Hartmut Greiner allerdings nichts Ungewöhnliches.

Andererseits würde er jetzt zu gern von Veronika Roller hören, was dieses Szenario in ihrem Kopf auslöst. Bis sie ihre ersten Eindrücke ihm gegenüber in Worte fassen kann, muss er sich jedoch noch ein wenig gedulden. Zunächst hat sie sich um das Kamerateam des Lokalsenders zu kümmern, das sich im Schritttempo auf dem Uferweg nähert. »Könnt ihr bitte den Jungen zudecken?«, ruft die Erste Kriminalhauptkommissarin den Leuten der Spurensicherung zu, als sie den sich nähernden Kleintransporter der Fernsehleute sieht.

»Ja, sicher. Wir sind sowieso fertig.« Hastig holen sie eine Decke aus dem Auto, um den Jungen vor eventueller Paparazzo-Mentalität der Journalisten zu schützen.

»Am besten, wir überführen ihn schnellstmöglich in die Pathologie, bevor irgendwer seine Kamera draufhalten kann.« Ehe sie sich den Journalisten widmet, wendet sie sich noch einmal an Hartmut Greiner. »Soll ich noch für heute Abend eine PK ankündigen?«

Er wirft einen Blick auf seine Uhr. »Ich glaube nicht, dass wir das schaffen. Mach lieber 8.00 Uhr morgen früh daraus.«

»Ich hör sie schon wieder maulen, dass wir nichts für die Abendnachrichten haben.«

»Kündige ihnen eine Pressemitteilung an und gut ist's. Dann können wir die zu veröffentlichenden Inhalte gegebenenfalls noch mit unseren Obersten abstimmen.«

»Okay. Ich versuch, sie erst mal wieder loszuwerden.« Gemäßigten Schritts geht Veronika Roller zum Transporter des Senders hinüber, um den Leuten für heute Abend eine Pressemitteilung zu versprechen und für den nächsten Morgen eine Pressekonferenz anzukündigen. Trotz zahlreicher gegenteiliger Erfahrungen hofft sie einmal mehr, die Medien durch freundliches Auftreten vom Sensationsjournalismus abzuhalten.

Gegen achtzehn Uhr verknüpfen sich zwei unmittelbar hintereinander eingehende Nachrichten. Einerseits hat sich eine aufgeregte Mutter beim Polizeiposten Böfingen gemeldet, um ihren 10-jährigen Sohn und dessen gleichaltrigen Freund als vermisst zu melden, andererseits konnten diese beiden Jungen vor wenigen Minuten über die Fahrrad-Codierung identifiziert werden. Aus den beiden Adressen lässt sich ableiten, dass die Familien der Jungen in derselben Straße des Stadtteils Böfingen wohnen. Veronika Roller und Hartmut Greiner bitten das restliche Team, die Tatortanalyse ohne sie zu Ende zu führen, und übernehmen die unangenehme Aufgabe, den Familien die erschütternde Nachricht zu überbringen.

Während der kurzen Fahrt die Böfinger Steige hinauf ruft die Beamtin im Krankenhaus an und erkundigt sich nach dem neuesten Stand. Da die Mutter ihren vermissten Sohn gegenüber der Polizei als blond und hellhäutig beschrieben hat, können sie dem noch immer im Koma liegenden Jungen mit Schädelhirntrauma mit großer Sicherheit den Namen Florian Kälble zuordnen. Das Ärzteteam bezeichnet seine Werte als stabil. Wann er wieder zu Bewusstsein gelangen wird, sei noch nicht absehbar. Die angefragten Proben von den Händen und den Fingernägeln scheinen bereits genommen und offenbar schon unterwegs zur Kriminaltechnischen Untersuchung zu sein.

Ehe sie in die Wohnstraße abbiegen, vereinbaren die beiden Überbringer der schmerzlichen Nachrichten, zunächst weder vom Tod noch von der Verletzung zu reden. Erst wollen sie hundertprozentig sicher sein, dass sie die Namen dem jeweils richtigen Jungen zugeordnet haben. Die Vorstellung, die falschen Eltern über den Tod des Sohnes zu informieren und den anderen die Nachricht zu überbringen, ihr Sohn wäre am Leben, und am Ende verhielte es sich umgekehrt – nein, das wollen sie weder den Eltern noch sich selbst antun.

Kaum haben sie den Wagen verlassen, geht schon eine Haustür auf und eine etwa 35-jährige Frau läuft ihnen auf dem kurzen Weg zwischen Bürgersteig und Haus entgegen. »Was ist mit meinem Sohn? Haben Sie Florian gefunden?«

»Guten Tag, Sie sind Frau Kälble?«, erwidert Veronika Roller. Sie erhält als Antwort ein zögerliches Nicken. Während sie beide die Dienstausweise hochhalten, stellt die Beamtin sich und ihren Kollegen vor und bittet die nervöse Mutter, ins Haus kommen zu dürfen. Im Wohnzimmer weist sie ihren Kollegen unauffällig auf eine Fotowand hin, auf der fast ausschließlich Aufnahmen von ein und demselben blonden Jungen in unterschiedlichem Alter hängen. Sie befinden sich also tatsächlich mit an Sicherheit grenzender Wahrscheinlichkeit im Zuhause des noch lebenden Jungen. Dennoch stellen sie zur Klärung noch einige Fragen. Ob die Mutter wüsste, welche Pläne der Sohn für den Nachmittag gehabt hätte. Ob er allein oder mit Freunden unterwegs gewesen wäre.

»Flori und Luis wollten zum Fußballspielen. Nach meiner Arbeit hatten wir vor, schwimmen zu gehen.«

»Luis ist ein Freund aus der Nachbarschaft?«

»Ja.«

»Haben die zwei ihre Fahrräder dabei?«, fragt Hartmut Greiner.

»Davon gehe ich aus. Floris Fahrrad steht nicht an seinem Platz. Nun sagen Sie doch endlich, was los ist!«

Veronika Roller übernimmt den schwierigen Teil und erklärt der Mutter, dass ihr Sohn mit einer Kopfverletzung in der Neurochirurgie in Günzburg liege, dass ihn die Ärzte im künstlichen Koma hielten und dass sie darüber hinaus nichts Näheres wüssten und sie, sobald sie sich dazu imstande fühle, selbst mit den Ärzten reden sollte.

»Ein Unfall? Wurde er angefahren?«

»Wir sind noch nicht sicher, was geschehen ist«, versucht Hartmut Greiner, die eigenen Wissenslücken so vage wie möglich zu umschiffen. »Haben Sie mit den Eltern von Luis Kontakt aufgenommen, ehe Sie Ihren Sohn als vermisst meldeten, weil Sie sich Sorgen machten?«

»Ich hab es versucht. Aber sie waren beide nicht erreichbar. Wir hatten ja auch vereinbart, dass Luis bis um sieben bei uns bleiben könnte, weil die beiden heute irgendwelche wichtigen Termine haben. Ich wollte mit den Jungs nach der Arbeit zum Schwimmen«, sagt sie noch einmal, ohne zu merken, dass sie sich wiederholt. »Sie sollten um zwei zu Hause sein. Aber sie kamen nicht. Und Floris Handy liegt hier auf dem Tisch. Dauernd vergisst er sein Handy. Wie oft habe ich ihm schon gesagt, dass er sein Handy …« Sie lässt den Satz unvollendet und blickt auf das von ihrem Sohn zurückgelassene Mobiltelefon. »Damit ich ihn erreichen kann eben.«

»Brauchen Sie unsere Hilfe, um nach Günzburg zu kommen?«, fragt Hartmut Greiner die vor Aufregung völlig aufgedrehte Frau. »Sollen wir jemanden informieren, der Sie begleiten könnte? Ihren Mann vielleicht?«

Sie schüttelt kaum sichtbar den Kopf. »Wir leben getrennt. Schon seit drei Jahren. Ich dachte, er hätte Florian vielleicht …« Auch dieser Satz bleibt unvollendet.

Ihre beiden Besucher blicken einander kurz an. »Er hätte Florian vielleicht was?«, fragt Veronika Roller sanft.

»Ach, es geht ums Sorgerecht. Ich möchte nicht, dass er … Der Gerichtstermin ist nächste Woche.«

»Sie sind also nicht gut aufeinander zu sprechen«, formuliert Veronika Roller vorsichtig ihre Vermutung.

»Mein Ex-Mann ist einfach unzuverlässig. Verantwortungslos. Ich will nicht, dass Flori bei ihm …«

Eine Pause entsteht. Hartmut Greiner räuspert sich. »Entschuldigen Sie bitte, wenn ich Sie mit solchen Fragen belästige, Frau Kälble, aber jede Information kann uns helfen, uns ein Bild zu erstellen: Wissen Sie, ob Ihr Mann vielleicht eine Handfeuerwaffe besitzt?«

Zutiefst erschrocken, blickt sie auf. »Nein! Nicht, dass ich wüsste. Wieso? Warum sagen Sie mir nicht endlich, was passiert ist! Florian wurde doch nicht angeschossen, oder?«

»Nein, nein. Wie gesagt, seine Kopfverletzung resultiert wahrscheinlich aus einem Sturz.«

Mit einer fahrigen Bewegung fasst sich die Mutter an die Stirn. »Ich muss zu ihm. Wo ist mein Autoschlüssel? Wo hab ich bloß meinen Schlüssel?«

Veronika Roller, die beim Hereinkommen schon im Flur einen Schlüsselbund mit Autoschlüssel in einer Schale hat liegen sehen, holt ihr Smartphone hervor. »So aufgeregt, wie Sie im Augenblick sind, sollten Sie nicht selbst fahren. Ich rufe Ihnen ein Taxi.« Ohne auf Antwort zu warten, aktiviert sie die gespeicherte Nummer.

»Sollen wir Ihnen nicht lieber auch einen Arzt rufen?«, fragt Hartmut Greiner.

»Nein, nein. Nein!«, antwortet sie abwesend. »Doch, ja. Natürlich. – Ähm, Marius, Florians Vater. Mein Ex. Auch wenn wir – er muss es doch trotzdem wissen«, stammelt sie konfus vor sich hin. Sie nennt eine Mobilnummer und eine Ulmer Adresse, die nicht weit vom Tatort entfernt liegt. Ihre beiden Besucher begreifen nicht sofort, dass es sich um die Kontaktdaten des Exmannes handelt. »Er ist aber selten anzutreffen, weil er sich selbstständig gemacht hat. Kurierfahrer. Sitzt täglich 16 Stunden im Auto. Deshalb will ich ja auch nicht, dass Flori …«

Wenige Minuten später trägt Hartmut Greiner Frau Kälbles Tasche, in die sie für den nicht unwahrscheinlichen Fall einer Übernachtung hastig das Nötigste hineingestopft hat, hinaus zum herbeigerufenen Taxi. Veronika Roller blickt dem davonfahrenden Wagen hinterher. »Hoffentlich kommt der Junge durch.«

»Hoffentlich wird er auch wieder der alte«, sagt Hartmut Greiner und hat dabei die Folgeerscheinungen von Schädel-Hirn-Traumata im Sinn. Er blickt auf die Uhr. »Kurz vor sieben. Dann lass uns mal nachsehen, ob wir die Ströbeles schon antreffen.«

Veronika Rollers Telefon klingelt. »Verdammt! Die Pressestelle! Die hatte ich vollkommen ausgeblendet.«

Ehe sie bei den Eltern des getöteten Jungen klingeln, müssen sie nun erst noch ihrem verärgerten Pressesprecher Rede und Antwort stehen und ihn mit den bisher gesammelten Fakten füttern. Wie so oft, empört er sich, dass man ihn, obwohl er doch die so wichtige Brückenfunktion zur Öffentlichkeit innehätte, immer im Dunkeln ließe. Auch wenn sie sein Wehklagen und Jammern aufgrund der vielen Wiederholungen im Grunde nicht mehr hören können, sind sie fast froh, den schweren Gang zu den Eltern des toten Jungen noch aufschieben zu können. Als sie schließlich gegen 21.00 Uhr das Haus des völlig am Boden zerstörten Paares verlassen, wünschen sie sich wieder einmal, auf solche Besuche ganz verzichten zu können. Eltern vom Tod eines Kindes benachrichtigen zu müssen, ist eine der entsetzlichsten Aufgaben, die ihnen im Rahmen ihrer beruflichen Tätigkeit aufgebürdet werden. Weil sie diese letzten Eindrücke des Arbeitstages nicht mit nach Hause nehmen möchten, fahren sie zurück ins Präsidium, um sich ein Bild von der Gesamtlage zu machen. Als sie bei ihrer Ankunft

Jessica Schmied antreffen, sind sie ebenso überrascht, wie es die junge Kollegin ist, dass die beiden von ihr bewunderten Routiniers noch einmal reinschauen.

»Was machen Sie denn noch hier?«, fragt Hartmut Greiner.

»Ich habe mir die Akten zum Tod des Richters Mägerlein bringen lassen.«

Veronika Roller nickt anerkennend. »Wie haben Sie das so spät noch hinbekommen?«

Jessica Schmied wiegt kokett den Kopf. »Ahh, mit manchen Leuten muss man sich für den Fall der Fälle eben gut stellen.«

»Und – haben Sie schon was Brauchbares entdeckt?«, kehrt Hartmut Greiner sofort wieder zu nüchterner Sachlichkeit zurück.

Sie blickt auf die aufgeschlagene Akte, klopft mit dem Radiergummieende ihres Bleistifts mehrmals auf das vor ihr liegende Blatt, als wolle sie auf etwas Auffälliges hinweisen, schüttelt zur Überraschung des Fragenden dann aber den Kopf. »Bis jetzt nicht. Auffällig fand ich bisher nur, dass mehrfach durchklingt, dass der Richter sehr intelligent gewesen sein muss.«

»Ja, das war er. Ganz sicher. Blitzgescheit«, bestätigt Veronika Roller.

»Und mit einem Humor ausgestattet, den nicht immer alle verstanden haben«, fügt Hartmut Greiner schmunzelnd hinzu.

Während die junge Kriminalkommissarin die Stunde inzwischen für fortgeschritten genug hält, ihre Sachen wegzupacken und nach Hause zu fahren, setzen sich Veronica Roller und ihr Kollege Greiner an ihre Schreibtische, um ihre Erkenntnisse zusammenzufassen. Beide haben die

Erfahrung gemacht, dass sie mit dieser Vorggehensweise zum Abend hin ihren Kopf befreien und zum andern am folgenden Tag einen zielorientierteren Einstieg hinbekommen.

Die Nachricht, dass das aus dem Kopf des getöteten Luis Ströbele entfernte Projektil eindeutig aus derselben Waffe stammt wie das im Todesfall des Richters Mägerlein, kommt nicht unerwartet. Dennoch ist das Team froh, dass sie diese Information erst nach der Presskonferenz erhalten. Keiner hätte gewusst, was man Journalisten auf diesbezügliche Fragen hätte antworten können. Selbst einige Stunden später herrscht noch immer eine gewisse Hilflosigkeit, was man mit der seltsamen Gemeinsamkeit der Fälle anfangen soll. So schmerzlich es für die Eltern auch ist, darüber reden zu müssen, werden sowohl Frau Kälble als auch Luis Ströbeles Eltern ins Präsidium geladen, um eine mögliche Verbindung zu finden. Weder das eine noch das andere jeweils sehr tränenreiche Gespräch führt zu einem Ergebnis. Die Befragung von Florians Vaters bringt ebenfalls keine neuen Erkenntnisse. Der äußerst vage Verdacht, der in Trennung lebende Vater könnte, motiviert vom Wunsch, sich an der Mutter zu rächen, etwas mit den Ereignissen unter der Eiche zu tun haben, bestätigt sich nicht. Während des Zeitraums, in dem der tödliche Schuss auf den Freund seines Sohnes abgefeuert wurde, war Herr Kälble nachweislich mit seinem Lieferwagen auf einer selten attraktiven Auswärtstour in Richtung Augsburg unterwegs. Der Befragte machte während des Gesprächs in der Tat keinen sehr reifen Eindruck, wirkte jedoch aufrichtig erschüttert und äußerte mehrfach, dass er sich um Florians willen unbedingt wieder mit seiner Frau versöhnen wollte.

Veronika Roller und Hartmut Greiner würden zwar niemals auf die Idee kommen, ihm so einen Versuch auszureden, haben sein Vorhaben dennoch nur schweigend und nickend zur Kenntnis genommen. Hätte er sie in diesem Punkt nach ihrer Meinung gefragt, hätten beide gesagt, dass er sich die Mühe sparen sollte. So klar, wie sich seine Ex ihnen gegenüber positioniert hat, wird er mit allergrößter Wahrscheinlichkeit keine zweite Chance mehr von ihr bekommen.

Als der Pressesprecher am Mittwoch die nächste Mitteilung zu formulieren hat, echauffiert er sich einmal mehr, dass er mit diesen mageren Informationen die Leute da draußen doch nicht zufriedenstellen könnte.

»Dann sag uns halt endlich selber, wie das alles zusammenpasst!«, fährt Hartmut Greiner ihn vor allen andern in einer Schärfe an, die man von ihm nicht gewohnt ist.

»Jetzt komm mir bloß nicht damit, dass ich euren Job zu erledigen habe!«, wettert der Pressesprecher noch lauter zurück.

Veronika Roller gelingt es, den Dampf vom Kessel zu nehmen, indem sie in aller Ruhe sagt, er solle in den Medien verbreiten, dass die Polizei die Bevölkerung um Mithilfe bitte und dass jede noch so kleine Beobachtung in der Umgebung des Baumlehrpfades von Bedeutung sein könnte. »Dann sag ihnen doch bitte noch, dass wir das Team mehr als verdoppelt haben und mit allergrößter Intensität an der Aufklärung arbeiten. Du weißt besser als ich, wie du das zu formulieren hast.«

»Okay, alles klar.« Trotz der freundlichen Schmeichelei der Ersten Kriminalhauptkommissarin kann er sich beim Rausgehen nicht verkneifen, die Tür lauter als nötig ins Schloss zu hauen.

»Danke«, sagt Hartmut Greiner zu seiner Kollegin. »Wenn der so weitermacht mit seinem ständigen Genöle, findet das nächste Tötungsdelikt über kurz oder lang hier im Haus statt.«

Sie legt ihm aufmunternd eine Hand auf die Schulter. »Aber mach es uns bei den Ermittlungen nicht so einfach, ja?«

»Soll ich mir für den auch noch Mühe geben?«, grummelt Hartmut Greiner.

»Wäre schade, wenn du seinetwegen den Dienst quittieren müsstest.«

»Hm.«

»Sag Bescheid, wenn du bei der Planung Hilfe brauchst.«

»Das perfekte Verbrechen, ausgeübt von zwei erfahrenen Mitgliedern der Kripo?«

»Das wär's doch, oder?«

»Ich komme darauf zurück, wenn er mich an den Rand der Weißglut gebracht hat.« Greiner ist froh, endlich mal wieder eine gewisse Lockerheit ausleben zu können.

Bei der nächsten Besprechung zeigen sich alle Beteiligten sichtlich von der Nachricht erschüttert, dass an Florians rechter Hand Schmauchspuren nachgewiesen werden konnten. Eine Zeit lang herrscht betretenes Schweigen. So undurchsichtig der Fall ohnehin schon ist –, damit hat niemand gerechnet.

»Ein Zehnjähriger erschießt seinen besten Freund«, sagt Hartmut Greiner leise, als müsse er sich diesen Befund erst noch begreiflich machen. »Und ich war so naiv zu glauben, dass so was nur bei den Waffenfreaks in Amerika passiert.«

»Wo ist die verdammte Waffe?«, stellt Veronika Roller die zentrale Frage ohne die Hoffnung, eine Antwort darauf zu erhalten.

Nach einer weiteren Pause betretenen Schweigens ergreift schließlich Jessica Schmied das Wort. Sie hat sich inzwischen alte Medienberichte zum Fall des Richters vorgenommen. »Wusstet ihr, dass Mägerlein in seiner Freizeit auf der Bühne stand?«

Aufgrund der Dramatik des Falles betrachtet Hartmut Greiner diese Frage als höchst belanglos und entschuldigt sie mit der wiederholten Geschwätzigkeit der jungen Kollegin.

»Als Laiendarsteller?«, fragt Petrovic.

»Vermutlich Dürrenmatt – ›Der Richter und sein Henker‹«, bemerkt Markus Enderle trocken.

»Woher weißt du jetzt wieder so was?«, fragt Veronika Roller.

»War Lektüre fürs Abi.«

»Er war Hobby-Magier«, informiert Jessica Schmied die Anwesenden.

Enderle lacht. »Ein Name, ein Programm.«

Jessica Schmied sieht ihn zweifelnd an. »Hä? Kapier ich nicht.«

»Na, so schwer ist das jetzt auch nicht: ›Mägierlein‹.«

»Autsch«, sagt Jessica Schmied. Auch die meisten anderen Anwesenden stöhnen.

»Hört mal, so schlecht war der jetzt nicht«, mault Markus Enderle. Er stößt auf betretenes Schweigen. »Eh, Leute, der war richtig gut!«

Jessica Schmied bewahrt ihn vor weiteren Versuchen, seinen Kalauer zu retten, indem sie weitererzählt. »Eine seiner Stärken scheint gewesen zu sein, vor aller Augen auf der Bühne Dinge verschwinden zu lassen. Einfach weg. Wie vom Erdboden verschluckt.«

»Wenn es für alle erklärbar wäre, könnte man so einen

Trick ja wohl kaum als Zauberei bezeichnen«, kommentiert Petrovic spitzfindig.

»Moment«, sagt Hartmut Greiner laut. Alle Blicke richten sich auf ihn. Die Hand auf der Stirn, als wollte er seine Gedanken fassen, fährt er fort: »Das haben Sie schon mal gesagt. Bei der Tatortuntersuchung unter der Eiche.« Er versucht, sich ihrer Worte zu erinnern, die sie vor sich hin gemurmelt hat: »Wie vom Erdboden verschluckt. Spurlos verschwunden. In Luft aufgelöst. Weggezaubert.« Er wendet sich an Jessica Schmied. »Sie haben sich nicht zufällig näher angesehen, welche Tricks er genau beherrschte und wie diese aufgebaut sind und funktionieren?«

»Ich hab's versucht. Aber ehrlich gesagt habe ich sie nicht wirklich kapiert. Viel beruht offenbar auf Fingerfertigkeit. Er scheint vor allem mit Spiegeln, verborgenen Seilzügen und Gummibändern gearbeitet zu haben.«

»Was war das gerade?« Hartmut Greiner fasst die junge Kollegin von vorn an beiden Schultern, als wollte er sie schütteln. »Jessica«, spricht er sie zum ersten Mal mit ihrem Vornamen an, »wenn mich nicht alles täuscht, haben Sie soeben den Fall geknackt.« Außer einer Menge ratloser Blicke lösen seine Worte nichts aus. »Die Schmauchspuren bei Florian! Der Magier Mägerlein – Veronika, wir müssen noch einmal runter zur Friedrichsau. Du, ich, die Kollegin Schmied und zwei Leute von der Spurensicherung sollten reichen.«

»Magst du uns nicht erklären …?«, setzt die Erste Kriminalhauptkommissarin an, wird aber sofort wieder von ihm unterbrochen.

»Ja, im Auto. Kann's selbst kaum erwarten zu sehen, ob ich recht habe.« Er steht bereits an der Tür. »Was ist denn?«, fragt er ungeduldig, als weder die eine noch die andere Anstalten macht mitzukommen.

Endlich setzen sie sich in Bewegung. Mit den Kolleginnen im Schlepptau eilt Hartmut Greiner, zwei Stufen auf einmal nehmend, die Treppen hinunter und bestellt auf dem Weg zum Auto nebenher zwei Leute der Spurensicherung hinunter an den Baumlehrpfad. Seine Aufforderung, zur ›Richter-Mägerlein-Eiche‹ zu kommen, wird ohne Nachfrage verstanden. Er setzt sich ans Steuer, wartet nicht darauf, dass seine Kolleginnen sich angeschnallt haben, und stellt, während er losfährt, das mit einem Magnetfuß versehene Blaulicht aufs Dach. »Der hat uns verarscht«, lässt er während der rasanten Signalfahrt zur Donau seinen Gedanken freien Lauf. »Komplett auf den Arm genommen hat der uns.« Er wirkt wütend. Erbost. Für seine Verhältnisse ungewohnt aggressiv.

»Klärst du uns bitte endlich auf-«, sagt Veronika Roller. »Wer hat uns deiner Ansicht nach verarscht?«

»Richter Mägerlein – bekannt für seine skurrilen Scherze! Der hat sich mit einem tödlichen Zaubertrick von der Welt verabschiedet – und einen unschuldigen kleinen Jungen mit in den Tod gerissen.« Er schüttelt den Kopf, als würde er selbst noch nicht komplett begreifen, was er da erzählt. »Dieser Idiot! Schwarzer Humor gut und schön. Mag ich ja selbst ganz gern. Aber wenn man die Konsequenzen nicht zu Ende denkt, hört der Spaß auf. Über die vielen Jahre, die ich mit ihm zu tun hatte, fand ich das allermeiste tatsächlich lustig. Und wahrscheinlich hat uns der feine Herr Richter während der Ermittlungen nach seinem Tod von seiner Wolke aus zugesehen und sich eins gefeixt, weil wir nicht dahintergekommen sind, wie er's gemacht hat.«

In knappen Worten erklärt er den beiden Kolleginnen seine Theorie, nach der sich der Richter, aufgrund seiner Krebserkrankung des Lebens überdrüssig, mit einem simplen Zaubertrick von dieser Welt verabschiedet hat. Während sie sich über den Uferweg der Eiche nähern, herrscht betretenes Schweigen. Die drei sind gespannt, ob der Todesfall des Richters Mägerlein, der für seinen schwarzen Humor bekannt war, und der Fall mit den beiden Jungen miteinander verflochten sind und vor der Aufklärung stehen. Wenn Hartmut Greiners Annahme stimmt, hat sich der Richter postum der fahrlässigen Tötung des einen Jungen und der schweren Körperverletzung mit noch nicht absehbaren Folgen des anderen Jungen schuldig gemacht.

Trotz der Hitze und kaum zu zügelnder Neugier folgen sie diszipliniert dem notwendigen Prozedere, schlüpfen in weiße Overalls und stülpen Plastikhüllen über ihre Schuhe, um die Beweiskraft der Spurenlage nicht zu gefährden. Sollte der Kriminaloberkommissar richtigliegen, werden die Medienvertreter die Ermittlungsergebnisse sicherlich bis ins Detail zerpflücken, um einen Schuldigen zu finden, den sie an den Pranger stellen können. Unter Garantie wird es Vorwürfe hageln, dass der Junge noch am Leben wäre, wenn die Polizei die Tatwaffe gesichert hätte. Begleitend würden natürlich Hohn und Spott über alle Beteiligten ausgekippt. Daher sollten wenigstens die leider zu spät erzielten Ermittlungsergebnisse hieb- und stichfest sein.

Den Blick nach oben gerichtet, treten sie unter die Eiche und versuchen aus allen erdenklichen Winkeln, im Geäst und Blattwerk eine Schnur, ein Seil, einen Faden oder am besten gleich die Tatwaffe zu erkennen. Nichts. Als schließlich die Kollegen der Spurensicherung mit einer Leiter kommen, lässt es sich Hartmut Greiner nicht nehmen, als Erster hinaufzuklettern, um seine Theorie zu überprüfen.

»Und?«, ruft Veronika Roller von unten. »Siehst du die Waffe?«

»Ja!«, ruft der Kriminaloberkommissar zurück. Er klingt resigniert. »Leider«, fügt er kaum hörbar hinzu. Wie gerne wäre er in diesem Fall mit seiner Annahme falsch gelegen. »Was denkt sich ein Mensch, wenn er so was macht?«, fragt er fassungslos, als er wieder festen Boden unter den Füßen hat.

Jessica Schmied glaubt nachvollziehen zu können, was im Kopf des Kollegen vorgeht. »Nichts«, antwortet sie leise. »Und sollte er während der Ermittlungen zu seinem waffenlosen Selbstmord tatsächlich zugesehen haben, bestimmt nicht von einer Wolke aus.«

Veronika Roller stimmt nickend zu. »Ich glaub ja nicht an so was. Aber der Herr Richter dürfte nach der fahrlässigen Tötung eines Zehnjährigen in der Höllenglut schmoren.«

»Ich würd's ihm gönnen. Die Staatsanwaltschaft wird schwerlich gegen ihn ermitteln können«, bemerkt Hartmut Greiner tonlos. Er wendet sich an Jessica Schmied: »Gute Arbeit. Schade, dass Sie nicht schon vor zwei Jahren dabei waren. Keiner von uns hat jemals über seine Neigung zur Zauberei nachgedacht.«

Jessica Schmied atmet tief durch. »Die armen Eltern.«

Nachdem die Spurensicherer den Baum bis in den Wipfel und das letzte Blatt untersucht haben, können beide Abläufe zuverlässig rekonstruiert werden. Nach dem Entschluss sich umzubringen, scheint sich der Richter einen Spaß daraus gemacht zu haben, die Ermittler mit einer Denksportaufgabe auf die Schippe zu nehmen. Mithilfe eines an einen Ast gebundenen Gummibandes schnellte die Waffe, nachdem er sie auf sich selbst gerichtet und abgefeuert hatte, acht Meter nach oben ins Geäst. Niemand war auf den Gedanken gekommen, im Baum danach zu suchen, und der Richter hatte bestimmt nicht damit gerechnet, dass sie erst zwei Jahre nach seinem Tod von zwei Kindern beim Spielen entdeckt werden könnte. Es liegt nahe anzunehmen, dass die Jungen die Waffe zufällig von unten gesehen haben, Florian in den Baum geklettert ist, versehentlich einen Schuss abgefeuert und seinen Freund erschossen hat und darüber so erschrocken ist, dass er vom Baum gestürzt ist. Wenn es sich tatsächlich so abgespielt hat, kann man nach Klärung des Falles nur hoffen, dass der bedauernswerte Todesschütze bald aus dem Koma erwachen wird und wieder ganz der Alte wird, ohne sich je an diese Sekunden seines Lebens erinnern zu können. Allein der Verlust des Freundes dürfte ausreichen, um den Überlebenden zu traumatisieren. Da muss er nicht auch noch wissen, dass er es gewesen ist, der den Schuss aus der zwei Jahre entsichert im Baum hängenden Waffe ausgelöst hat.

Zu Beginn der Woche hätte Hartmut Greiner niemals erwartet, dass der Fall bis Freitag gelöst sein könnte. Bei aller Bedrücktheit wegen der Schicksale der Jungen lehnt er sich gegen Dienstende doch auch zufrieden in seinem Bürostuhl zurück, um den Abschlussbericht auf seinem Bildschirm noch einmal zu überfliegen. Das Wochenende kann beginnen. Er fährt den Rechner herunter, als das Telefon klingelt. »Ach, du bist es. Schön, dass du anrufst.«

»Soll ich kurz raus?«, flüstert Jessica Schmied ihm vom gegenüberliegenden Schreibtisch zu.

»Nein, wieso?«

»Damit Sie ungestört telefonieren können?«

Er winkt ab, deutet an, dass sie seinetwegen gerne auf ihrem Platz bleiben kann. »Du hast *was*?«, fragt er ins Telefon und strahlt. »Das ist großartig, es klappt nämlich tatsächlich! – Ja, ich freue mich auch! – Bis nachher. – Was? – Ja, heute pünktlich. Versprochen.« Er legt auf.

»Fertig?«, fragt seine junge Kollegin vom Arbeitsplatz gegenüber.

»Ja.«

»Ich nehme an, das war die Fortsetzung des wichtigen Telefongesprächs, das Sie am Montag führen mussten, als die Nachricht mit den beiden Jungen reinkam?«, fragt Jessica Schmied.

Er ist überrascht, dass sie die Telefonate überhaupt verknüpft. Und dann auch noch richtig. »Ich habe meiner Frau sofort mitgeteilt, dass aus unserem Wochenende am Vierwaldstätter See kaum was werden würde. Nie im Leben hätte ich gedacht, dass wir den Fall im Lauf so weniger Tage klären können.«

»Da war Ihre Frau bestimmt sauer.«

Er nickt, schüttelt dann den Kopf. »Nun teilt sie mir mit, dass sie unsere Buchung gar nicht storniert hat.«

»Ganz schön schlau, Ihre Frau! Gibt's einen Anlass für die Reise?«

Hartmut Greiner sieht sie halbwegs empört an. Nun haut dieses junge Ding schon wieder persönliche Fragen raus, ohne nachzudenken. »Auch wenn es im Grunde niemanden etwas angeht«, sagt er mit tadelndem Unterton, »wir begehen am Sonntag unseren 25. Hochzeitstag. Und deshalb lasse ich Sie jetzt alleine weiterarbeiten und mache Feierabend.« Er steht auf.

»Dass Ihre Frau zurecht sauer war, ist …« Mit einem Mal wird ihr klar, dass sie bei ihrem Kollegen eine Grenze zu überschreiten scheint. »Ups. Tut mir leid. Ich muss eben immer sagen, was ich gerade denke.«

»Das ist allerdings wahr.« Hartmut Greiner geht zur Tür,

redet, mit dem Rücken zu ihr, jedoch weiter. »Manchmal ist es besser, den Mund zu halten.« Bereits einen Schritt auf dem Flur, dreht er sich noch einmal um. »Privat, meine ich jetzt. Bei der Arbeit machen Sie bitte gerne weiter mit Ihrem – vorlauten! – Brainstorming.« Er wendet sich endgültig zum Gehen.

»Schönen Gruß an Ihre Frau!«, ruft Jessica Schmied hinterher.

Er blickt zur Decke, schüttelt kaum sichtbar den Kopf, geht ohne ein weiteres Wort zur Treppe. So verpasst er leider das strahlende Lächeln, das er der jungen Kollegin durch sein Lob aufs Gesicht gezaubert hat.

DER MAGIER

Der Magier sägt vor Publikum,
obwohl er kaum beherrscht den Trick,
an seiner Assistentin rum,
bis plötzlich starr und leer ihr Blick …

9 – BIS IN DEN TOD

»Kannst du damit leben, heute alleine zum Markt zu gehen?«, fragt Rüdiger gegen Ende des gemeinsamen Frühstücks.

Holger lässt seine Tageszeitung sinken, mustert den Lebensgefährten, ehe er antwortet. »Was ist? Geht's dir etwa nicht gut?«

»Ach was, nein. Schon in Ordnung. Wenn wir schon Premierenkarten für heute Abend haben, möchte ich nur halbwegs ausgeruht hingehen. Sonst beschwerst du dich am Ende, dass ich neben dir eingeschlafen bin und geschnarcht habe.«

»Dass du bei Così fan tutte einschläfst, kann ich mir nicht vorstellen. Du liebst doch diese Oper.« Holger legt seinem Lebensgefährten eine Hand auf dessen noch immer nicht voll funktionsfähige Linke. »Ich finde es schön, dass du dich wieder vor die Tür traust. Und dass wir uns wieder mal eine Premiere im Theater ansehen können, finde ich noch schöner.«

Rüdiger schließt die Augen, presst die Lippen aufeinander, atmet deutlich hörbar ein. »Du weißt, dass mir alles viel zu langsam geht«, sagt er bitter.

»Du hast schon so viel geschafft. Du erinnerst dich? Anfangs haben wir geglaubt, du würdest nicht mal mehr auf die Beine kommen. Du wolltest nicht mehr leben! Und heute sitzen wir in unserem wunderbaren Gärtchen in der lauen Sonne beim Frühstück. Wie früher.«

Rüdiger kann seine Unzufriedenheit nicht verbergen. »Und du musst mir die Brötchen aufschneiden, weil ich es nicht mehr kann.«

Natürlich kann Holger seinen Unmut verstehen. Im Gegensatz zu ihm selbst war Rüdiger immer sportlich und agil gewesen. Gleichzeitig sieht und anerkennt Holger die riesigen Fortschritte, die Rüdiger im Lauf der Rehabilitations-Maßnahmen gemacht hat. Immerhin hat er ihn in den vergangenen Wochen schon zweimal zum Markt begleitet. Gut – mit Gehwagen. Vor einem Vierteljahr war allerdings auch das allenfalls ein Fernziel. Darüber hinaus ist Rüdigers Sprachvermögen, das, bedingt durch den Schlaganfall, zunächst vollkommen weg gewesen war, wiederhergestellt und er äußert sich – was sich noch lange Zeit verwaschen angehört hat – wieder klar und deutlich.

»Es geht mir eben alles viel zu langsam«, sagt er grantig. Frustriert blickt er auf seine Hand, die noch weit von ihrer früheren Geschicklichkeit entfernt ist. »Außerdem ist mir kalt.«

Dass Rüdiger mit dieser knappen Aussage einen Schlussstrich unter das Thema gezogen hat, ist Holger klar. Im Grunde geschieht es viel zu selten, dass sie über den Schlaganfall und die Auswirkungen auf ihr gemeinsames Leben reden. »Soll ich dir eine Decke holen?«

»Na, das hat ja wieder gedauert, bis du darauf kommst, dass eine Decke gegen mein Frieren helfen könnte.«

Holger streichelt ihm lächelnd über die Wange. »Diva«, meint er grinsend, ehe er aufsteht, um eine Wolldecke zu holen.

Seit mehr als dreißig Jahren leben die beiden inzwischen in ihrem kleinen Grabenhäusle an der Stadtmauer. Als sich ihnen damals die Chance bot, eines der kleinen Reihenhäuser im Frauengraben zu erstehen, hatten sie zunächst gezögert. Was der Makler bei der ersten Besichtigung beiläufig über die Geschichte der Häuser erzählte, war ihnen – zwei eingefleischten Pazifisten – nicht unbedingt sympathisch gewesen. Die Ursprünge der ehemaligen Söldnerunterkünfte an der Stadtmauer gehen bis ins frühe 17. Jahrhundert zurück. Je länger sie jedoch nach ihrer ersten Begehung darüber redeten, desto mehr erschloss sich ihnen der puppenstubenhafte Charme, den die Häuschen besaßen. Schließlich warfen sie doch alle Bedenken über Bord und griffen zu. Obwohl der Erwerb aufgrund ihrer damaligen finanziellen Situation nicht einfach gewesen war, haben sie den Schritt bis heute nicht bereut. Rückblickend ist die gemeinsame Kaufentscheidung vermutlich eine ihrer wichtigsten gemeinsamen Schritte gewesen. Von der standesamtlichen Eintragung gleichgeschlechtlicher Partnerschaften war die Gesellschaft damals noch Jahrzehnte entfernt. Das Haus zu erwerben, war für die beiden ein klares und eindeutiges Bekenntnis zueinander. Ihre ganz persönliche Geste, sich gegenseitige Treue zu schwören. Ein Schwur, den beide bis heute gehalten haben. Zu jener Zeit, in der noch niemand mit Bestimmtheit sagen konnte, auf welchen Wegen man sich mit AIDS infizierte, war dies gewiss auch eine lebenserhaltende Entscheidung. Während im Freundes- und Bekanntenkreis ringsum Homosexuelle an den Folgen der Immunschwächekrankheit starben, blieben Rüdiger und Holger durch ihr Treuegelöbnis verschont, mussten zugleich aber mit ansehen, wie viele im allernächsten Umfeld eine Ansteckung nicht überlebten.

Natürlich wurden die beiden Männer in der neuen Nachbarschaft zunächst mit Argwohn betrachtet. Zwei ledige Mittdreißiger, angeblich beste Freunde, kauften sich gemeinsam ein Haus. In einer Stadt wie Ulm, von der man in den frühen Achtzigern nicht eben behaupten konnte, dass sie über ein weltoffenes Nachtleben oder gar einen freizügigen Kiez verfügte, war so eine Männerfreundschaft äußerst suspekt. Es kam nicht nur einmal vor, dass ihnen nachts die Blumentöpfe, die sie vor der Haustür platziert hatten, zertrümmert wurden oder dass jemand in ihrem Gärtchen, das auf der anderen Seite des einspurigen Sträßchens zum Haus gehörte, Fäkalien-Präsente hinterlassen hatte. Seitdem sie in eben diesem Gärtchen im Jahr 1990 im Rahmen eines Nachbarschaftsfestes ihr Outing gefeiert haben, gibt es zum Glück nur noch einen ewig gestrigen Nachbarn, der fortan kein Wort mehr mit ihnen gewechselt hat. Die anderen haben ihr offenes Bekenntnis zum Schwulsein mehr oder weniger sachlich zur Kenntnis genommen und akzeptiert und lassen sie sein, wie sie eben sind. Die Bewohner der unmittelbaren Nachbarhäuser links und rechts haben im Herbst des letzten Jahres sogar mit großer Anteilnahme auf Rüdigers Schlaganfall reagiert und das schwule Rentnerpärchen unterstützt, wo immer sie konnten.

»Ich mache mich mal besser auf den Weg. Sonst ist der schönste Spargel schon weg«, sagt Holger, als er mit der Decke wieder nach draußen kommt und sie Rüdiger um die Schultern legt.

»Was?« In der kurzen Zeit von Holgers Abwesenheit scheint er tatsächlich eingenickt zu sein. »Ja, frischer Spargel, darauf freue ich mich. Am besten, du lässt ihn dir gleich schälen.« Mit wehmütigem Blick schaut er auf seine Linke. Bis zum Schlaganfall war er der Küchenchef im Haus gewesen. Dass er wegen der Lähmungserscheinungen seiner Kochleidenschaft nicht mehr nachgehen und keine Menüs mehr zaubern kann, schmerzt ihn von allen Folgeerscheinungen mit am meisten. Wie gerne würde er wie früher eine Sechser- oder Achterrunde – mehr passen nicht an den Tisch ihres kleinen Wohnzimmers – einladen und bekochen.

Wie schön fände er es, sich wieder einmal die Kochschürze umzubinden, um sich am Herd auszutoben. Er atmet tief durch. »Meinst du, sie haben auch schon Erdbeeren?«

»Vermutlich werden sie noch recht teuer sein. Wenn ich welche sehe, bringe ich sie mit.«

»Hm. Wunderbar.«

»Möchtest du draußen sitzen bleiben oder soll ich schon alles nach drinnen bringen, ehe ich losgehe?«

»Lass die Sachen einfach stehen.«

»Sicher?«

»Du sollst mich nicht bemuttern. Ich stelle das Tablett auf den Gehwagen. Schadet ja nicht, wenn ich ein paar Mal hin- und herschieben muss.« Von Satz zu Satz wird sein Ton versöhnlicher. »Entschuldige«, sagt er am Ende. »Bin heute anscheinend etwas seltsam drauf.«

»Schon gut.« Holger beugt sich zu ihm hinunter. Eigentlich würde er ihn jetzt gerne küssen. Er weiß jedoch, dass sein Gefährte das auch in der heutigen, weitaus freizügigeren Zeit auf offener Straße noch immer nicht möchte. Schon gar nicht, wenn er nach dem Frühstück seine stets pingelige Mundhygiene noch nicht hinter sich hat. Deshalb begnügt sich Holger mit einer Umarmung.

»Vergiss nicht, dein Rezept vom Arzt zu holen und zur Apotheke zu gehen. Du wolltest deinen Vorrat an Ampullen aufstocken«, sagt Rüdiger.

»Wer bemuttert hier wen?«, erwidert Holger lachend, verschweigt aber, dass er den Gang zum Arzt und zur Apotheke in der Tat vergessen hätte. Er geht nach drinnen, schwingt sich seinen Daypack auf den Rücken und gibt Rüdiger zum Abschied wenigstens einen flüchtigen Kuss auf die Wange.

Ehe er seine Einkäufe erledigt, biegt er vom Hafenbad links ab in die Bärengasse, um über den Kornhausplatz zu ihrem gemeinsamen Hausarzt in der Engelgasse zu gelangen. Seit mehr als 25 Jahren gibt es für sie keinen Grund, die Praxis zu wechseln. Vor allem in der ersten Zeit nach Rüdigers Schlaganfall wissen sie zu schätzen, dass Michael, mit dem sie längst per Du sind, nach wie vor ohne jede Klage seine Hausbesuche macht. Holger, der sich mit seinem Diabetes ebenfalls bestens von ihm eingestellt fühlt, findet es schade, heute kein Schwätzchen mit ihm halten zu können. Michael ist auch an diesem Morgen außer Haus. Das telefonisch bestellte Rezept liegt allerdings bei Nicole, einer Perle von Arzthelferin mit leicht punkiger Note und losem Mundwerk, bereit.

»Na, wie geht's euch beiden alten Schwuchteln?«, fragt sie, nachdem sie sich versichert hat, dass außer Holger niemand ihren flapsigen Spruch hören kann.

Holger schüttelt lachend den Kopf. Er liebt ihren frechen, für manche sicher gewöhnungsbedürftigen Ton. »So weit, so gut. Danke, Nicole.« Er beugt sich ihr entgegen. »Das Schwuchtelige steht aber aus naheliegenden Gründen im Moment leider ein wenig im Hintergrund.«

»Schlimm?«, fragt sie nun mit aufrichtiger Anteilnahme.

»Na, es ist eben alles, wie es ist. Immerhin gehen wir zwei Hübschen heute Abend zusammen ins Theater.«

»Was?«, erwidert sie entsetzt. »Ich soll mit dir ins Theater? – Das sagst du mir erst jetzt?« Mit einem Mal spiegelt ihre Miene Enttäuschung wider. Sie winkt ab. »Aaach, du meinst mit den zwei Hübschen dich und Rüdiger …«

Erneut bringt sie Holger zum Lachen. »Mit dir ziehe ich dann ein anderes Mal um den Block.«

»Disco?«

»Vielleicht nicht mehr ganz mein Fall. Kino? Kabarett?«

»It's a date!«, erwidert sie mit ernster Miene und richtet fordernd den Zeigefinger auf ihn. Sie reicht ihm das Rezept. »Was wird heute Abend denn gegeben?«

»Ich habe Karten für die Premiere von Così fan tutte ergattert.«

»Klingt nach Tiefgang.«

»Ist eher eine leichte Oper«, erwidert Holger.

Das Telefon klingelt. Sie muss das Gespräch beenden. »Grüß schön und habt Spaß!«

»Danke. Gruß an Michael.«

Die Stühle des Straßencafés am östlichen Münsterplatz liegen bereits in der Sonne. Holger kann es sich nicht verkneifen, einen Espresso zu nehmen. Ein plötzlicher Gedanke lässt ihn jedoch nur kurz verweilen. Schnell kippt er seinen kurzen Kaffee hinunter und legt, ohne darauf zu warten, dass die Bedienung mit ihrem Portemonnaie wieder nach draußen kommt, ein paar Münzen auf den Tisch. Das Münster rechts liegen lassend, erreicht er wenige Minuten später die Stadtbücherei, um dort nach einem Textbuch für die Oper Così fan tutte zu fragen. Rüdiger würde sich gewiss darüber freuen, wenn es ihm gelänge, auf die Schnelle noch eins zu besorgen. Er liebt es, den Text während der Inszenierung vor sich zu haben und mitlesen zu können. Vor allem bei fremdsprachigen Opern. Tatsächlich findet Holger im entsprechenden Regal ein letztes, wenn auch abgegriffenes Exemplar. Nun macht er sich endlich an den Einkauf, stellt bei seinem Lieblings-Italiener eine appetitliche Auswahl Antipasti für die nächsten Tage zusammen, kann wirklich eine Schale teurer Erdbeeren ergattern und schafft es am Ende nicht, seinen Heißhunger auf einen Leberkäs-Wecken in die Schranken zu weisen. Noch vor einem Jahr hätte er sich so eine zusätzliche Zwischenmahlzeit mit Sicherheit verkniffen. Aufgrund von Rüdigers hervorragenden Kochkünsten hatte er vor dessen Schlaganfall viel zu gut im Futter gestanden. Inzwischen sorgt jedoch hauptsächlich er dafür, dass etwas auf den Tisch kommt. Da seine Fähigkeiten im Küchenbereich deutlich geringer sind, hat er, ohne irgendeine Diät einzuhalten, knapp zehn Kilo Körpergewicht verloren und kann sich eine kleine Extraportion problemlos leisten, ohne auf seine Hüftpolster achten zu müssen. Im Blickschatten eines anscheinend für die Ewigkeit dort stehenden Baugerüsts der niemals enden wollenden Münster-Renovierung injiziert er sich die entsprechende Dosis Insulin in die Bauchfalte, um sich dann am entsprechenden Marktstand in die Schlange weiterer Leberkäs-Liebhaber einzureihen.

Während er mit seinem Imbiss weiter über den Markt schlendert, überkommt ihn einmal mehr der Hauch eines schlechten Gewissens. Seit ihrer nahezu zeitgleichen Verrentung haben Rüdiger und er diesen Markt so gut wie immer gemeinsam besucht. Mittwochs wie samstags haben sie ihre Lebensmittel weitgehend hier besorgt. Bis zum Schlaganfall seines Partners sind sie zweimal wöchentlich durch die Stände geschlendert. Trotz Rüdigers Zurückhaltung in der Öffentlichkeit bisweilen sogar Hand in Hand. Ein Blick zur Uhr des bekannten Haushaltswarengeschäfts Abt am Münsterplatz lässt ihn erkennen, dass er bereits deutlich länger unterwegs ist als vorgesehen. Würde ihre Stammapotheke im Hafenbad nicht ohnehin auf dem Nachhauseweg liegen, hätte er aufgrund seines nun eiligen Schrittes glatt vergessen, das Rezept einzulösen und seinen Ampullenvorrat für den Insulin-Pen aufzufrischen.

Die Apothekerin zieht eine der nahezu geräuschlosen Rollenschubladen auf, um sie umgehend wieder zuzuschieben. Das Rezept noch immer in der Hand haltend, dreht sie sich mit bedauernder Miene wieder zu ihm um und kehrt an den Verkaufstresen zurück. »Das tut mir jetzt wirklich leid, Herr Mutschler, die Großpackung habe ich nicht da. Sie ist aber schon bestellt. Der Lieferant scheint im Stau zu stecken. Wollen Sie es woanders versuchen oder können Sie in etwa einer Stunde noch einmal vorbeischauen?«

»Kein Problem«, erwidert er lächelnd. »Mein Vorrat reicht eigentlich noch für mehrere Tage. Wenn Sie mir eine Packung zurücklegen, hole ich sie bei Gelegenheit ab. Kann auch morgen oder übermorgen werden.«

»Ganz wie Sie wünschen, Herr Mutschler. – Ist es zu indiskret, wenn ich Sie nach Ihrem Lebensgefährten frage?«

Natürlich weiß auch die Apothekerin über Rüdigers Schlaganfall Bescheid und sie hat auch seinen Genesungsprozess und die Fortschritte während der Reha mitbekommen.

»Nein, schon in Ordnung. Wir sind ja froh, wenn sich jemand kümmert. So weit geht's ihm ganz gut. Er ist halt schrecklich ungeduldig. – Gerade heute wieder.«

»Das überrascht mich. Vor ein paar Tagen habe ich Sie beide doch gesehen und habe gestaunt, dass er den Rollator kaum noch zu brauchen scheint.«

Er wiegt den Kopf. »Das hängt durchaus von seiner Tagesform ab. Und Sie kennen ihn ja – er hadert eben damit, dass es nicht schneller vorangeht. Vor allem macht ihm auch die noch immer eingeschränkte Funktion seiner Linken zu schaffen.«

»Na, dann grüßen Sie ihn mal schön, Herr Mutschler. Spätestens ab 15.00 Uhr liegen Ihre Ampullen für Sie bereit. Schönen Tag noch.«

Von überfallartig aufkommender Unruhe getrieben, beschleunigt Holger während der letzten Hundert Meter seines Heimwegs den Schritt. Bereits auf der Treppe, die zur einspurigen Seitengasse des Frauengrabens hinaufführt, sieht er, dass Rüdiger die Haustür nicht geschlossen hat. Sie steht sperrangelweit offen. Auf dem Tisch im kleinen Gärtchen gegenüber steht noch immer das Frühstücksgeschirr, die ersten Wespen des Jahres haben schon die Essensreste auf den Tellern für sich entdeckt. Ist Rüdiger etwa erst vor wenigen Augenblicken nach drinnen gegangen? Hat er bis gerade eben noch draußen in der Sonne gesessen? Dann hätte er es erstaunlich lange auf dem Sitzplatz ausgehalten. Immerhin ist Holger aufgrund seiner kleinen Umwege und Extrabesorgungen annähernd drei Stunden unterwegs gewesen.

Mit Betreten des Hauses lässt er den Rucksack von den Schultern gleiten und stellt ihn im Eingangsbereich auf den Boden. »Rüdiger?« Er erhält keine Antwort, geht ins gemeinsame Schlafzimmer. Ruft erneut. Schließlich entdeckt er seinen Lebensgefährten auf dem Fußboden des Badezimmers liegend. In nahezu identischer Haltung, wie er ihn im vergangenen Oktober auf dem Wohnzimmerboden gefunden hat. Der linke Arm ist unter seinem Bauch eingeklemmt, der rechte Arm über dem Kopf nach oben gereckt, das rechte Bein im Knie leicht angewinkelt, das linke spitzfüßig langgestreckt. Der dunkle Fleck im Schritt weist darauf hin, dass er sich eingenässt hat. Holger ist augenblicklich klar, dass sein Partner einen weiteren Schlaganfall erlitten hat. So reglos, wie er daliegt, fürchtet er sogar, dass er ihn bereits ganz verloren hat. Hilflos kniet er neben ihm nieder, legt den Arm um seine Schultern. »Rüdiger?« Vorsichtig versucht er, ihn auf den Rücken zu drehen. Der Gesichtsausdruck seines Partners spiegelt hilflose Verzweiflung wider. Angst. Panische Angst.

Holger tastet in seiner Westentasche nach seinem Smartphone. »Ich rufe den Notarzt. Sorg' dich nicht. Wir schaffen das auch ein zweites Mal.«

Rüdiger sagt nichts. Sein Sprachzentrum scheint abermals komplett ausgefallen zu sein. Sein Blick jedoch ist eindeutig. Rüdiger kommuniziert über die Augen mit Holger. Und diese Augen sagen ihm, dass Rüdiger keine Kraft mehr hat, noch einmal zu kämpfen. Seine Augen sagen, dass er nicht mehr will. Seine Augen teilen Holger mit, dass er das Versprechen, das sie einander schon vor Jahren gegeben haben, an diesem Tag einzulösen hat.

Damals, als sie aufgrund ihrer zwar nicht lotterhaft ausschweifenden, aber dennoch promisken Lebensweise AIDS noch als eine Art Damoklesschwert über sich empfanden, hatten sie einander einhellig geschworen, den jeweiligen Partner niemals leiden zu lassen. Mit großer Ernsthaftigkeit hatten sie sich zu jener Zeit versprochen, dem anderen beim Sterben zu helfen. Koste es, was es wolle. Selbst wenn sie dafür ins Gefängnis müssten, wollten sie den dahinsiechenden Geliebten erlösen, sobald dieser es wünschte.

Und nun ist dieser Zeitpunkt – nachdem ihnen durch AIDS schon längst keine Gefahr mehr droht – doch noch gekommen. Rüdigers Blick ist eindeutig, er fordert von ihm die Einhaltung des Versprechens ein. Holger sinkt über ihm nieder, schluchzt, küsst ihn, herzt ihn und nickt. Sagen tut er nichts. Wenn Rüdiger nicht reden kann, will auch er nicht reden, will auch er nur über die Augen kommunizieren. Er nickt noch einmal, drückt des Partners Hand, erhebt sich, um aus dem Kühlschrank die Insulin-Ampullen zu holen. Er weiß, dass im angebrochenen Karton noch zwei volle

Ampullen sein müssen. Rüdigers rührende Sorge, aufgrund derer er bereits heute zum Arzt gehen sollte, um das Rezept zu holen, ist wie immer verfrüht gewesen. Oder hat er vorausgesehen, dass ihn in absehbarer Zeit ein weiterer Anfall ereilen könnte? Hat er es gewusst, noch ehe sein Gefährte zum Markt aufgebrochen ist?

Sie hatten sich schon frühzeitig nach Methoden erkundigt, wie sie einander in den Tod helfen könnten. Mit dem Kissen Ersticken gehörte zu einer der in die engere Auswahl gekommenen Formen. Erst, als sie sich nach Holgers Diabetes-Diagnose mit den Folgen von Insulinmangel und dem Thema Unterzuckerung beschäftigten, haben sie sich darauf festgelegt, dass sie sich mithilfe seiner Insulin-Ampullen umbringen würden.

Holger prüft den Spiegel der im Insulin-Pen befindlichen Ampulle. Für heute hätte die vorhandene Menge noch gereicht. Sie reicht jedoch nicht, um jemanden umzubringen. Er nimmt das beinahe leere Glasröhrchen heraus und bestückt den Pen mit einer neuen Ampulle. Nach einem tiefen Atemzug sieht er seinen Geliebten noch einmal eindringlich an und ist sicher, dass Rüdiger versteht, was nun kommen wird. Rüdigers Blick bestätigt erneut den festen Willen zu sterben. Mit Tränen in den Augen zieht Holger das Hemd des Gefährten aus dem Hosenbund. Zwischen Daumen und Zeigefinger formt er eine Bauchfalte, sticht so sanft wie nur möglich zu und verabreicht Rüdiger den Inhalt der ganzen Ampulle. Um sicherzugehen, dass er nicht nur ins Koma fällt, um dann, gefangen in einem noch immer lebensfähigen Körper, mit fortgeschrittener Hirnschädigung weiterleben zu müssen, entscheidet er sich, ihm auch noch eine zweite, seine letzte Ampulle zu verabreichen. Dann schmiegt er sich auf dem kalten Badezimmerboden an ihn, legt behutsam seinen

Arm um ihn und weint. Ganz leise. Um ihn nicht zu stören. Wie gerne würde er ihm sagen, dass er ihn über alle Maßen liebt und wie sehr er ihn vermissen wird. Aus Sorge, er könnte den sprachlosen Rüdiger mit seiner eigenen Fähigkeit zu reden, verletzen, lässt er es bleiben, lässt allein seine Umarmung und sein zärtliches Streicheln sprechen. Er ist sicher, dass sein Partner ihn verstehen wird. In Gedanken erzählt er ihm, dass er sich nicht sorgen muss, schmutzig gefunden zu werden. Er wird ihn waschen, ihn neu ankleiden, ihn schön sein lassen. Ja, er wird ihm den Anzug anziehen, mit dem er heute Abend zur Oper gegangen wäre. Und er würde so schön und elegant und stattlich aussehen wie eh und je. Sein Rüdiger. Versprochen. Ganz ohne Worte.

Nach einer gefühlten Ewigkeit, die begleitet war von der ständigen Furcht, Rüdiger könnte vielleicht Krämpfe bekommen oder deutlich erkennbar leiden, tastet er vorsichtig nach dem Puls und stellt tieftraurig fest, dass er ihn nicht finden kann. Erst jetzt lässt er seinem Bedürfnis, hemmungslos zu schluchzen, freien Lauf. Erst jetzt wagt er wieder zu reden, wehklagt darüber, dass er nicht weiß, wie er ohne den Geliebten weiterleben soll.

Mit einem Mal hält er inne. Sie hatten sich noch mehr versprochen. Zum Beispiel, dass sie den Tod des Partners würdig begehen würden. Sie hatten einander ihr Wort gegeben, dass sie den Tod des anderen zelebrieren wollten. Holger nickt, erhebt sich langsam vom Boden. Mit kaltem Wasser wäscht er sich überm Becken das Gesicht, atmet tief durch, um Kraft für die schwere Aufgabe zu schöpfen. Dann beginnt er, den leblosen Körper seines geliebten Partners auf dem Boden des Badezimmers zu entkleiden. Während er ihn behutsam hin und her wendet, legt er ihm eine Decke unter, damit er nicht auf den kalten Fliesen liegen muss. Er wäscht ihn, rasiert ihn mit größter Sorgfalt und kämmt ihm auch die frisch gewaschenen Haare. Zwei Stunden später trägt er ihn hinüber ins Schlafzimmer, legt ihn aufs Bett und zieht ihm den Anzug an, den er heute Abend zur Oper getragen hätte.

»Was bist du doch immer noch für ein schöner Kerl«, sagt Holger leise. Er fühlt sich benommen. Er blickt auf den Wecker. Kurz vor fünf Uhr. Er hat seit Stunden nichts mehr zu sich genommen. Routinemäßig zieht er die Schublade auf, in der für den Notfall immer ein paar Riegel Traubenzucker liegen. Ehe er die Cellophanverpackung aufreißt, hält er inne. Soll er sich einfach zu ihm legen und warten, dass er unterzuckert und …? Nein, das ist viel zu unsicher. Er steckt sich den Traubenzucker in den Mund, fühlt sich fahrig. Versucht, eine Entscheidung zu treffen. Zunächst räumt er das Badezimmer auf, wirft Rüdigers Kleidungsstücke in die Waschmaschine, macht sich frisch. Allmählich fühlt er sich wieder ruhiger. Plötzlich ist ihm klar, was er zu tun hat. Er wird sich würdig von Rüdiger verabschieden, er wird in die Oper gehen, als wäre sein Partner an seiner Seite. Zuvor jedoch will, nein, muss er noch etwas besorgen.

Als er wieder zu Hause ist, sieht er zunächst wieder nach seinem Partner. Die seltsame Hoffnung, er würde doch noch am Leben sein, stellt sich als Hirngespinst heraus. In aller Ruhe macht Holger sich fertig, zieht seinen Anzug an, holt das Textheft aus seinem noch immer im Eingang stehenden Rucksack, überlegt, ob er trotz der kurzen Entfernung ein Taxi bestellen soll. Nein, gerade Rüdiger hätte sicher den Ehrgeiz gehabt, zu Fuß zu gehen. Um Begegnungen mit näheren oder entfernteren Bekannten zu vermeiden, versucht Holger, möglichst auf die Minute genau im Theater zu sein. Kaum hat er seinen Platz eingenommen, wird es auch schon dunkel. Während der Pause bleibt er allein im Theatersaal sitzen. Nach etwa dreistündiger Spieldauer erhebt er sich dagegen als einer der Ersten, um so schnell und unauffällig wie möglich zu verschwinden.

Schwermütig schließt er die Haustür auf. Ehe er sich neben seinen toten Gefährten aufs Bett legt, versorgt er noch den Einkauf. Als würde er ihn am nächsten Tag tatsächlich noch zubereiten, wickelt er den Spargel in ein feuchtes Geschirrtuch und verstaut ihn im Kühlschrank. Er wäscht die Erdbeeren, lässt das Wasser abtropfen und stellt sie in einer passenden Obstschale auf ein Tablett. Daneben platziert er den edlen schottischen Whisky, den er auf seiner spätnachmittäglichen Einkaufstour geholt hat, und zwei Gläser. Schließlich nimmt er zwei Insulinampullen aus der Packung, die wie versprochen in der Apotheke zur Abholung bereitgelegen hatte, und trägt das Tablett ins Schlafzimmer. Als würde er einen der ungezählten romantischen Abende mit Rüdiger verbringen, zündet er alle verfügbaren Kerzen an. Er schenkt ihm zwei Fingerbreit Whisky ins Glas und stellt es auf das Nachttischchen. Sein eigenes Glas füllt er großzügig bis zum Rand. Noch immer komplett in Abendgarderobe – er behält sogar die Schuhe an –, setzt er sich auf seiner Seite aufs Bett und trinkt das Glas in einem Zug leer. Im Gegensatz zu Rüdiger, der sich vor seinem Schlaganfall durchaus gerne den einen oder anderen edlen Schluck schottischen Lebenswassers gegönnt hat, ist Holger aufgrund seiner Abstinenz, die er seit der Diabetesdiagnose streng eingehalten hat, keinen Alkohol mehr gewohnt. Er schnappt nach Luft. Weder den Geschmack noch das Brennen in der Kehle und im Magen empfindet er als angenehm. Aber da muss er jetzt durch. Ehe die Wirkung des Alkohols einsetzen kann, gießt er sich gleich ein zweites Glas voll. Und ein drittes. Routiniert legt er eine frische Ampulle in seinen Insulin-Pen. Während er das vierte Glas hinunterkippt, verabreicht er sich den kompletten Inhalt der Ampulle. Inzwischen spürt er den Alkohol. Jetzt bloß keinen Fehler machen. Er muss sich zusammenreißen. Den nächsten Ampullenwechsel bewältigt er vermutlich nur aufgrund der jahrelangen Routine. Doch dann rutscht ihm der Pen aus den Fingern. Es dauert gefühlte Ewigkeiten, bis er ihn zwischen den Bettdecken findet. Noch einmal Konzentration. Er verabreicht sich eine zweite Ampulle, reckt sich ein letztes Mal nach der Flasche, gießt sein Glas so voll, dass es überläuft. Trotz seines Ärgers darüber, dass er sich bekleckert hat, weiß er noch immer, was jetzt wichtig ist: Er muss es leer trinken. Nein, der Whisky schmeckt ihm nicht. Aber – so hat er sich sagen lassen – eine Flasche Hochprozentiges und eine ordentliche Überdosis Insulin sollten bei einem Diabetespatienten genügen, um aus dem Leben zu scheiden. Er versucht, das leere Glas auf das Tischchen neben dem Bett zu stellen. Es rutscht von der Kante und landet auf dem Holzfußboden, ohne zu Bruch zu gehen. Mit Mühe rückt er seinen bleiernen Körper Zentimeter um Zentimeter in eine liegende Position. Dass er dabei die Bettdecke in dicken Falten nach unten schiebt, nimmt er nicht mehr wahr. Auch sein Kissen liegt längst nicht so schön und perfekt unter seinem Kopf wie Rüdigers Kissen unter dessen Kopf.

Als die beiden von den unmittelbaren Nachbarn, die einfach wieder mal Hallo sagen wollen, einen Tag später gefunden werden, sind das leere Glas auf dem Boden und das zerwühlte Bettzeug die einzigen Makel in dem sonst friedvoll erscheinenden Gesamtbild eines einvernehmlichen Todes.

FEHLVERSUCH

Aufgrund von Lebensüberdruss
kauft im Baumarkt sich ein Mann,
auf dass er endlich mache Schluss,
ein Seil, an dem er hängen kann.

Damit er seine Tat vollstrecke,
hängt an den Haken er den Strick,
um bald zu baumeln von der Decke.
Schon liegt die Schlaufe ums Genick.

Zur Seite stößt er nun die Leiter,
das Seil strafft sich unterm Gewicht.
Das Leben geht nach Aufprall weiter,
weil jener Haken nämlich bricht.

10 – KOLLATERALSCHADEN

Noch immer unentschlossen, kniet Sabrina Kirsamer vor dem Lavendel nieder, den sie vor zwei Jahren neben dem Gartenschuppen gepflanzt hat. Dass er sich im rauen Klima der Alb so prächtig entwickeln würde, hat sie nicht erwartet. Auch wenn sie ihn auf Empfehlung des Gartenmarktmitarbeiters in eine geschützte Ecke des Gartens gesetzt hat. Sanft streicht sie über die Blüten, führt die Hand unter die Nase und atmet genüsslich den Duft ein, der sich schon mit dieser einen Berührung so intensiv auf ihre Haut übertragen hat. Zugleich hat sie die vorhersehbare Reaktion ihres Mannes vor Augen, wenn er heute Nachmittag am Ende seiner fünftägigen Vertreterreise zurückkommt und sieht, dass sie es entgegen ihrer Ankündigung noch immer nicht übers Herz gebracht hat, den Lavendel wieder aus dem Garten zu entfernen: Er wird mit großer Sicherheit einen seiner cholerischen Anfälle kriegen. Im Gegensatz zu ihr mag Konrad weder den süßlichen Geruch noch die wunderbare Farbe leiden. Solange das Wetter noch kühl gewesen ist und man abends noch nicht hat draußen sitzen können, ist es ihm nicht so wichtig gewesen. Nun hat sich das Wetter jedoch längst zum Besseren entwickelt und Sabrina hat Konrad schon im Frühjahr versprechen müssen, das ›Stinkekraut‹, wie er es grundsätzlich nennt, aus dem Garten zu entfernen. Missmutig nimmt sie die Schere aus dem Korb mit dem Gartenwerkzeug, um seinem Wunsch, oder besser seiner Anordnung, nachzukommen. »Tut mir leid. Auch für euch«, sagt sie leise zu den Hummeln und Bienen, die in der Mittagssonne von Blüte zu Blüte schweben. Sie stellt sich den Geschmack des Honigs vor, der daraus entstehen wird. Zu gerne würde sie den Bienen folgen, um ihn direkt aus dem Stock zu plündern. Aber vermutlich ist es sinnvoller, ihren Stammimker auf dem Ulmer Münstermarkt zu fragen, ob er ihr vielleicht Lavendelhonig besorgen könnte. Dass er selbst welchen hätte, ist ihr bislang nicht aufgefallen.

Sie schließt die Augen, inhaliert noch einmal das süßliche Aroma, um dann die Schere knapp über dem Boden zum Schnitt anzusetzen. Als das Summen der Bienen und Hummeln vom klingelnden Telefon übertönt wird, hält sie jedoch inne. Wenn das Schicksal dermaßen pünktlich mit dem Zaunpfahl winkt, kann sie den Lavendel nicht herunterschneiden. Sie interpretiert die Störung als Zeichen, steht hastig auf und eilt über den frisch getrimmten Rasen ins Haus, um dem Anrufbeantworter zuvorzukommen. Wie oft hat sie Konrad schon gebeten, die Zeit bis zum Anspringen der Ansage zu verlängern.

»Kirsamer, hallo?«, meldet sie sich, ohne zuvor das Display zu checken.

»Ich bin's«, antwortet Konrad knapp. »Bin gegen zwei zu Hause. Gibt's dann was zu essen?«

Sabrina wirft einen Blick auf ihre Uhr. »Wenn du heute zweimal etwas Warmes haben möchtest, kann ich noch was machen, ja.«

»Wieso zweimal was Warmes?«

»Weil wir heute Abend bei den Mangolds eingeladen sind? Zum Angrillen?« Typisch – seine geschäftlichen Termine hat er immer alle auf dem Bildschirm. Bei privaten Anlässen, vor allem bei denen, die auch mit ihr zu tun haben, tendiert er zu einer fast hundertprozentigen Vergesslichkeit. Sabrina beißt sich auf die Lippe. Wieso hat sie ihn an das Treffen erinnert? Wo sie doch selbst nicht die geringste Lust auf die Fleischorgie verspürt, zur der Konrads alter Schulfreund in seinen Garten eingeladen hat. Mit dem urzeitlich anmutenden Grillgehabe der Männer hat sie noch nie etwas anfangen können. Hätte sie mal lieber den Mund gehalten. Dann hätte sich Konrad zwar am Abend darüber aufgeregt, dass sie ihn nicht an die mit Begeisterung angenommene Einladung erinnert hat, aber sie hätte nicht mehr mit hingemusst.

»Ach ja, super. Hab ich vollkommen verdrängt. Hast du Fleisch besorgt?«

»Nein, das wolltest du …«

»Sag mal, geht's noch? Du hockst die ganze Woche zu Hause rum und ich soll dann am Freitag nach einer anstrengenden Tour den Einkauf erledigen?«

Sabrina versucht, ruhig zu bleiben. Sie findet schon lange keinen Sinn mehr dahinter, sich mit Konrad anzulegen. Obwohl er seinem Freund am Telefon groß erzählt hatte, dass er sein Grillfleisch grundsätzlich bei einem ganz bestimmten Metzger in Ulm kaufen würde, weil der das ›beste Lamm unter unserem Himmel‹ hätte. »Dann fahr ich eben noch mal runter in die Stadt zur Metzgerei Burger«, sagt sie, obwohl er auf dem Nachhauseweg in Richtung Jungingen nur wenige Hundert Meter entfernt daran vorbeifahren wird.

»Natürlich holst du das beim Burger. Wo denn sonst? Der hat schließlich das beste Lamm unter unserem Himmel. Was anderes brauchst du gar nicht zu bringen.«

»Wann bist du da?«

»Sag ich doch grade: Gegen zwei. Kann auch drei werden.«

»Dann ruf ich wohl besser dort an, um vorzubestellen. Kann ich nachher das Auto nehmen oder brauchst du es noch?«

»Wenn du meine Musterkoffer und die Dreckswäsche ausräumst. Ich will noch 'ne Stunde aufs Rad. Brauch Bewegung. Bin total verspannt und steif in allen Gelenken. Immer diese scheiß Sitzerei während der ganzen Woche.«

Sabrina schüttelt den Kopf. Nun soll sie ihm auch noch sein Auto ausräumen. »Ich kann doch auch mit den Sachen im Wagen schnell in die Stadt runter …«

»Du fährst mir nicht mit allen Mustern durch die Gegend. Wenn dir das bisschen Ausräumen zu viel ist, kannst du auch den Bus nehmen«, erwidert er scharf.

»Schon gut. Bis nachher.«

»Halt! Moment!«, ruft er, ehe sie das Gespräch wegdrücken kann. »Bin von 'ner Biene gestochen worden. Hab den letzten Shot vom Notfallkit benutzt. Ruf noch beim Arzt an, dass er ein Rezept ausstellen soll. Dann kannst du da noch schnell vorbei und auf dem Rückweg noch zur Apotheke.«

»Ja, okay.«

»Na bitte, geht doch.« Er beendet das Gespräch, ohne sich zu verabschieden.

Sabrina lässt langsam den Hörer sinken. Erst jetzt merkt sie, dass ihr Tränen über die Wangen fließen. Mit dem freien Handrücken wischt sie sich übers Gesicht. Erneut schaut sie auf die Uhr. Noch zwei, maximal drei Stunden, bis er zu Hause ankommt. Sie stellt den Hörer in die Ladestation. Noch immer am Schreibtisch stehend, blickt sie hinaus in den Garten. Der Lavendel. Wenn Konrad sieht, dass sie ihn hat stehen lassen, wird er mit Sicherheit ebenso barsch reagieren wie gerade am Telefon. Er kann nicht anders. So ist er eben. Inzwischen weiß sie das. Anfangs wollte sie es nicht wahrhaben. Sie hatte geglaubt, sie würde Einfluss nehmen können, ihn im Laufe ihres Zusammenlebens sanfter werden lassen, damit er wenigstens ihr gegenüber nicht mehr so grob sein würde. Sie war davon ausgegangen, ihm nur ein wenig dabei helfen zu müssen, sich von seinen Minderwertigkeitskomplexen zu befreien, und schon würde alles gut. Diese Hoffnung hat sie inzwischen aufgegeben. Man muss die Menschen nehmen, wie sie sind, oder sich von ihnen lösen. Umerziehen geht nicht. Jedenfalls ist es ihr im Falle ihres Mannes in zehn Jahren nicht gelungen. Dafür kennt sie ihn mittlerweile so genau, dass sie immer weiß, was auf sie zukommt, sobald sie seine machohaften Erwartungen einmal ignoriert. Er unterstellt ihr dann immer Respektlosigkeit. Und wenn man ihm nicht den nötigen Respekt entgegenbringt, rasselt seine Stimmung in den Kältekeller und mündet in einen cholerischen Anfall.

Ist sie heute stark genug, einen solchen Anfall zu ertragen? Oder soll sie lieber dem Weg des geringsten Widerstands folgen und alles ohne Widerworte akzeptieren? Das hieße, sie müsste jetzt in den Garten gehen, um endlich den Lavendel zu entfernen. Den Lavendel, der nach ihrem Empfinden so gut riecht, den sie so schön findet. In dem sich die Bienen und Hummeln tummeln. Oder soll sie einfach mal die Konsequenzen tragen, die sich aus der Verweigerung ergeben werden? Oder soll sie gar …? Sie schüttelt den Kopf, als wollte sie den Gedanken wieder loswerden. Nein, so etwas möchte sie gar nicht denken. Es ist absurd.

Die verscheuchte Idee kehrt jedoch hartnäckig zurück, nistet sich ein, lässt nicht locker, setzt sich fest. Vielleicht ist der Gedanke gar nicht so abwegig und zumindest eine Recherche wert? Sie klappt den Deckel des Laptops hoch.

Wahrscheinlich genügen ein paar Klicks durch die Wikipedia, um die Sache als undurchführbar abzuhaken. Oder eben …

Obwohl sie aufgrund der Bienen- und Wespenallergie ihres Mannes durchaus einiges über diese Insektenarten weiß, ist sie bei gründlicher Beschäftigung mit der Materie durchaus überrascht, was man sich so auf die Schnelle an Spezialwissen aneignen kann. Dass sich Bienen den Stechapparat komplett aus dem Hinterleib reißen, wenn sie ihren Stachel gegen Säugetiere einsetzen, hat sie schon vorher gewusst. Dass dieses kleine Organ jedoch fähig ist, selbstständig weiterzupumpen, ist ihr neu. Äußerst interessiert liest sie den Abschnitt über den Temperaturbereich, in dem Bienenvölker aktiv sind, und über ihre Fähigkeit, innerhalb des Bienenstocks Einfluss auf die Temperatur nehmen zu können.

Beim Lesen des Aufsatzes über anaphylaktische Schocks bei Allergikern erfährt sie kaum Neues. Einerseits assoziativ, andererseits sehr zielorientiert klickt sie sich durchs Internet und findet sich bei ihrer Suche auf den Seiten eines Internetshops für Haushaltsgeräte wieder, um die idealen Temperaturen von Kühlgeräten zu recherchieren. Das Modell, das sie in ihrer Küche stehen hat, hält die Lebensmittel im Bereich 6° bis 8° frisch. Das entspricht ziemlich genau der Temperatur, bei der sich Bienen in eine Art Kälteschlaf versetzen. Im Zusammenhang mit ihrer Ausgangsidee kann es kein Zufall sein, dass sie diese verblüffende Entsprechung so schnell im Netz gefunden hat. Sie klappt den Laptop zu, ohne ihn herunterzufahren – womöglich braucht sie später noch schnell die eine oder andere zusätzliche Information. Und viel Zeit bleibt ihr nicht mehr, bis Konrad hier ist. Den Blick auf ihren Lavendel gerichtet, bleibt sie noch ein paar Momente sitzen. Sich wundernd, dass sie tatsächlich nicht weiß, wie sie sich entscheiden wird, schüttelt sie lächelnd den Kopf. Ja oder nein? Plötzlich signalisiert ihr Gehirn ein entschiedenes Nein auf die erste Frage. Sie wird den Lavendel nicht aus ihrem Garten entfernen. Nahezu zeitgleich ist auch die Entscheidung hinsichtlich der zweiten Frage getroffen: Ja, ohne Wenn und Aber. Sie will es wenigstens versuchen. Ob es klappen wird, lässt sich nicht vorhersehen.

Nachdem sie den Entschluss gefasst hat, holt sie aus der Küche ein Vesperbrett und borgt sich eines der Weizenbiergläser, die Konrad bei jeder sich bietenden Gelegenheit zu klauen pflegt. Im Laufe der Jahre ist eine stattliche Sammlung zusammengekommen, die Sabrina regelmäßig säubern muss, damit sie in der Vitrine zur Geltung kommt. Wüsste Konrad von der geplanten Zweckentfremdung, wäre der nächste cholerische Ausbruch fällig. Da Weizengläser jedoch aufgrund ihrer Höhe und ihres Fassungsvermögens für Sabrinas Vorhaben bestens geeignet sind, bittet sie ihren Mann voller Ironie stillschweigend um Verständnis. Es dauert in der Tat nur wenige Minuten, bis sie mithilfe von Glas und Brett an die zwanzig Bienen vom Lavendel abgesammelt hat. »Sorry, meine Lieben. Aber ich brauche eure Hilfe«, sagt sie leise und trägt den im Weizenglas summenden und brummenden Fang in die Küche, um die kleinen Sammlerinnen im Kühlschrank in den Kälteschlaf zu versetzen. Sofern sie den Wikipedia-Artikel richtig verstanden hat und die digitale Anzeige der neuen Gefrier- und Kühlkombination einigermaßen exakt ist, dürften die Bienen den gewünschten Zustand in etwa einer halben Stunde erreicht haben. Damit Konrad keinen Verdacht schöpft, falls er zufällig etwas aus dem Kühlschrank holt, rückt Sabrina ihre Versuchsanordnung auf der untersten Ablage in die hinterste Ecke und stellt zur Tarnung sämtliche Milchvorräte davor. Sie schließt den Kühlschrank, lehnt sich für einen Moment mit dem Rücken an die Tür, macht sie, um einen prüfenden Blick hineinzuwerfen, noch einmal auf. Alles bestens. Sofern Konrad im Laufe der vergangenen Woche nicht eine völlig neue Vorliebe für Milch entwickelt hat, geht die Gefahr, dass er die Bienen im umgekehrten Weizenbierglas entdeckt, gegen null.

Während der verbleibenden Zeit spielt Sabrina die treusorgende Hausfrau. Sie legt ihm im Badezimmer eine gepolsterte Radlerhose und ein passendes Trikot zurecht, füllt zwei Trinkflaschen mit Elektrolyt-Getränken und arrangiert im Flur beinahe liebevoll die komplette Ausrüstung, die Konrad für seine Radtour nutzen wird. Den Helm, die verspiegelte Sonnenbrille, die sie höchst peinlich findet. Die fingerlosen Handschuhe und seine Fahrradschuhe, die sie eigentlich hasst, weil er sie so gut wie nie gleich an der Haustür auszieht und trotz ihrer Mahnungen, er würde damit den Fußboden verkratzen, mit den harten Kunststoffsohlen übers Parkett klackt. Um das positive Gesamtbild ihres Arrangements zu komplettieren, lässt sie sich heute sogar dazu hinreißen, die von der letzten Regentour verdreckten Dinger zu putzen. Obwohl er auch das mit großer Sicherheit nicht würdigen wird. Zu guter Letzt holt sie die kleine Lenkertasche und das noch kleinere Werkzeugtäschchen für die Sattelstütze aus der Garage, um Konrad einerseits mit ein paar Powerriegeln und andererseits mit den anfangs eher unterkühlten Begleiterinnen zu überraschen.

Nach einem weiteren Kontrollblick hinter die Milchkartons glaubt Sabrina, dass sie ihrem spontanen Plan weiterhin folgen sollte. Gegen 14.00 Uhr fällt ihr siedend heiß ein, dass sie die Anrufe vergessen hat. Wie kann sie sich nur so eine Schusseligkeit leisten. Sie eilt zum Telefon und vermeidet es, auf dem Weg einen Blick in den Flurspiegel zu werfen. Sie kennt ihre Schwachstellen. Käme Konrad jetzt nach Hause, würde er am Rötungsgrad ihres Dekolletés ablesen können, dass etwas im Busch ist. Seit ihrer Kindheit empfindet es Sabrina nicht nur als peinlich, dass man bei ihr jede Form von Aufregung, Ärger oder Wut an den roten Flecken am Dekolleté ablesen kann. Sie ist sich auch der entlarvenden Funktion dieser Rötung bewusst.

Hoffentlich ist der Arzt noch da. Freitagnachmittags macht er häufig Hausbesuche und kehrt anschließend meist nicht mehr in die Praxis zurück, um noch Unterschriften leisten zu können. Sabrina hat Glück, sie kann das Rezept für Konrads Notfallkit bis 16.00 Uhr abholen. Auch mit ihrem Anruf wegen des Lammfleischs hat sie Erfolg. Die klischeehaft korpulente Metzgerfrau gratuliert ihr nahezu überschwänglich zu den letzten Portionen, die sie noch für sie hätte. »Da haben Sie jetzt aber wirklich ein Heidenglück. Das Grillfleisch läuft bei so einem tollen Wetter wie heute wie warme Weckle.«

Sabrina lacht. »Wie warme Weckle – das ist gut«, sagt sie. Die Metzgerfrau scheint jedoch nicht zu verstehen, was an ihrem Weckle-Vergleich komisch sein könnte. »Ganz herzlichen Dank, Frau Burger. Ich komme zwischen vier und fünf vorbei.«

»Ich reservier's Ihnen bis sechs. Falls Ihnen doch was dazwischenkommen sollte, krieg ich das Lamm auch dann noch verkauft.«

Sabrina stellt das Telefon zurück. Was nun? Sie schaut hinaus auf den Lavendel. Vielleicht sollte sie, um den Schein zu wahren und um keinen unnötigen Krach zu provozieren, einfach so tun als ob.

Als sie wenige Minuten später hört, wie Konrad den Wagen vor die Garage fährt, kniet sie zum Schein mit der

Schere in der Hand vor dem Lavendel nieder und mimt die Beschäftigte. Als hätte sie das Knirschen der Räder auf der Kieseinfahrt nicht gehört.

»Sabrina?«, hört sie ihn rufen. »Hallo! Ich bin da!«

Sie steht auf, wendet sich zum Haus. »Ich bin im Garten!«

Er tritt durch den Wintergarten nach draußen. »So schön will ich es auch mal haben!«, ruft er ihr entgegen. Er kann einfach nicht anders.

Die Gartenschere noch immer in ihrer Rechten, geht sie ihm entgegen.

»Was wird das? Willst du mich umbringen?«

Wie wenig würde sie diese Art von Humor missen. »Ich könnte ja behaupten, ich hätte dich für einen Einbrecher gehalten.«

Er schüttelt den Kopf. »So lange war ich dann auch wieder nicht weg, dass dir das ein Richter abkaufen würde«, erwidert er, als könnte sie es ernst gemeint haben. Weil es sich in seiner Welt so gehört: wenn der Mann nach Hause kommt, nimmt er sie in die Arme. Er stößt sie jedoch sofort wieder von sich. »Ach, Mensch, Sabrina«, klagt er beleidigt. »Du stinkst ja schon wieder nach dem verdammten Mistzeug.«

»Tut mir leid. Ich wollte ihn gerade herunterschneiden. Hab gedacht, ich würde es noch schaffen, bevor du da bist. Dafür habe ich dir schon die Fahrradsachen hingelegt. Willst du nach deiner anstrengenden Woche tatsächlich noch los?«

»Ja, klar will ich noch los. Das brauch ich jetzt. Hab echt das Gefühl, dass ich einroste.«

»Bist du sicher? Ohne Notfallkit?«

Er schaut sie entgeistert an. »Hast du das noch nicht geholt?«

»Nein, du hast am Telefon selbst gesagt, ich soll es auf dem Weg zum Metzger …«

»Du spinnst wohl. Gar nichts hab ich gesagt. Dann fahr ich eben ohne. Wenn ich wegen eines Wespenstichs draufgehe, bist du schuld.« Er wendet sich ab, stapft zum Wintergarten und verschwindet im Haus.

Sabrina wartet, bis sie die Badezimmertür hört. Dann eilt sie in die Küche, holt das Weizenbierglas aus dem Kühlschrank und verteilt die reglosen Bienen jeweils zur Hälfte in die Lenkertasche und das Täschchen fürs Werkzeug. Sie hofft, dass sich die armen von ihr missbrauchten Tierchen bei den herrschenden sommerlichen Temperaturen bald wieder erholen, und achtet darauf, beide Reißverschlüsse bis zum Ende zu schließen. Sie lauscht nach oben. Konrad scheint noch immer im Badezimmer zugange zu sein. Sie huscht in die Garage, klickt die Taschen an die entsprechenden Halterungen und wartet im Flur auf ihren Mann. Sie hat vergessen, das Weizenbierglas zurück in die Vitrine zu stellen. Es steht noch auf der Anrichte.

»Das mit dem Notfallkit tut mir leid«, entschuldigt sie sich, als er in seinem Radleroutfit vom Bad die Treppe herunterkommt. »Ich muss dich wohl falsch verstanden haben.«

»Dass dir mal was leidtut, ist ja ganz was Neues.« Überraschend beugt er sich ihr entgegen, um ihr einen Kuss zu geben, wendet sich aber sofort wieder ab. »Boah, noch immer dieses Mistzeug!«

Sabrina reicht ihm die Trinkflaschen. »Deine Elektrolyt-Drinks. Powerriegel findest du in der Lenkertasche.«

»Na bitte, geht doch.« Seine Art, danke zu sagen.

»Wie lange bist du unterwegs?«

Als könnte er nicht zwei Dinge auf einmal tun, lässt er sie auf die Antwort warten, bis er Helm, Schuhe, Handschuhe angezogen und schließlich die verspiegelte Brille aufgesetzt hat. »Zwei, drei Stunden. Je nachdem. Vielleicht habe ich Lust und zisch am Blautopf noch schnell ein Weizen.« Er geht mit den klackenden Schuhen zur Tür, dreht sich noch einmal um. »Und wenn ich wiederkomme, will ich von dem Zeug nichts mehr sehen und nichts mehr riechen.«

»Kann ich für die Besorgungen das Auto nehmen?«, fragt sie zaghaft.

Trotz verspiegelter Brille erkennt sie an der stets synchron einhergehenden Kopfbewegung, dass er genervt die Augen verdreht. Er hält ihr den Zeigefinger entgegen. »Nur, wenn du's vorher ausräumst.« Ohne einen weiteren Abschiedsversuch wendet er sich erneut zum Gehen.

»Dann bräuchte ich aber den Schlüssel.«

»Ist im Bad. In meiner Hosentasche!«, ruft er über die Schulter zurück.

»Ich wünsch dir eine schöne Tour!«, ruft Sabrina ihrem Mann hinterher, während sie sich mit der flachen Hand Luft ins erhitzte Dekolleté fächelt.

Kaum ist er auf dem Rad, fühlt sich Konrad nach einer kräftezehrenden und harten Woche deutlich wohler. Bis er aus Jungingen heraus ist, winken ihm hier und da Nachbarn und Bekannte zu. Er selbst wäre niemals darauf gekommen hierherzuziehen, aber dann hat er über die Firma vom günstigen Baugrund gehört. Seine Großeltern, bei denen er aufgewachsen ist, haben ihm Starthilfe gegeben und Sabrina hatte, aus guten Verhältnissen stammend, damals auch schon was auf der Kante und dann haben sie eben gebaut. Sein Traum ist diese Doppelhaushälfte nie gewesen. Aber es gibt auch keinen Grund, sich zu beschweren. Und Sabrina war anfangs mit ihrem Garten ja auch zufrieden. Bald ist er raus aus dem Ort. Dann kann er sich erst einmal hinter Dornstadt in westlicher Richtung über Tomerdingen einrollen. Schon jetzt kann er fühlen, wie er sich allmählich entspannt, wie der Stress der vergangenen Woche allmählich von ihm abfällt. Von Jahr zu Jahr wird sein Reisegebiet größer. Von Jahr zu Jahr muss er mit dem Auto noch mehr Kilometer abreißen. Und wenn er dann nach Hause kommt, will er es eben schön haben. Schließlich verdient er genug, sodass Sabrina nicht arbeiten muss und sich ganz aufs Heim konzentrieren kann. Was fährt dieser Arsch hinter ihm bloß so dicht auf. Auf der schnurgeraden Strecke hat er doch gesehen, dass ihnen eine ganze Kolonne von Lastwagen entgegenkommt. Wahrscheinlich haben sie auf der Autobahn wieder mal einen Abschnitt dichtgemacht und leiten den Verkehr über die Landstraße. Oder die Speditionen wollen die Maut sparen und lassen ihre Fahrer über die Dörfer schleichen. Konrad wagt einen kurzen Blick nach hinten. Eine Frau. Wieso hängt die mit der Stoßstange fast an seinem Hinterreifen, anstatt ihn zu überholen?

Wenn sie ihre Fahrbahn bis zum Mittelstrich nutzen würde, hätte er noch immer mehr als einen Meter für sich und sein Fahrrad. Typisch. Er kennt ja eigentlich keine Vorurteile – aber das mit dem Autofahren – das können Männer schon besser. Oder gibt es in der Formel 1 etwa Frauen? Nicht, dass er was davon gehört hätte. Die Frau hinter ihm schaltet runter. Wenigstens lässt sie sich dabei ein paar Meter zurückfallen. Sie schaltet tatsächlich bis in den ersten Gang. Er schüttelt missbilligend den Kopf. Obwohl er seinen Tacho zu Hause vergessen hat, weiß Konrad, dass er im Augenblick mit gut 40 km/h dahinfährt. Das hat er im Gefühl. Und diese Tusse schaltet bei 40 in den ersten! Ja, um einen Fahrradfahrer zu überholen, muss man schon ordentlich Drehzahl machen. Endlich erkennt sie in der entgegenkommenden Kolonne eine ausreichend große Lücke und zieht mit heulendem Motor an ihm vorbei. Auch wenn er davon ausgeht, dass sie es sowieso nicht sieht, weil sie sich während eines so schwierigen Überholmanövers nicht auch noch mit dem Rückspiegel beschäftigen kann, zeigt er ihr den Mittelfinger.

Hoffentlich bringt Sabrina den Wagen heil zurück. Er ist ja doch um einiges größer als der letzte. Und dann lässt sie die Kupplung immer schleifen. Ihretwegen hätte er ja einen Automatikwagen anschaffen müssen. Da er jedoch keinesfalls mit so einer Spaßbremse rumkutschieren will, bei der man nicht einmal mehr schalten darf, kam dann doch nur ein Schaltgetriebe infrage. Er greift nach seiner Trinkflasche, stellt schon beinahe anerkennend fest, dass Sabrina daran gedacht haben muss, sie kaltzustellen. Nachdem er getrunken hat, fasst er prüfend auf die Lenkertasche. Donnerwetter. Heute scheint sie sogar die Powerriegel vorgekühlt zu haben. Manchmal ist sie ja doch ganz brauchbar. Aber die Powerriegel gibt es erst später. Frühestens hinter Berghülen. Oder unten in Blaubeuren. Er freut sich schon jetzt auf die gut zwei Kilometer lange erfrischende Abfahrt. Ja, er wird Halt am Blautopf machen. Das hat er sich einfach verdient. So ein schönes kaltes Weizenbier. Muss ja kein Alkohol drin sein. Oder vielleicht doch. So ein kleines bisschen duselig in der Birne zu sein, tut ihm nach all der Anspannung bestimmt auch ganz gut. Und bis er zu Hause ist, hat er das sowieso wieder aus dem Körper geschwitzt und weggearbeitet. Apropos arbeiten. Weiter vorn hat er ein neues Ziel entdeckt. Der Kleidung und den Packtaschen nach eine Gruppe von Tourenradlern, die entweder alle enorm fit sind oder sich die Sache mit E-Bikes erleichtern. So was wird Konrad nie im Leben begreifen. Aufs Rad setzt man sich doch, um selbst etwas zu tun, und nicht, um sich mithilfe eines Motors spazieren fahren zu lassen. Der Gipfel der Geschichte ist dann noch, wenn diese Freizeitradler mit der Geschwindigkeit nicht klarkommen und ihre schweren Maschinen an der Ampel nicht rechtzeitig zum Halten bringen. Dabei soll es schon so manchen bösen Unfall gegeben haben. Selbst schuld. Konrad schüttelt schadenfroh grinsend den Kopf und tritt in die Pedale, um es den bequemen Säcken zu zeigen. Das neue Zwischenziel vor Augen, rollt Konrad im höchsten Gang über den warmen Asphalt.

»Mein Mann ist im Augenblick ohne Notfallkit auf seinem Rad unterwegs«, sagt Sabrina am Tresen der Arztpraxis. »Seine letzte Dosis hat er sich gestern Abend verabreicht, als er von einer Biene gestochen wurde. Wissen Sie, ob der Schutz noch anhält, falls er bei seiner heutigen Tour erneut gestochen würde?«

Die Sprechstundenhilfe schüttelt empathisch den Kopf. »Mhmm, tut mir leid, das kann ich Ihnen jetzt wirklich nicht sagen. Und der Herr Doktor ist leider schon auf seiner Runde.« Sie greift zum Telefon. »Soll ich versuchen, ihn zu erreichen? Wenn Sie einen Moment warten möchten?«

»Nein, danke. Warten ist ganz schlecht. Ich muss gleich weiter, noch ein paar Besorgungen machen.« Sie hält erklärend das Rezept in die Höhe. »Und zur Apotheke muss ich auch noch.«

»Ich rufe Sie gerne zurück, sobald ich den Herrn Doktor erreicht habe.«

Sabrina schüttelt den Kopf. »Nein, danke, sehr freundlich. Aber es ist im Grunde ja auch gar nicht nötig. Manchmal mache ich mir einfach zu viele Gedanken. Die akute Phase der Saison hat ja noch nicht mal richtig angefangen.«

»Stimmt, es sind ja eher die Wespen im Spätsommer, die Probleme bereiten. Und die Bienen sammeln sowieso meist nur friedlich ihre Pollen.«

Sabrina fühlt in ihrem Dekolleté die Hitze aufsteigen. Wieso stellt sie nur solche Fragen? Wenn sich die Sprechstundenhilfe im Nachhinein daran erinnert, kommt noch jemand auf dumme Gedanken und schöpft Verdacht, dass sie etwas mit den Bienenstichen zu tun hat. Lächelnd ist sie bemüht, die Sache wieder herunterzuspielen. »Sie haben recht. Und außerdem – Unkraut vergeht nicht. Grundsätzlich ist mein Mann ja durchaus der robuste Typ«, versucht sie es scherzhaft.

Daraufhin kann die Sprechstundenhilfe kaum noch an sich halten und prustet los. Eine deutlich heftigere Reaktion, als es die Etikette vorsieht. Wenn die Ehefrau eines Patienten ihren als Macho bekannten Mann versehentlich auf so treffliche Weise beschreibt, darf man eventuell zustimmend lächeln, aber nicht in glucksendes Gelächter verfallen. Sie räuspert sich, presst die Lippen aufeinander, um sich zu sammeln. »Ähm, ja, sicher. Sie kennen ihn ja vermutlich am besten. Im Übrigen ist es nicht sehr wahrscheinlich, dass er an zwei Tagen hintereinander gestochen wird«, versucht sie, die Unterhaltung wieder in angemessene Bahnen zu lenken.

Sabrina steckt das Rezept in ihre Handtasche. »Herzlichen Dank, dass es noch geklappt hat. Schönes Wochenende.«

»Danke, ebenfalls. Genießen Sie das wunderbare Grillwetter!«

Auf dem Weg zum Auto fragt sich Sabrina, was die Leute nur alle am Grillen finden. Es sind ja nicht nur die Männer. Auch unter Frauen gibt es viele, die ins Schwärmen kommen, wie gut Gegrilltes doch schmecke. Sie selbst ist sich vollkommen sicher, dass sie dem Fleisch längst abgeschworen hätte, wenn sie Konrad nicht ständig mit dicken Steaks und feisten Braten versorgen müsste. Gut, wenn sie es erst einmal zubereitet hat, isst sie es auch. Wenn sie etwas kann, dann kochen. Wenn er unter der Woche allerdings nicht da ist und sie für sich entscheidet, was auf den Tisch kommt, steht Fleisch auf ihrer Einkaufsliste, wenn überhaupt, ganz unten.

Weil erst die dritte Apotheke das Notfallkit vorrätig hat, muss sich Sabrina sputen, vor sechs das Lammfleisch abzuholen. Sie hat nur noch fünfzehn Minuten, um bei Stopp and Go die Metzgerei Burger zu erreichen, als ihr Mobiltelefon klingelt. Sie durchwühlt ihre Tasche auf dem Beifahrersitz. Im Display steht eine ihr unbekannte Festnetznummer aus der Region. Sie hat keine Ahnung, wer das sein könnte. Ob der Anruf vielleicht schon mit Konrad … Hastig scannt sie die Umgebung auf Uniformierte und Polizeifahrzeuge. Einen Strafzettel wegen Telefonierens am Steuer will sie nicht riskieren. Konrad würde sie verhöhnen, sobald er die Benachrichtigung in seiner Post entdeckte. Allerdings nicht, weil er Probleme damit hat, wenn Gesetze und Verordnungen gebrochen werden. Verwerflich wird die Sache für ihn erst, wenn man so dumm ist, sich dabei erwischen zu lassen. Weshalb denkt sie überhaupt noch über Konrads beißende Art zu spotten nach?

»Ja, hallo?«, fragt Sabrina unsicher ins Telefon.

»Ich bin's«, meldet sich Konrad.

Sabrina fühlt sich überrumpelt. »Was? Wie?«

»Was soll das denn jetzt? ›Was, wie‹?«, bellt er sie an.

Sabrina hat Mühe, sich zu fangen. »Ich bin halt überrascht, dass du anrufst. Du hast dein Telefon auf dem Tischchen an der Garderobe liegen lassen.«

»Schon mal was von Festnetz gehört? Ich sitz hier an der Blau und zisch noch ein Bier. Und stell dir vor, der Wirt hat doch tatsächlich einen Festnetzanschluss.«

Sabrina hat ihr Telefon auf laut gestellt und auf den Beifahrersitz gelegt. So kommt wohl kaum jemand auf die Idee, ihr einen Strafzettel zu verpassen. »Ah, schön. Und?«

»Pass auf. Ich sitz hier noch ein bisschen und fahr dann direkt zu den Mangolds nach Beimerstetten. Du kommst mit dem Auto hin und auf dem Rückweg klappen wir den Sitz um und packen mein Rad hinten rein.«

»Du willst in den verschwitzten …« Weiter kommt sie nicht.

»O Mann, denk doch mal mit, bitte. Natürlich bringst du mir ein paar frische Sachen. Und wenn ich bei denen nicht duschen kann, verstinke ich ihnen eben den Grillabend.«

»Um wie viel Uhr können wir mit dir rechnen?«

»Um sieben natürlich. Wie verabredet. Hast du das Lammfleisch besorgt?«

»Stehe vor dem Laden!«, erklärt Sabrina, während sie rückwärts einparkt.

»Und du glaubst im Ernst, dass du um diese Zeit noch …«

Diesmal fällt sie ihm ins Wort. »Ich habe vorbestellt!«, ruft sie deutlich lauter als nötig.

Konrad sagt ungewöhnlich lange nichts. Sie scheint ihn mit ihrem scharfen Ton tatsächlich überrascht zu haben.

»Warst du beim Arzt?«

»Ja, und in der Apotheke auch.«

»Hey!«, brüllt Konrad so laut, dass Sabrina selbst bei Freisprechfunktion fast die Ohren wegfliegen. »Nimmst du gefälligst deine Wichsgriffel von meinem Fahrrad!«

Sabrina versucht, das Hörspiel des Geschehens zu interpretieren, wird aus der Abfolge der Geräusche jedoch zunächst nicht schlau. Metallstühle rücken über Steinboden, Glas splittert, darauf ein paar schnelle Schritte und dazwischen immer wieder laut brüllend ihr Mann. »Hey!« – »Du asozialer Wichser!« – »Geht's noch?« – »Ich mach dich zu Hackfleisch!« – »Verdammter Drecksack!«

Im Hintergrund sind noch weitere Stimmen zu hören, die den rätselhaften Vorfall kommentieren und Konrad schließlich ihr Bedauern aussprechen, dass er den Kerl nicht stellen konnte. »O Mann!«, schimpft Konrad, ehe er sich noch einmal direkt an Sabrina wendet. »Hat mir doch glatt so ein Arschloch Lenkertasche und Werkzeugtäschchen vom Fahrrad geklaut.«

Erneut spürt Sabrina, wie ihr die Hitze ins Dekolleté steigt. Es ist das erste Mal in ihrem Leben, dass sie dieses Phänomen mit dem Gefühl der Enttäuschung verknüpfen kann. Sie nimmt das Telefon vom Sitz, räuspert sich, versucht, so normal wie möglich zu klingen. »Ich muss in die Metzgerei, bevor sie das Lamm verkaufen. Willst du trotzdem direkt zu den Mangolds kommen?«

»Tss. Du stellst wieder Fragen. Er hat mir ja schließlich nicht die Reifen geklaut.«

»Okay«, sagt sie ausatmend. »Bis nachher also.« Sie beendet das Gespräch, ohne auf eine Antwort zu warten.

»Guten Abend, Frau Burger. Ich bin spät dran. Haben Sie denn mein Lamm noch?«

»Aber sicher, Frau Kirsamer. Ich hätt's auch noch ein bisschen länger zurückgehalten. Bei dem Wetter krieg ich das auch in den letzten fünf Minuten noch los.« Sie geht nach hinten in den Kühlraum und kehrt mit einer fertig gepackten Tüte und einem herzlichen Lachen im Gesicht in den Laden zurück. »Das mit den frischen Weckle ist mir ja erst später gekommen. Sie, ich sag das schon seit Jahren so. Und noch nie hat mich jemand darauf aufmerksam gemacht, dass das ja viel besser beim Bäcker passen täte!«

Sabrina ringt sich ein zaghaftes Lächeln ab. »Meinetwegen dürfen Sie das gerne weiter so sagen, Frau Burger. Ich fand es halt in dem Moment einfach nur lustig.«

»Schon recht. Aber ich überleg jetzt schon den ganzen Nachmittag, was ich denn in Zukunft sagen könnte.«

»Ich denk drüber nach«, antwortet Sabrina. »Wenn mir was einfällt, sag ich Bescheid.«

»Darf's denn sonst noch was sein?«, fragt Frau Burger.

»Nein, danke, für heute ist es alles.«

Die Metzgerfrau beugt sich ihr entgegen. »Sagen Sie, Frau Kirsamer, geht's Ihnen nicht gut? Vertragen Sie am Ende die Hitze nicht?«

»Lieb von Ihnen, dass Sie sich kümmern. Aber mir geht's gut. Der Tag heute war eben ein bisschen – anders.«

»Aber jetzt können Sie sich ja beim Grillen entspannen. Das macht ja bestimmt auch bei Ihnen der Mann, oder?«

»Woher wissen Sie?«, fragt Sabrina und bringt die stets gut aufgelegte und redselige Metzgerfrau erneut zum Lachen. Sie zahlt ihr Fleisch und geht hinaus zum Auto. Auf halbem Weg hält sie inne und macht nicht einmal den Versuch, der Politesse auszureden, ihr ein Knöllchen zu schreiben.

»Wie kann man nur so blöd sein und sich in nur fünf Minuten einen Strafzettel einfangen?«, hört sie Konrads Stimme in ihrem Kopf. In wenigen Metern Entfernung wartet sie ab, bis die Frau den nächsten Wagen erreicht, bei dem kein gültiger Parkschein im Fenster liegt. Dann pflückt sie den Zettel hinter dem Scheibenwischer hervor, steigt ein und fährt mit dem Gefühl, absolut leer zu sein, nach Hause.

Weil er keinen Cent bei sich hat, muss Konrad beim Wirt anschreiben lassen. An den Zehner, den er als Notreserve in seinem Werkzeugtäschchen an der Sattelstütze deponiert hat, kommt er ja aus nachvollziehbaren Gründen nicht ran. Er bedankt sich, verspricht, spätestens nächste Woche wieder vorbeizukommen, und schwingt sich in den Sattel, um sich die Wut aus den Beinen zu strampeln. Diese Kleinkriminellen. Was Größeres trauen sie sich nicht. Sollen sie doch mal 'ne Bank oder einen Geldtransport vornehmen. Aber doch nicht Fahrradfahrer! So eine Sau klaut bestimmt auch alten Omas die Handtaschen. Wenn er jemals so einen zu fassen bekommt, kann der stellvertretend für alle anderen solchen Arschlöcher was erleben. Konrad schlängelt sich durch einen Stau. Weiter vorne muss etwas passiert sein. Ein Rettungswagen blockiert so ziemlich alle Richtungen. Aus einer Seitenstraße kommt zu Fuß ein Notarzt mit seinem Koffer gelaufen. Um die Schuhe nicht von den Pedalen klinken zu müssen, stützt sich Konrad mit spitzen Fingern auf der heißen Motorhaube eines schwarzen SUV ab.

»Hey!«, brüllt ihn der Fahrer an. »Nimm gefälligst dein Dreckspratzen von meinem Auto.«

»Halt's Maul, deiner Scheißkarre passiert schon nichts!«, schnauzt Konrad zurück. Da ihm diese Haltemöglichkeit ohnehin viel zu heiß ist, stößt er sich ab, um sein Fahrrad durch die enge Lücke zwischen SUV und dem nächsten Fahrzeug auf den Gehweg zu manövrieren.

Der pöbelnde Fahrer versetzt Konrad einen Schreck, indem er den Motor aufheulen lässt. Konrad kann regelrecht fühlen, wie ihm das Adrenalin in die Adern schießt. Der Typ scheint ihn tatsächlich auf die Hörner nehmen zu wollen. Er schlägt mit der Faust auf die Motorhaube, fixiert diesen Typen durch die Windschutzscheibe und zeigt ihm den Mittelfinger. Der Typ reißt die Fahrertür auf, Konrad befindet sich mit dem Rad jedoch bereits auf dem Gehweg, schlängelt sich behänd durch die Schaulustigen, die stehen geblieben sind, um zu beobachten, was da vorne beim Einsatzwagen vor sich geht. »Vorsicht!«, brüllt jemand hinter ihm. Er hört Schritte. Autos hupen. Der SUV- Fahrer ist doch tatsächlich ausgestiegen und scheint zu glauben, er müsste Konrad ein Wettrennen liefern. Die Startbeschleunigung ist zu Fuß sicherlich höher als auf dem Rad. Aber sobald Konrad in die nächste Seitenstraße abgebogen ist, kann er, in schneller Folge die Gänge wechselnd, zügig Fahrt aufnehmen, um den Verfolger locker in seine Schranken zu weisen. Gleich einem Etappensieger der Tour de France reckt er nach geglückter Flucht die Arme in die Höhe. Konrad wäre nicht Konrad, wenn seine Mittelfinger bei dieser Siegerpose nicht hervorragen würden. Er fühlt das Adrenalin in seinem Kreislauf. Er kann gar nicht anders. Er muss Tempo machen. Spielend leicht nimmt er die Steige hinauf nach Sonderbuch, nach einem schnellen Schluck vom längst wieder viel zu warmen Elektrolyt-Drink genießt er die flache Strecke bis Asch, wo er abbiegt in Richtung Kleines Lautertal. Hier kann er es laufen lassen. Während der rasanten Abfahrt sieht er in einer spitzwinkligen Linkskurve einen schwarzen SUV. Trotz der hohen Geschwindigkeit, die all seine Konzentration erfordert, sieht er zweimal hin. Das gibt's doch nicht. Ist das etwa dasselbe Arschloch von gerade eben? Die Bäume verhindern einen weiteren Blick. Ist ihm der Fahrer gefolgt? Wie hat er seine Route herausbekommen? Oder hat er rein zufällig dieselbe Strecke gewählt? Oder ist es doch nicht derselbe? Schließlich gibt es tausende SUVs. Auf einem etwas längeren geraden Teilstück blickt Konrad sich um. Der Fahrer hinter ihm gibt Lichthupensignale, spielt die Kraft seines Motors aus und springt förmlich näher. Verdammt. Er ist es. Ohne sich noch einmal umdrehen zu müssen, weiß Konrad Sekunden später, dass der Wahnsinnige an seinem Hinterrad klebt. Soll er von seiner geplanten Route abweichen und geradeaus zum Gasthaus gleich hinter der Lauterbrücke fahren? Mit Sicherheit sitzen dort um diese Zeit bei diesem Wetter Gäste im Biergarten. Unter Leuten kann sich der Berserker hinter ihm keine Gewalttätigkeiten erlauben. Plötzlich taucht ein Kind vor ihm auf. Instinktiv entscheidet sich Konrad, seine Route beizubehalten, und biegt viel zu schnell in allerletzter Sekunde rechts ab. Der SUV-Fahrer hat keine Chance, so schnell zu reagieren, rast auf das Kind zu. Konrad wird derweil extrem weit auf die falsche Fahrbahnseite hinausgetragen, gerät ins Schlingern, bleibt jedoch wie durch ein Wunder im Sattel. Im Hintergrund hört er das Quietschen von Reifen, aufgebrachtes Brüllen mehrerer Personen, die offenbar den SUV-Fahrer aufgrund seiner idiotischen Geschwindigkeit zumindest verbal attackieren. Konrad müht sich den steilen Anstieg hinauf, scannt die Umgebung nach einer Möglichkeit, sich im Wald zu verstecken.

Blödsinn – ›verstecken‹. Sollte der Kerl ihn tatsächlich einholen, wird sich Konrad ihm stellen. Schon kann er den SUV wieder hinter sich hören. Der Fahrer tritt die Kupplung durch und lässt den Motor röhren. Konrad nimmt die Linke vom Lenker und provoziert erneut mit rüder Geste. Er rechnet einfach nicht damit, dass er auf jemanden treffen könnte, der auf derlei Respektlosigkeiten ebenso cholerisch reagiert wie er selbst. So ist er nicht im Entferntesten darauf gefasst, dass ihn sein PS-starker Gegner von hinten anfährt. Konrad verreißt den Lenker, stürzt wenige Meter vor der scharfen Rechtskehre zum Hohenstein vornüber auf den Asphalt und bleibt liegen.

Dass der Fahrer wenige Meter dahinter rechts ranfährt und anhält, um sich mit ihm anzulegen, bekommt Konrad nicht mehr mit. Auch nicht, dass er laut fluchend auf der Straße hin- und herläuft und zunächst nicht weiß, was er nun tun soll. Konrad bekommt auch nicht mit, dass der Fahrer sein Fahrrad zwischen die Bäume schleudert. Und den Gipfel der Frechheit, dass er Konrad selbst auch einige Meter ins Gestrüpp schleppt, ihn dort hastig mit ein paar Zweigen tarnt und dann einfach liegen lässt, nimmt Konrad auch nicht mehr wahr. Er ist tot.

Wieder zu Hause, bleibt Sabrina wenig Zeit, um sich für den Grillabend fertig zu machen. Trotzdem geht sie, nachdem sie das Lammfleisch in der Kühlbox versorgt hat, noch in den Garten, um den Lavendel zu entfernen. Ihn abzuschneiden, bringt sie nicht übers Herz. Sie sticht ihn mit dem Spaten aus und versteckt ihn hinter den Kompost. Sie kann heute Abend ja noch herumfragen, ob ihn vielleicht jemand haben möchte. Während sie quasi zum Abschied noch einmal darüberstreicht, fühlt sich eine Biene angegriffen und sticht ihr in den Finger. »Hast ja recht«, sagt Sabrina leise. »Tut mir auch leid um deine Verwandten. War 'ne Schnapsidee.«

Sie duscht, hält am Ende den gestochenen Finger unter den kalten Wasserstrahl, um sich, ganz gegen ihre Gewohnheit, schließlich auch noch unter die kalte Brause zu stellen. Routiniert macht sie sich in lockerem Freizeitlook zurecht, wählt auch Konrad ein entsprechendes Outfit aus und steigt gegen sieben ins Auto, um bloß nicht nach ihm bei den Freunden in Beimerstetten einzutreffen.

»He, wo ist Konrad?«, fragen die Gastgeber bei ihrer Ankunft.

Sabrina ist von sich selbst überrascht, wie locker und selbstverständlich sie auf die Frage antwortet. »Der ist noch auf dem Rad und kommt direkt. Ich hoffe, ihr lasst ihn kurz unter die Dusche, wenn er ankommt.« Außer gegenüber den Bienen empfindet sie keinerlei schlechtes Gewissen. Auch als sie dann ungefähr im Halbstundentakt darauf angesprochen wird, wo Konrad denn bliebe, gehen ihr die Worte locker von den Lippen. »Vielleicht ist er noch mal eingekehrt.« – »Nein, er hat sein Telefon nicht dabei, er kann nicht Bescheid sagen.« – »Womöglich ist er doch nach Hause gefahren, um zu duschen. Wenn er sich anschließend kurz hingelegt hat, ist er vielleicht eingepennt. Ihr kennt ihn doch.« – »Möchte jemand einen prächtig gedeihenden Lavendel haben?«

Erst gegen zehn beginnt sie sich Sorgen zu machen und verabschiedet sich. Konrad hat sich nicht nach dem Duschen hingelegt. Um elf ruft sie die Polizei an, um nachzufragen, ob es vielleicht einen Unfall mit einem Radfahrer gegeben hätte. Ihr Mann hätte nämlich keine Papiere dabei und wäre noch nicht wieder aufgetaucht. Der Beamte nimmt ihre Beschreibung auf, gibt sich zugleich jedoch große Mühe, sie zu beruhigen.

Nach einer unruhigen Nacht verbringt sie einen Großteil des Tages damit, ihr Adressbuch durchzuarbeiten. Sie fragt Freunde und Bekannte, ob sich Konrad bei ihnen gemeldet hätte oder gar bei ihnen aufgetaucht wäre. Als am späten Nachmittag ein Streifenwagen vor der Haustür hält, atmet Sabrina tief durch, um sich zu sammeln. Sie bittet die beiden Beamten auf den Sitzplatz vor dem Wintergarten, fragt, ob sie ihnen etwas anbieten dürfe, und setzt sich, nachdem sie abgelehnt haben, mit an den Tisch. Ausgesprochen gefasst hört sie sich an, weshalb die Uniformierten gekommen sind. Zwei ihrer Kollegen wären am Vormittag einer Anzeige im Kleinen Lautertal nachgegangen.

Eine aufgebrachte Mutter hat gestern Abend die Autonummer eines SUV- Fahrers durchgegeben, der beinahe ihren Jungen überfahren hätte. Sie hätten den Fahrer aufgesucht und der hätte schnell gestanden, versehentlich einen Radfahrer angefahren zu haben. Der Radfahrer wurde mittlerweile nicht weit von Hohenstein, etwas abseits der Straße, geborgen. Leider tot. Sein Aussehen entspreche allerdings ungefähr der Beschreibung ihres vermissten Mannes. Ob sie denn bereit wäre … Der Beamte bringt den Satz nicht zu Ende.

»Er hat die ganze Nacht im Wald gelegen?«

»Ich fürchte, ja.«

»Hätte man ihn retten können, wenn er …«

Mit großer Ernsthaftigkeit schütteln die Polizisten synchron die Köpfe. »Der Arzt meinte, nein. Er scheint so unglücklich gestürzt zu sein, dass sein Genick sofort …«

Sabrina blickt stumm auf den leeren Tisch. »Soll ich gleich mitkommen?«

»Das wäre am einfachsten.«

»Ich mach mich fertig.«

Zwei Tage später liest Sabrina in der Regionalzeitung den recht ausführlichen Bericht über den tödlichen Unfall mit Fahrerflucht. Der Fahrer sei inzwischen ermittelt und würde zur Verantwortung gezogen.

Schließlich bleibt Sabrinas Blick an der Überschrift einer kleinen Randnotiz hängen: Notarzteinsatz nach anaphylaktischem Schock. Darunter steht zu lesen, dass in Blaubeuren am vergangenen Freitag ein junger Mann beinahe einem allergischen Schock erlegen wäre. Er wäre keuchend auf dem Gehweg zusammengebrochen, konnte jedoch durch den herbeigerufenen Notarzt gerettet werden. Weshalb der Allergiker im Gesicht und an den Händen Bienenstiche in zweistelliger Zahl abbekommen hätte, konnte bislang nicht geklärt werden.

Sabrina geht in den Garten, holt den Lavendel hinter dem Kompost hervor und gräbt ihn an einer neuen geschützten Stelle direkt neben der Terrasse ein. Es dauert nur wenige Minuten, bis sich seine neue Adresse unter Hummeln und Bienen herumgesprochen hat.

DER PEDALIST

Im Peloton ganz vorn dabei,
strampelt bergan ein Pedalist.
Er kämpft sich vor bis auf Platz drei
und freut sich, als er oben ist.

Die zwei vor ihm, die jagt er dann
auf der Abfahrt, die wahrlich steil.
So windschnittig, wie er nur kann,
sucht er rasend schnell sein Heil.

Jedoch verfängt sich eine Biene
unter dem Helm – worauf sie sticht.
Es gerät die Rennmaschine
vom Kurse mangels Gleichgewicht.

Allein das Fahrrad hängt bald heil
hoch überm Boden im Geäst.
Der Radler aber stürzt sehr steil,
weshalb er auch sein Leben lässt.

11 – WER MORDET SCHON IN ULM?

Manuela stellt das noch zur Hälfte gefüllte Glas Trollinger in das Regal neben ihrem Bett. Wie so oft, hat sie sich wieder einmal zu viel eingeschenkt. Aber nur weil man die Zähne schon geputzt hat, kann man so ein leckeres Tröpfchen doch nicht wegkippen. Wenn der Tatort, der gleich in der Glotze läuft, nicht wieder zum Einschlafen ist, trinkt sie ihn während des Films noch aus.

Schon nach wenigen Minuten ist Manuela klar, dass der Wein über Nacht stehen bleiben wird. Die Kommissarin – wie heißt sie noch, Manuela kann sich keine Namen merken – hat das Temperament einer Litfaßsäule. Nein, schlechter Vergleich, die meisten Litfaßsäulen wechseln heutzutage durch einen verborgenen Rollmechanismus alle paar Sekunden das Motiv. Die bewegen sich. Die Kommissarin dagegen …

Manuela löscht nicht einmal das Licht, ehe sie wegdöst. Als sie von einer ins Schloss fallenden Tür geweckt wird, verknüpft sie das Geräusch zunächst mit dem Fernsehkrimi. Auf dem Flachbildschirm, der im entfernten Ende ihres Zimmers steht, läuft inzwischen jedoch eine Natursendung über Flamingos. Da gibt's keine Türen. »Markus?«, raunt sie halblaut den Namen ihres Mitbewohners, obwohl der es im Grunde gar nicht sein kann. Es ist 23.30 Uhr. Sein Dienst in der Klinik geht bis um 6.00 Uhr. Vor 7.00 Uhr ist nicht mit ihm zu rechnen. Allerdings wohnt sie erst seit drei Wochen bei ihm zur Untermiete und kennt seine Gewohnheiten und Abläufe noch nicht so genau. Sie hat echt Glück gehabt, dieses Zimmer zu finden. Schon bei der ersten Besichtigung hat sie sich verliebt. Nicht in Markus. Erstens ist der mit seinen über 40 Jahren viel zu alt für sie und zweitens sowieso nicht ihr Typ. In das Fachwerkhaus hat sie sich verliebt und auch in das Zimmer mit den krummen Wänden. Sie liebt sogar den schrägen Fußboden, auf dem eine Glasmurmel von alleine durchs Zimmer rollt. Und natürlich liebt sie auch das Fischerviertel. Nie im Leben hätte sie sich vor ihrem Umzug nach Ulm träumen lassen, eine Bleibe in diesem wunderbaren Viertel zu finden. Okay, groß ist das Zimmer nicht und an das leise, aber ständige Rauschen des Wassers vor ihrem Fenster hat sie sich gewöhnen müssen. Allerdings schläft sie inzwischen Nacht für Nacht wie ein Bär im Winter.

Sie stellt den Fernseher auf stumm und lauscht. »Markus?«, ruft sie ein klein wenig lauter. »Bist du das? Bist du schon zurück?« Weil unter der Türritze kein Flurlicht zu sehen ist und sie außer dem Plätschern und Rauschen der Großen Blau vor ihrem Fenster nichts hört, lässt sie es dabei bewenden. Der Schlummerschluck auf dem Regal kommt ihr jetzt sehr zu passe. Sie setzt das Glas an, lässt den Wein jedoch sofort wieder aus dem Mund ins Glas zurücklaufen.

»Buach«, macht sie angewidert und spült mit Mineralwasser nach. Ob sie von den Fruchtfliegen tatsächlich welche geschluckt hat, kann sie nicht mit Sicherheit sagen. Mit einem letzten Schauer, der ihr über den Rücken läuft, drückt sie den roten Knopf der Fernbedienung, knipst die Lampe aus und kuschelt sich ins Kopfkissen. Sekunden später schreckt sie erneut auf. Im Zimmer nebenan hat eine Bodendiele geknarrt. Manuela tastet nach ihrem Smartphone. Scheiße. Sie hat es in ihrer Tasche an der Garderobe gelassen. Im selben Moment fällt ihr ein, dass Samantha,

Markus' Ex, noch immer einen Wohnungsschlüssel hat. Markus und Sami haben sich im Guten getrennt. Während der drei Wochen, in denen Manuela hier wohnt, hat sie sich schon zweimal selbst hereingelassen. Hundertprozent sicher ist Manuela nicht, aber sie glaubt, dass die beiden noch immer miteinander pennen, wenn sie Sex brauchen. Vermutlich ist es also Sami, die vorhat, Markus mit einer kleinen Nummer zu überraschen. So was könnte sich Manuela nie im Leben vorstellen. Entweder – oder! Aber jeder, wie er will. Sie lässt den Kopf aufs Kissen sinken. Obwohl es im Nebenzimmer wieder vollkommen still zu sein scheint, ist sie nun über ihren Einschlafpunkt hinweg. Tiefes Atmen hilft ihr in solchen Fällen fast immer. Während des Einatmens bis fünf zählen, während des Ausatmens bis fünf zählen. Einatmen bis fünf, ausatmen bis fünf. Dass sie während dieser Entspannungsübung gleichzeitig auf die Schatten starrt, die vom Restlicht auf ihre Wand geworfen werden, hilft ihr nicht wirklich weiter. Ein Nachteil historischer Gebäude ist, dass man die Zimmer nicht richtig abdunkeln kann, weil man an den denkmalgeschützten Fassaden keine Rollladen anbringen darf. Andererseits ist Manuela froh, dass sie im diffusen Restlicht wenigstens noch Umrisse erkennen kann. Einatmen bis fünf, ausatmen bis … Verdammt! Es ist jemand im Nebenzimmer. »Sami?«, ruft sie nun halblaut den Namen von Markus' Ex. »Sami? Bist du das?«

Schritte. Dielenknarren, die Türklinke senkt sich. Sie hält den Atem an. In Schockstarre beobachtet sie, wie sich ihre Tür einen Spalt breit öffnet. Ein länglicher Gegenstand wird durch den Spalt geschoben. Sie traut ihren Augen nicht. Das Ding sieht aus wie einer dieser Schalldämpfer in Krimis. In einer populärwissenschaftlichen Magazinsendung hat mal einer erzählt, dass die aufgeschraubten Zylinder gar nicht viel bringen. Dieses leise Plopp-Plopp – so der Wissenschaftler –, das man in Filmen häufig hört, hätte mit der Realität nichts zu tun. Wieso denkt sie jetzt an so was? Ist ihr Gehirn auf Autopilot? Nein! Im Panikmodus! Sonst würde sie längst um Hilfe schreien!

Der Eindringling hebt die Hand. »Ganz ruhig, dann passiert dir nichts.«

»Ich habe nichts. Nur ein paar Euro in meiner …«

»Sei still!«, zischt er. Die Waffe auf ihren Kopf richtend, fischt er mit der freien Hand ein Bündel bunter Plastikbänder aus der Jackentasche. Kabelbinder. Er wirft sie aufs Bett. »Mach dir einen um die Füße.«

Ohne den Blick von ihm zu wenden, ertastet sie einen Kabelbinder, legt ihn sich um die Fußknöchel, schafft es jedoch aufgrund ihrer zitternden Hände nicht, die Spitze des Plastikbandes ins dafür vorgesehene Loch zu schieben.

»Mach!«

»Ich versuch's ja«, jammert sie. »Ich zittere nur so …« Endlich. Mit einem Ratsch zieht sie den Kabelbinder fest. Fester, als sie sich vorgenommen hatte. Wie kann sie nur so blöd sein und das Ding selbst so stramm ziehen?

»Jetzt mach einen ums Handgelenk. Nicht so fest, damit du noch einen zweiten drunterschieben kannst.«

Sie folgt seinen Anweisungen. Schiebt auch den zweiten Kabelbinder unter dem ersten durch.

»Dreh dich um.«

»Was haben Sie vor?«

»Umdrehen, verdammt! Mach, was ich sage, dann passiert dir nichts.«

Sie wälzt sich auf den Bauch. Da sie davon ausgeht, dass er genau dies von ihr erwartet, legt sie freiwillig die Hände auf den Rücken, bevor er auf die Idee kommt, sie grob nach hinten zu zerren. Er kniet sich aufs Bett, legt den zweiten Kabelbinder um das freie Handgelenk und lässt beim Festziehen so viel Spielraum, dass die Blutzufuhr in die Hände nicht abgeklemmt wird. Beinahe empfindet sie so etwas wie Dankbarkeit. Als er jedoch mit gespreizten Beinen über ihr kniet, hört sie in ihren Ohren den Puls pochen. Erst jetzt wird ihr bewusst, dass ihr beim Umdrehen das Nachthemd nach oben gerutscht ist.

Er scheint Gedanken lesen zu können. »Keine Sorge, auch wenn mir dein Hinterteil gefällt, von dir will ich nichts.« Er steht auf und dreht sie behutsam auf den Rücken. »Wo ist er?«

»Wer?«

»Wer wohl! Verarsch mich nicht!«

Täuscht sie sich, oder ist beim Eindringling ein norddeutscher Zungenschlag herauszuhören? »Weiß nicht.«

»Hey!«, fährt er sie scharf an.

»Er hat Nachtdienst.«

»Nachtdienst?«

»Ja. Er arbeitet im Krankenhaus.«

»Du sollst mich nicht verarschen!«, herrscht er sie an.

»Wenn's aber so ist?« Manuela hat keinen Schimmer, was sie Falsches gesagt haben könnte. Vielleicht hat sie zu viel gesagt? Wenn dieser Typ Markus etwas antun will, darf sie nicht alles ausplaudern. Schon gar nicht, wo er steckt. Am Ende ist sie noch schuld, wenn er umgebracht wird. Quatsch. Wenn jemand schuld an irgendwas ist, dann ja wohl der Typ.

»Marko und Nachtdienst – tss. Du erwartest nicht, dass ich dir das abkaufe. So blöd bist du hoffentlich nicht.« Er grinst. »Oder hat dir dein Freund das Hirn weggevögelt?«

Marko? Wieso Marko? Markus mag es nicht, wenn man ihn mit der italienischen Version seines Namens anspricht. Sie hat ihn ganz zu Anfang mal so genannt. Er hat richtig sauer reagiert. Am liebsten würde sie den Eindringling fragen, wen er mit Marko überhaupt meint. Aber das findet einer, der mit einer Waffe herumfuchtelt, eventuell nicht lustig. Und was heißt hier Freund? Ob Marko oder Markus –, sie ist nicht mit ihm zusammen. Was redet der Typ also für dummes Zeug? »Wie nennen Sie es denn, wenn jemand als Krankenpfleger nachts arbeitet?«

Er lacht. »Krankenpfleger, Nachtdienst. Echt voll die hübsche Idee …«

Nun ist sie sich wegen des Dialekts sicher. Echt voll. Wenn das mal nicht echt voll nach Hamburg klingt. Aber was ist hübsch an der Idee, dass Markus Krankenpfleger ist? So viel sie weiß, übt er diesen Beruf schon seit über zwanzig Jahren aus.

»Wann kommt er zurück?«

»Weiß nicht.«

»Lüg mich nicht an!«

»Nach Dienstschluss. Zwischen sieben und acht. Normalerweise.« Erneut ertappt sie sich dabei, ausführlicher Auskunft gegeben zu haben als nötig. Sie darf seine Fragen nur noch so vage wie möglich beantworten. »Manchmal wird's auch …«

»Halt's Maul.«

Sie schließt die Augen. Welche Strategie sie sich auch immer zurechtlegt, sie scheint falsch zu sein. Wenn sie wüsste, was er will. In Krimis heißt es immer, man solle mit Geiselnehmern reden. Vielleicht ist da was dran. Die Drehbuchleute können sich doch auch nicht immer alles aus den Fingern saugen und, ohne zu recherchieren, drauflosschreiben. Er ist ans Fenster getreten, linst vorsichtig durch die Ritze des Innenrollos.

»Was hat er denn getan?«, fragt sie vorsichtig, nachdem er zu ihrer Erleichterung die Waffe in die Innentasche seiner Jacke gesteckt hat.

»Wer?«

»Markus. Was hat er getan?«

Er wendet sich vom Fenster ab und blickt sie an. Seine Augen wirken starr. »Marko hat keinen Respekt. Er ist zu weit gegangen.«

»Wobei?«

»Halt endlich die Fresse.« Um seinen Worten Nachdruck zu verleihen, vollzieht er von unten herauf eine wegwerfende Bewegung mit der Hand, als würde er einen Frisbee schleudern.

Manuela presst die Lippen aufeinander, sucht jedoch gleichzeitig nach einem Thema, mit dem sie ihn weiter ablenken könnte. Schließlich kommt ihr ein völlig absurder Gedanke in den Sinn: Der Typ muss in der falschen Wohnung sein! »Wieso nennst du ihn Marko?«

»Was?«, fragt er genervt.

»Wieso nennst du ihn Marko? Er heißt Markus. Ich kenne keinen einzigen Menschen, der ihn Marko nennt. Nicht mal seine Ex nennt ihn so.«

»Dann bin ich eben der Einzige«, feixt er. »Was geht es dich an?«

»Ist aber merkwürdig, oder?«

»Was soll merkwürdig sein? Der Typ heißt eben so. Basta.«

»Eben nicht.«

»Ey! Verdammt!« Als er merkt, dass er soeben zu laut geworden ist, lauscht er nach draußen. Als sich nichts tut, fährt er flüsternd fort: »Keine Sorge, mein Auftraggeber hat eindeutige Angaben gemacht.«

Manuela stockt der Atem. Auftraggeber. Hat sie es mit einem Profikiller zu tun?

Er greift in die Jacke, zieht nicht seine Waffe, sondern ein gefaltetes DIN- A4- Blatt hervor und faltet es auf. Er hält es ihr vors Gesicht. Das Foto eines Mannes.

»Und wer soll das sein?«

»Na, wer schon?«

»Das könnten tausend Leute sein. Jedenfalls bei dem Licht.«

Er schüttelt resigniert den Kopf. Trotz ihrer Panik empfindet Manuela Stolz, ihn so weit gebracht zu haben. Er beugt sich über sie, knipst die Lampe an ihrem Bett an und hält ihr das Bild ein zweites Mal hin. »Erkennst du den Typen jetzt?«

Der Mann ist von schräg hinten aufgenommen, blickt allerdings Richtung Kamera. »Das ist doch nicht Markus.« Manuela muss nicht einmal lügen. Sie findet tatsächlich, dass der Abgebildete kaum Ähnlichkeit mit ihrem Mitbewohner hat.

»Natürlich ist er das«, erwidert der Eindringling aufbrausend. Hektisch tritt er ans Fenster, schaut erneut nach draußen, überprüft, ob alles ruhig ist. »Wer soll es sonst sein?«

»Vielleicht einer, der auch so heißt?«, haucht sie vorsichtig. »Und vielleicht hat er ja ein klein wenig Ähnlichkeit mit Markus. Wir könnten …«

»Was?«, fällt er ihr ins Wort.

»In seinem Zimmer hängt ein Bild. Von ihm und seiner Freundin. Um genau zu sein, von ihm und seiner Ex.«

»Und?«

»Zum Vergleich. Ob der Marko hier«, sie blickt auf sein Foto, »derselbe ist wie Markus auf dem Bild drüben.« Sie nickt mit dem Kopf nach nebenan.

Er verlässt tatsächlich ihr Zimmer, zieht aber vorher die Waffe, um auf alle Eventualitäten reagieren zu können. Sekunden später ist er zurück, vergleicht die Bilder im Licht.

»Und?«, fragt Manuela.

»Hm.«

Sie versucht, die Freude, die sie über den erfolgreich gesäten Zweifel empfindet, zu unterdrücken. Wie weiter? »Mein Laptop liegt auf dem Tisch.«

»Und?«, fragt er.

»Markus Müller ist ein Allerweltsname. Wir können im Internet recherchieren, wie viele es davon gibt.«

»Pff. Wozu?« Er hält sein Bild hoch. »Den einen natürlich.«

Der Typ wirkt immer nervöser. Soll sie ihre Strategie weiterverfolgen? Welche Optionen hat sie denn? »Glaub ich nicht«, widerspricht sie.

Er holt ihren Laptop vom Tisch, platziert ihn neben ihr auf der Matratze. »Hast du ’ne Zange?«

»Wozu?«

Die Löcher der Skimaske scheinen seinen genervten Blick zu verstärken. »Um dir den kleinen Finger abzuschneiden. Siehst du denn keine Mafiafilme?«

Voller Entsetzen starrt sie ihn an. »Aber wieso denn? Was hab ich getan?«, wimmert sie.

Er lacht. »Nun reg dich mal wieder ab. Ich brauch die Zange, um den verdammten Kabelbinder durchzuknipsen.«

»In der unteren Schublade der Kommode hab ich Werkzeug«, antwortet sie kaum hörbar.

Als er sich hinter ihrem Rücken zu schaffen macht, versucht sie sich angstvoll auf den Schmerz gefasst zu machen. Doch er durchtrennt tatsächlich nur einen der Kabelbinder.

»Hände nach vorn!«, befiehlt er und legt umgehend eine neue Fessel an. Nur eben nicht mehr hinter dem Rücken. Manuela empfindet die neue Position erleichternd und rollt zur Auflockerung die Schultern.

»So, nun lass mal sehen.«

Mit gefesselten Händen den Laptop hochzufahren und zu bedienen, fällt ihr weniger schwer, als sie erwartet hat. Dass es ihr gelingen könnte, per Mail unbemerkt einen Hilferuf abzuschicken, ist unwahrscheinlich. Umso wichtiger erscheint es ihr, den Dialog mit dem Typen weiterzuführen. Auf einer chaotischen Surftour führt sie ihm vor, wie viele Markus oder Marko Müllers es in den sozialen Netzwerken gibt und dass im Ulmer Telefonbuch gleich mehrere gelistet sind. Mit jedem Klick, mit jedem weiteren Link, dem sie folgt, scheint er unsicherer zu werden, ob er an der richtigen Adresse ist. Als sie schließlich Ulm eingibt und ihm auch noch zeigt, dass es in der Tat auch mehrere Ulms auf der Welt gibt, erhebt er sich vom Bett und geht nervös im Zimmer auf und ab. Das Knarren der Dielen unter seinen Füßen scheint er nicht mehr wahrzunehmen. Wenn er damit die Nachbarn weckt, ergeben sich daraus wieder mehrere Möglichkeiten. Sie könnten, ohne vorher Aufhebens zu machen, die Polizei rufen, sie könnten sich und natürlich sie selbst in Gefahr bringen, indem sie selbst an die Wohnungstür klopfen. Oder sie kommen morgen früh an die Wohnungstür, um in strengem Ton mitzuteilen, dass es so ja wohl nicht gehe. Mitten in der Nacht durchs Zimmer laufen und die Leute wecken – man wohne schließlich in einem anständigen Haus.

Draußen wird es allmählich hell. Die Vögel zwitschern. Endlich bleibt er stehen, kratzt sich durch die Skimaske wild am Kopf. Es scheint darunter recht heiß zu sein. »Okay«, sagt er entschlossen. »Dein Marko hat Glück, dass du so viel laberst. Falls er es doch ist, ist er eben später dran.« Er kniet sich aufs Bett, zieht eine Rolle Klebeband aus der Tasche. »Vielleicht hätte ich das gleich machen sollen.«

»Muss das wirklich sein?«, fragt sie flehend. »Ich verspreche hoch und heilig, so lange nicht um Hilfe zu rufen, wie du willst.«

Er geht nicht darauf ein. Ohne Rücksicht auf ihre Haare bringt er sie zum Schweigen, indem er mehrere Lagen Klebeband in Mundhöhe um ihren Kopf wickelt. Er schubst sie rückwärts aufs Bett, fixiert mit einem weiteren Kabelbinder ihre Hände am Kopfteil des Bettes und macht ihre Fußgelenke an einem der unteren Bettpfosten fest.

»Weiß ich, ob du deine Versprechen auch hältst?« Er steckt die Klebebandrolle ein, zieht im selben Bewegungsablauf die Waffe hervor.

Manuela schließt die Augen. Hört man den Schuss, von dem man getötet wird, noch oder ist man schon nicht mehr von dieser Welt, ehe das Hörzentrum den Knall aufnehmen kann? Erst als er die Zimmertür schließt, wagt sie, die Augen wieder zu öffnen. Durch das Klebeband hörbare Geräusche zu produzieren, ist unmöglich. Mehr als ein halblautes »Mhm-hm-hm« bekommt sie nicht hin. Tief atmend versucht sie sich zu beruhigen. Sie hat tatsächlich das Gefühl, glimpflich davongekommen zu sein. Irgendwann wird Markus nach Hause kommen und sie befreien. Sie wird mit ihm zur Polizei gehen und den Überfall melden. Was sie jedoch nie im Leben erwartet hätte: Sie schläft ein und wacht erst wieder auf, als sie Markus im Nebenzimmer rumoren hört.

»Mhm-hm-hm!«, versucht sie es erneut. Sie zerrt an ihren Fesseln, rüttelt am Kopfteil des Bettes. Es gelingt ihr, mit dem Rahmen gegen die Wand zu klopfen.

Kurz darauf ist Markus an ihrer Tür. »Manu? Bist du da drinnen?«

»Mhm-hm-hm!« Sie gibt Geräusche von sich, die sie ihren Stimmbändern niemals zugetraut hätte.

»Manu? Stimmt was nicht?«

Sie stößt ein verzweifeltes Quietschen hervor. Selbst der letzte Idiot muss bei so einem ungewöhnlichen Laut auf die Idee kommen, dass etwas nicht in Ordnung sein kann.

Endlich tritt Markus ins Zimmer und erfasst die Situation trotz des heruntergelassenen Rollos nun doch recht schnell. »Manu, um Himmels willen!« Er zieht das Rollo hoch, beugt sich über sie, befreit sie vom Klebeband. Dabei ist seine Miene so schmerzhaft verzerrt, als würde er an seinen eigenen Haaren reißen. »Was ist passiert?«

»Es war einer in der Wohnung«, erklärt sie, nach Luft ringend. »Mit Pistole. Ich glaube, der wollte dich umbringen.«

Markus wird kreidebleich. »Was?«

»Hab ihm verklickert, dass du der Falsche bist.«

»Scheiße!«, stößt Markus hervor. »Scheiße, Scheiße, Scheiße. Wann genau war das?«

»Er kam weit nach Mitternacht und blieb, bis es hell wurde. War aber anscheinend eine Verwechslung. Der sucht keinen Markus, sondern einen Marko.«

»O Mann! Verdammte Scheiße!« Er springt auf, eilt aus dem Zimmer.

»Markus! Mach mich los!« Fassungslos lauscht sie nach nebenan. Es hört sich an, als packe ihr Mitbewohner in großer Hast ein paar Sachen zusammen. »Markus!«

Sekunden später fällt die Wohnungstür ins Schloss.

»Das gibt's nicht!«, stößt Manuela völlig perplex hervor. »Das ist nicht wahr. MARKUS!« Sie kann jedoch schreien, so viel sie möchte. Er kehrt nicht zurück. Wenigstens kann sie jetzt wieder schreien. Doch niemand scheint sie zu hören. Heiser gibt sie auf. Hat die Welt sie verlassen?

Als erneut jemand die Wohnungstür aufschließt, hat Manuela jegliches Gefühl für Zeit verloren. Sie weiß nicht, ob Markus sie vor einer halben Stunde zurückgelassen hat oder vor fünf Stunden. Auf weitere Überraschungen gefasst, hält sie den Atem an. Mit Erleichterung erkennt sie Sami am Klacken ihrer Highheels. »Samantha!«, ruft sie übertrieben laut.

Markus' Ex tritt ins Zimmer. »Ach du Scheiße!«, stößt sie bei ihrem Anblick hervor. »Sag jetzt bitte nicht, dass das Markus gewesen ist«, gurrt sie anzüglich, erkennt aber schnell, dass Manuela ganz und gar nicht zu Späßen aufgelegt ist. »'tschuldige. Hätte ja sein können. Manchmal steht er auf so was.«

»Mach mich los.«

»Klar.« Sie sieht die Zange liegen. »Wenigstens habt ihr das rettende Werkzeug bereitliegen.«

»Sami!«, fährt Manuela sie an. »Das ist kein Scherz. Ich bin überfallen worden.«

Endlich scheint die junge Frau den Ernst der Lage zu begreifen. Von den Kabelbindern befreit, fällt ihr Manuela schluchzend in die Arme. Während die Überfallene den Ablauf der letzten Stunden schildert, streicht Sami ihr die ganze Zeit sanft über die Haare.

Nachdem sie erst einmal alles losgeworden ist, hält Manuela inne. Plötzlich kann sie selbst kaum glauben, dass ihr das passiert ist.

Unvermittelt hört Sami auf, Manuela zu streicheln. »Ein Auftragskiller?«

Die Gefragte lacht, merkt selbst, dass es sich hysterisch anhört. »Ja. Und zwar einer, der in die falsche Wohnung eingedrungen ist!« Sie fasst sich an die Stirn. »Und Markus haut einfach ab und lässt mich liegen! Kapierst du das?«

Sami nickt.

»Und so was passiert einem in Ulm.«

Sami rollen Tränen über die Wangen. »Die Mafia gibt's überall«, flüstert sie.

»Was?«

Samantha wirkt zutiefst erschüttert. Sie versucht, sich mit spitzen Fingern die Tränen wegzuwischen, ohne ihr Make-up zu ruinieren. »Markus ist einem Ring von Zuhältern auf die Füße getreten.«

Das wiederum kann sich Manuela bei einem Krankenpfleger nun wirklich nicht vorstellen. »Wie das?«

»Weil er selbst einer ist?«

Manuela schaut sie mit großen Augen an. »Und du bist …«

Sami nickt. »Nicht seine Ex. Ich bin eine seiner Frauen. Ich bin ausgezogen, weil wir nicht sicher waren, ob …«

Manuela springt auf. »Und dann lasst ihr mich an deiner Stelle hier einziehen? Einfach so?«

Ihr Gegenüber zuckt hilflos mit den Schultern. »Wir dachten, es wäre 'ne gute Tarnung. Sorry. Tut mir leid.« Sami schaut Manuela flehend an. »Letztlich hat's ja gewirkt. Wahrscheinlich hast du ihm das Leben gerettet. Uns.«

»Und dass meines dabei auf dem Spiel stand …«

»Sorry«, haucht Sami noch einmal.

»Wir müssen zur Polizei.«

»Nein! Manuela! Bitte nicht! Die bringen uns um.«

»Ach, komm, hör doch auf. Wer mordet schon in Ulm?«

»Dieselben, die hinter Markus alias Marko her sind.«

Für einen Moment hält Manuela inne, sieht Sami eindringlich an. Einatmen bis fünf, ausatmen bis fünf. Einatmen bis fünf, ausatmen bis fünf. Schließlich steigt sie aufs Bett, zieht ihren Koffer vom Schrank herunter.

»Was hast du vor?«

»Wenn mich nicht alles täuscht, nennt man es packen.«

KLEINER IRRTUM

Der Killer spürt für seinen Boss
einen Verräter heimlich auf,
feuert das tödliche Geschoss
schallgedämpft durch dünnen Lauf.

Nachdem er hat perfekt getroffen,
des Opfers Leben schnell erlischt.
Da merkt der Killer höchst betroffen,
dass er den Falschen hat erwischt.

Der Schütze ahnt: »Das ist mein Grab.
Der Boss den Irrtum nie verzeiht!«
In Panik taucht er schleunigst ab,
doch sein Kollege ist nicht weit …

FREIZEITTIPPS

Ausstellung, **Bike**, **Comedy**, **Gast**ronomie, **Höhl**en, **Fami**-lie, **Fest**ivals, **Hist**orisches, **Humo**r, **Klei**nkunst, **Kab**arett/Comedy, **Konz**ert, **Kult**ur, **Les**ung, **Märkte**, **Mus**eum, **Musik**, **Nat**ur, **Run**dgänge/Führungen, **Shopping**, **Spazie**-rengehen, **Spo**rt, **The**ater, **Tra**dition, **Wan**dern, **W**interSport

1 MUSEUM DER BROTKULTUR
Salzstadelgasse 10
89073 Ulm
0731 69955
www.museum-brotkultur.de
info@museum-brotkultur.de
Tägl. 10–17 Uhr
Mus, Fam

2 NATURKUNDLICHES BILDUNGSZENTRUM
Pädagogisch strukturierte Inszenierung von Naturphänomenen.
Themen der Dauerausstellung: Mensch und Natur früher, Mensch und Natur heute, Die Naturwissenschaften, Bau und Funktion, Geschichte des Lebens.
Kornhausgasse 3
0731 161 4742
www.naturkunde-museum.ulm.de
NaBi@ulm.de
Öffnungszeiten: Dienstag–Freitag: 10.00–16.00 Uhr

Samstag, Sonntag und an Feiertagen: 11.00–17.00 Uhr
Im August geschlossen.
Mus, Fam

3 EDWIN SCHARFF MUSEUM
Für die ganze Familie. Interaktive Ausstellungen für Kinder, Jugendliche und Erwachsene. Kleinkindbereich, barrierefrei. Interaktives Erfahren. Anfassen nicht (!) verboten.
Petrusplatz 4
89231 Neu-Ulm
0731 7050 25 55
www.edwinscharffmuseum.de/kindermuseum.html
Museumskasseesm@neu-ulm.de
Dienstag, Mittwoch: 13.00–17.00 Uhr
Donnerstag, Freitag und Samstag: 13.00–18.00 Uhr
Sonntag: 10.00–18.00 Uhr
Montag: geschlossen
Mus, Fam

4 FÜHRUNGEN IN ULM UND NEU-ULM
Rundgänge und Erlebnisführungen (auch historisch, gruselig, düster, heiter …).
Tourist-Information Ulm/Neu-Ulm (Stadthaus)
89073 Ulm
0731 161 2830
www.tourismus.ulm.de
Run, Fam

5 ULMER ZELT
Zeltfestival am Standort Friedrichsau. Mit Kinderzelt. Jährlich Mai/ Juni.

Kartenhütte am Münsterplatz gegenüber Buchhandlung Herwig. Kartenbestellung 0700/96859685 (gebührenpflichtig).
Verein zur Förderung der freien Kultur Ulm e.V.
Mähringer Weg 75
89075 Ulm
0731 9608513
info@ulmerzelt.de
www.ulmerzelt.de
Mus, Fe, Kle, Fam, Kab, Fam, Gas

6 ›theater in der westentasche‹
Bereits seit über 65 Jahren. Das kleinste Theater Deutschlands.
Experimentelle und innovative Bühne mit 40 Plätzen.
Eberhard-Finckh-Str. 10
Ulm-Böfingen
0731 81 445
theater@westentascheulm.de
www.westentascheulm.de
The

7 THEATER ULM
Musiktheater, Schauspiel, Ballett, Konzerte, Junges Forum, Theater an diversen Spielstätten.
Herbert-von-Karajan-Platz 1
89073 Ulm
0731 161 4444 (Theaterkasse)
0731 161 4500 (Zentrale)
www.theater.ulm.de
The, Fam

8 SOMMERBÜHNE AM BLAUTOPF

Jahr für Jahr Sommerprogramm am Blautopf in traumhafter Umgebung.

WIR 89143 e.V.
Peter Imhof
Blaubergstraße 6
89143 Blaubeuren
07344 208933
info@sommerbuehne.com
www.sommerbuehneblautopf.de/
Mu, Kab, Kle

9 LANGE NACHT DER MUSEEN

Jeweils Ende Mai in Ulm und Neu-Ulm mit Museumsnacht-Shuttleservice.

Tourist-Information Ulm/Neu-Ulm
0731 1612830
www.tourismus.ulm.de
Fes, Kul

10 SCHLOSS BRENZ
sowie DAS ERBE DER RÖMER

GeoPark Schwäbische Alb – Ausgrabungen Römer ca. 200 n. Chr. und Schloss aus dem 17. Jahrhundert.

Gemeinde Sontheim an der Brenz
Brenzer Straße 25
89567 Sontheim an der Brenz
07325 17 0
www.sontheim-brenz.de
Ku, Hi, Gas

11 BOTANISCHER GARTEN DER UNIVERSITÄT ULM
Hans-Krebs-Weg
89081 Ulm
0731 5031351
botgart@uni-ulm.de
http://www.uni-ulm.de/einrichtungen/garten/informationen-fuer-besucher.html
Öffnungszeiten Freiland:
1. März–15. Oktober: täglich 9.00–20.00 Uhr
16. Oktober–28. Februar: täglich 9.00–16.30 Uhr
Öffnungszeiten Gewächshäuser:
1. März–15. Oktober: jeweils donnerstags 9.00–12.00 Uhr und 12.30–15.00 Uhr
jeden Sonntag: 14.00–17.00 Uhr
16. Oktober–28. Februar: jeweils donnerstags 9.00–12.00 Uhr und 12.30–15.00 Uhr
Nat, Fam

12 KUNSTPFAD DER UNIVERSITÄT ULM
Skulpturenweg auf dem Campus der Universität.
Info: http://www.uni-ulm.de/kunstpfad/home.html
Aus

13 DER LÖWENMENSCH – Dauerausstellung
Die älteste Tier-Mensch-Figur der Welt u.v.m. zum Thema Archäologie.
Ulmer Museum am Marktplatz
Kurt Wehrberger M.A.
Marktplatz 9
89073 Ulm
0731 161 4320

loewenmensch@ulm.de
http://www.loewenmensch.de/ausstellung.html
Aus, His, Fam

14 BIOSPHÄRENGEBIET SCHWÄBISCHE ALB
Geführte Touren durch die faszinierende Landschaft des ehemaligen Truppenübungsplatzes, der sich mehr und mehr in ein Gebiet umwandelt, in dem sich Mensch und Natur im Einklang befinden.
Geschäftsstelle:
Von der Osten Straße 4, 6 (Altes Lager)
72525 Münsingen
07381 93293831
biosphaerenzentrum@rpt.bwl.de
www.biosphaerenzentrum-alb.de
Nat, Fam, His

15 CHARLOTTENHÖHLE
Eine der längsten Schauhöhlen Süddeutschlands und Höhlen-Erlebnis-Welt Giengen-Hürben.
Lonetal 61
89537 Giengen-Brenz
07324 987146
hoehlenerlebniswelt@giengen.de
www.hoehlenerlebniswelt.de
April bis Oktober:
Montag–Samstag: 9.00–11.30 Uhr und 13.3016.30 Uhr
Sonn- und Feiertage: 9.00–16.30 Uhr
HöhlenHaus: 10.00–18.00 Uhr
HöhlenSchauLand: 10.00–17.00 Uhr
Ganzjährig Voranmeldung möglich
Hö, Fam, Aus

16 DAS JAKOBSWEGLE

Jakobsweg im Kleinformat: Von Giengen nach Santiago de Compostela auf einem 2,5 km langen Rundweg um den Kagberg.

i-Punkt Tourist Info
Marktstraße 9
89537 Giengen
07322 9522920
tourist-info@giengen.de
www.jakobswegle.de
His, Kul

17 SCHLOSS HELLENSTEIN HEIDENHEIM

Über der Stadt thronendes Schloss (mit Museum, u. a. Ausstellung »Altes Spielzeug«).

Tourist-Information
Hauptstraße 34
89522 Heidenheim an der Brenz
07321 327 4910
http://www.heidenheim.de/,Lde/startseite/Tourismus/Schloss+Hellenstein.html
tourist-information@heidenheim.de
1. April–31. Oktober:
Dienstag–Samstag: 11.00–16.00 Uhr
Sonn- und Feiertage: 10.00–17.00 Uhr
Aus, His, Fam, Gas

18 LIMES INFORMATIONSZENTRUM BADEN-WÜRTTEMBERG

Der Limes bildete zwischen Rhein und Donau die ca. 550 km lange Grenze des Römischen Reichs.
Heidenheim Thermen am Limes.

St.-Johann-Straße 5
73430 Aalen
07361 528287 41
info@liz-bw.de
http://www.am-limes-grenzenlos.de
Aus, His, Fam

19 NATURTHEATER HEIDENHEIM
Im Sommer Programm für Kinder und Erwachsene.
Naturtheater Heidenheim.
Hugo-Rupf-Platz 3
89522 Heidenheim
07321 6255 0
www.naturtheater.de
Fam, The

20 STEIFF MUSEUM in GIENGEN AN DER BRENZ
Animiertes Erlebnismuseum, Schlangenrutsche, Steiff-Streichelzoo ...
Margarete-Steiff-Platz 1
89537 Giengen an der Brenz
01805 131101 (gebührenpflichtig)
museum@steiff.de
www.steiff.com
Öffnungszeiten:
Täglich 10.00–18.00 Uhr
24. und 31. Dezember bis 13.00 Uhr
25., 26. Dezember und 1. Januar geschlossen
Aus, Fam, Gas

21 GEORG-ELSER-GEDENKSTÄTTE KÖNIGSBRONN

Georg Elser und das Attentat vom 8. November 1939: »Ich habe den Krieg verhindern wollen.« Dokumentation der Gedenkstätte Deutscher Widerstand Berlin in Zusammenarbeit mit dem Georg-Elser-Arbeitskreis Heidenheim und der Gemeinde Königsbronn.
(Am Rathaus)
Herwartstraße 3
89551 Königsbronn
07328 96250
http://www.georg-elser-arbeitskreis.de
Sonn- und Feiertage: 11–17 Uhr
Werktags Gruppen nach Voranmeldung.
Aus, His

22 NAHERHOLUNGS- UND FREIZEITANLAGE in BURGBERG

Hangrutsche, Spielbrunnen, Kneippanlage, Fahrräder. Jährlich 2. Sonntag im August Burgberger Familientag.
Tourist-Information Giengen
Marktstraße 9
89537 Giengen
www.giengen-burgberg.de
Fam, Spo

23 ARCHÄOPARK NIEDERSTOTZINGEN

Besondere Attraktion: das MAMMUT, vermutlich das älteste vollständig erhaltene figürliche Kunstwerk der Menschheitsgeschichte. Forschen, Entdecken, Erleben.

Am Vogelherd 1
89168 Niederstotzingen-Stetten
07325 9528000
www.archaeopark-vogelherd.de
info@archaeopark-vogelherd.de
Dienstag–Freitag: 11.00–18.00 Uhr
Wochenende: 10.00–18.00 Uhr
November–April: nur bis 16.00 Uhr
Winterpause: 7. Januar bis 7. Februar
Fam, Aus, His

24 FRIEDRICHSHÖHLE
Das auch als Friedrichshöhle bekannte Naturdenkmal ist die einzige »aktive« und mit dem Boot befahrbare Wasserhöhle Deutschlands.
April bis Oktober: täglich 10.00–18.00 Uhr
November bis März: nach Vereinbarung
Stadt Hayingen
Marktstraße 1
72534 Hayingen
Tel: 07386/9777-0
www.hayingen.de
info@hayingen.de
Höh, Fam, Gas

25 KULTURDENKMAL WIMSENER MÜHLE
Veranstaltungen durch den Förderkreis Wimsener Mühle e. V.
Gemeinde Zwiefalten
Marktplatz 3
88529 Zwiefalten
07373 205 0

http://www.wimsen-kulturmuehle.de/
info@zwiefalten.de
Kul, Mu, Kab, Kle, Gas

26 SONTHEIMER HÖHLE
Führungen finden jeweils zur vollen Stunde statt. Die Höhle kann nur mit Führung besichtigt werden.
Höhlenverein Sontheim e.V.
Kohlhalde 1
72535 Heroldstatt
07389 906109
kontakt@Sontheimer-Hoehle.de
http://www.sontheimer-hoehle.de/
Samstags: 14.00 –17.00 Uhr
Sonn- und Feiertage: 10.00 –17.00 Uhr
Zum Schutz der Fledermäuse von November bis April geschlossen.
Höh, Fam, Gas

27 SCHERTELSHÖHLE WESTERHEIM
212 Meter lange Tropfsteinhöhle
Höhlenverein e.V. Westerheim
07 33 3 – 92 36 15
Waldstraße 14/1
72589 Westerheim
info@schertelshoehle.de
http://www.schertelshoehle.de/
07333 923615
15. Mai–1. Oktober 2014
Montag Ruhetag – Gruppen nur auf Anmeldung.
Rasthaus von Dienstag–Samstag täglich geöffnet.
Werktags: 9.00–17.30 Uhr

Sonn- und Feiertage: 9.30–18.00 Uhr
Letzter Einlass: 17.00 bzw. 17.30 Uhr
Höh

28 SCHELKLINGER HÖHLE
Die derzeit größte für Besucher zugängliche Höhlenhalle der Schwäbischen Alb. Zugang barrierefrei. Fundstücke: »Venus vom Hohlen Fels« und »Geierflöte«. Beide sind ca. 42.500 Jahre alt und gelten als die älteste plastische Menschendarstellung und das älteste Musikinstrument der Welt.
Museumsgesellschaft Schelklingen
Verein für Heimatgeschichte e.V.
Merowingerstraße 8
89601 Schelklingen
07394 1640
www.museum-schelklingen.de
Sonntags zwischen dem 1. Mai und dem 31. Oktober geöffnet.
Höh, Mus

29 TIEFENHÖHLE LAICHINGEN
Einzig begehbare Schachthöhle Deutschlands. Mit 86 m Tiefe und 1.348 m Gesamtlänge zählt sie zu den bedeutendsten Karstobjekten der Schwäbischen Alb.
Höhlen- und Heimatverein Laichingen e.V.
Postfach 1367
89146 Laichingen
07333 5586 (Rasthaus Tiefenhöhle)
info@tiefenhoehle.de
www.tiefenhoehle.de
Täglich 9.00–18.00 Uhr

Palmsonntag bis Ende der Herbstferien in Ba-Wü (Anfang Nov.). Im Winter zum Schutz der Fledermäuse geschlossen.
Fam, Gas, Mus

30 BÄRENBURG
Ein Laden für Steiff-Tier-Liebhaber und Sammler.
Burgstraße 4
89537 Giengen/ Brenz
07322 931855
Montag–Freitag: 10.00–12.00 Uhr und 14.00–17.00 Uhr
Samstag: 10.00–12.00 Uhr
Sho

31 SCHWÖRFEIER
Alljährlich legt der Ulmer Oberbürgermeister auf dem Balkon des Schwörhauses am Schwörmontag (vorletzter Montag im Juli) um 11.00 Uhr in einer etwa einstündigen Schwörrede Rechenschaft über das vergangene Jahr ab.
Schwörhaus
Weinhof
89073 Ulm
www.schwoermontag.com
Tra

32 NABADA
Nach der traditionellen Schwörfeier auf dem Weinhof am Vormittag des Schwörmontags (jeweils am vorletzten Juli-Montag) findet nachmittags ab ca. 16.00 Uhr alljährlich der bunte Wasserfestzug auf der Donau, das »Nabada«, statt. (»Nabada«: die Donau hinunterbaden)

Tourist-Information Ulm/Neu-Ulm
Münsterplatz 50
89073 Ulm
0731 161 2830
Tra, Spo, Fam

33 ALTERNATIVE SCHWÖRREDE
Seit über zwei Jahrzehnten wird in sechs Metern Höhe vom Thron an der Außenwand der Galerie am Schwörmontag (fast) jährlich eine alternative Schwörmontagsrede gehalten.
Goldschmiede Dentler
Gerbergasse 3
89073 Ulm
0731 64587
http://www.rexdentler.de/thronreden/index.php
Ladenöffnung: Dienstag–Freitag: 10.00–13.00 Uhr und 15.00–18.00 Uhr
Samstag: 10.00–14.00 Uhr
Kul, Sho

34 ULMER ZELT
Zeltfestival in der Friedrichsau – Jeden Sonntag KINDERZELT (Ende Mai bis Anfang Juli)
ulmer zelt
verein zur förderung der freien kultur ulm e. v.
Postfach 4260
89032 Ulm
Tickethotline 0700 96859685 (gebührenpflichtig) und Kartenhütte am Münsterplatz
www.ulmerzelt.de
Fes, Lit, Kab, Kle, Mus, Fam

35 LOKALBAHN & ALB-BÄHNLE
Fahrt von Amstetten nach Gerstetten.
Eisenbahnromantik in Nostalgie-Waggons mit Dampflokomotive.
Gastronomie an (fast) allen Zwischenhalten.
Ulmer Eisenbahnfreunde e.V.
Industriestraße 41
73340 Amstetten
albbaehnle@uef-dampf.de
www.albbaehnle.de
Von Mai bis Mitte Oktober an Sonn- und Feiertagen.
His, Fam, Gas

36 HÄRTSFELD MUSEUMSBAHN
»Museumsfahrt« mit der Schmalspurbahn von Neresheim nach Sägemühle.
Härtsfeld Museumsbahn e.V.
Dischinger Straße 11
73450 Neresheim
07326 5755 (an Betriebstagen)
www.hmb-ev.de
Von Mai bis Oktober jeden 1. Sonntag im Monat und diverse Sondertermine.
Mus, Fam

37 METEORKRATER- MUSEUM
Erkundung des Steinheimer Beckens auf geologischem Lehrpfad.
Meteorkrater-Museum mit GeoPark Infostelle.
Hochfeldweg 4
89555 Steinheim am Albuch

07329 960658
www.steinheim-am-albuch.de
März bis Oktober: Freitag: 13.00–17.00 Uhr
Samstag, Sonntag, Feiertage: 10.00–17.00 Uhr
Fam, His

38 TIERGARTEN ULM
Naherholungsraum Friedrichsau
Tiergarten Ulm
Friedrichsau 40
89073 Ulm
0731 161 6742
tiergarten@ulm.de
http://www.tiergarten.ulm.de/
Zooschule: http://www.tiergarten.ulm.de/page_10.htm
April bis September: täglich 10.00–18.00 Uhr
Oktober bis März: täglich 10.00–17.00 Uhr
Fam

39 STADTMAUER AM FRAUENGRABEN
Historische Eindrücke beim Spaziergang auf der Stadtmauer entlang der dort stehenden Grabenhäusle, die ursprünglich als Unterkünfte von Söldnern zur Verteidigung Ulms dienten.
89073 Ulm
Spa

40 RUINE REUSSENSTEIN
Zwischen Wiesensteig und Neidlingen eröffnet sich ein herrlicher Blick ins Neidlinger Tal. Beliebtes Ziel für

Kletterer und Wanderer, zählt zu den meistbesuchten Burgen der Alb. Schenke und Grillstelle bei der Ruine.
Gemeinde Neidlingen
Kelterstraße 1
73272 Neidlingen
07023 90023 0
http://www.neidlingen.de
Wan, Spo

41 KLETTERWALD HEIDENHEIM
Action für Jung und Alt – Schwierigkeitsgrad von leicht bis schwer.
Waldsport GmbH
Schloßhausstraße
neben der Fußballarena
07321 754789
http://www.waldsport.eu/
Mai–September:
Täglich 9.30–19.00 Uhr
Letzte Gurtausgabe: 17.30 Uhr
April und Oktober: von 9.30–18.00 Uhr
letzte Gurtausgabe: 16.30 Uhr
Montags nur an Feiertagen und während der Schulferien geöffnet.
Spo, Fam

42 LEGOLAND DEUTSCHLAND FREIZEITPARK GMBH
Familienfreizeitspaß im Legoland.
Gäste Service
Legoland Allee
89312 Günzburg

0180 6 700 757 0 (gebührenpflichtig, von 9.00–17.00 Uhr)
info@legoland.de
www.legoland.de
April bis Oktober
Fam

43 BOBBAHN DONNSTETTEN
1.160 m Bahnlänge, 7-10 % Gefälle, Höchstgeschwindigkeit: 40 km/h, 50 m Höhenunterschied, Gastronomie-Terrasse
Bobbahn und Skilifte Donnstetten GmbH
Böhringer Straße 18
72587 Römerstein
07382 609
www.bobbahn-donnstetten.de
Mittwoch bis Freitag: 13.00–1.00 Uhr
Samstag und Sonntag: 10.00–18.00 Uhr
Montag und Dienstag: geschlossen
Fam, Spo, Gas

44 LANGENAUER KULTURNACHT
Jährliche Kulturnacht in der letzten Sommerferienwoche vor Schulbeginn. Musik, Kabarett, Poetry …
Stadt Langenau
Kulturamt
Marktplatz 1
89129 Langenau
07345 9622 143
kulturamt@langenau.de
Fam, Fes, Gas, Kab, Kle, Mu

45 TURMFEST LANGENAU

Alle 2 Jahre Turmfest rund um den Martinsturm. Ein Fest mit der besonderen Note in den Straßen rund um die Martinskirche und den Pfleghof. Über 30 Vereine und Organisationen, lokale Akteure und renommierte Künstler sorgen jeweils im Frühsommer für ein vielfältiges kulinarisches und musikalisches Angebot.

Stadt Langenau
Kulturamt
Marktplatz 1
89129 Langenau
07345 9622-143
kulturamt@langenau.de
www.langenau.de
Com, Mu,Fam

46 GRAMMOPHONMUSEUM GEIGLE

Auf 4 Etagen sind die große Trichterwelt, die verspielten 20er- Jahre, der Wohnstil der 30er, Schrankgeräte sowie die mobile Zeit der Jugend mit ihren Koffergrammophonen zu besichtigen.

Rolf Geigle
Böhringer Straße 26
72574 Bad Urach-Hengen
07125 3241
info@grammophonsammlung-geigle.de
www.grammophonsammlung-geigle.de
Mus, Fam

47 NATURGARTEN GEIGLE

Kulinarisch-kulturelles Kräuterseminar, Workshop in der Kräutervilla, Herstellen von Kräuterprodukten für

den täglichen Gebrauch wie Essig, Öl, Tinkturen, Salben, Badepralinen oder … Ein ganzer Tag Erlebnisurlaub pur, Kräuterführungen in der Natur oder im Garten, Kräuter-, Natur- und Landschaftsführungen im ehemaligen Truppenübungsplatz, Gartenführungen im Naturgarten.
Kräutergarten/ Lonie Geigle
Böhringer Straße 26
72574 Bad Urach-Hengen
07125 3241
geigle.urach@t-online.de
www.naturgarten-geigle.de
Termine auf Anfrage
Nat

48 GRUORN
Wiederaufgebaute Kirche und Schulgebäude auf dem ehemaligen Truppenübungsplatz Münsingen im Biosphärengebiet Alb.
Komitee Gruorn
Hans Lamparter
Tragolfstraße 81
72525 Münsingen-Trailfingen
07381 1282
www.gruorn.de
Öffnungszeiten (Kirche und Schulhaus) ab Saisonbeginn: Sonn- und Feiertage: 11.00–18.00 Uhr
Bik, Fam, Gas, His, Nat, Wan

49 KLETTERN AUF DEN FELSEN DER SCHWÄBISCHEN ALB

In den Felsen der Schwäbischen Alb findet man vielfältige Routen in dreistelliger Zahl.
www.klettern.de/gebiete/deutschland/klettern-auf-der-schwaebischen-alb.380631.5.htm?skip=2
Nat, Spo

50 TOPOLINO FIGURENTHEATER

»Das Theater für alle, die gern mit dem Herzen lachen!«
Spielstätte: Musikschule Neu-Ulm
Gartenstraße 13
89231 Neu-Ulm
0731 713800
www.topolino-figurentheater.de
topolino-theater@gmx.de
The, Fam

51 FREILICHTMUSEUM BEUREN

23 historische Gebäude, die von ihren ursprünglichen Standorten ins Museumsgelände versetzt wurden.
Freilichtmuseum Beuren
In den Herbstwiesen
72660 Beuren
07025 91190 0
info@freilichtmuseum-beuren.de
www.freilichtmuseum-beuren.de
April bis Oktober:
Dienstag–Sonntag und an Feiertagen: 9.00–18.00 Uhr

52 FRAUENZIMMER im Fischerviertel/ Ulm
Frauenbekleidung – pur, feminin, casual, urban – Männer werden während des Einkaufs in der gemütlichen Sitzecke an der Blau geparkt ...
Fischergasse 1
89073 Ulm
Montag–Samstag von 10.00 bis 18.00 Uhr
0731 9691386
info@frauenzimmer-ulm.de
www.frauenzimmer.de
Sho

53 ULMER MÜNSTER
Das Münster verfügt über den höchsten Kirchturm der Welt und zählt zu den spätgotischen Großkirchen der europäischen Architektur. Die 768 Stufen in den Turm hinauf sorgen für Fitness und/ oder zitternde Knie.
Pfarramt Ost
Münsterplatz 21
89073 Ulm
0731 379945-13
www.ulmer-muenster.de
Turm täglich 9.00–15.45 Uhr geöffnet. Während der Monate mit langen Tagen auch 1 bis 3 Stunden länger.
His, Mus Fam

54 BLAUBEUREN – KLETTERN
Am nördlichen Stadtrand von Blaubeuren bieten Glasfels, Breitfels und Blaufels das beste Routenangebot für Anfänger. Der Wilhelmsfels ragt über dem Blaubeurer Freibad empor, dort ist unterhalb des siebten Grades so gut wie nichts zu finden. Direkt im Stadtgebiet

liegen das Klötzle Blei und der Bismarck. Auch diese beiden Felsen sind alles andere als leichtes Gelände.
http://www.ig-klettern-alb.de
Nat, Spo

55 KLETTERWALD LAICHINGEN
215 Kletterelemente auf 11 Parcours, die alters-, körper- bzw. griffhöhenabhängig sind: 5-7 Jahre: Körpergröße mind. 1,35 m;
8 Jahre: Körpergröße mind. 1,40 m;
ab 16 Jahre: Körpergröße mind. 1,70 m
Zur Stärkung gibt's zünftige Verpflegung.
Kletterwald Laichingen GmbH
Am Mehldorn 5
89150 Laichingen
07333 950 010 oder
0170 4756120 oder
0172 7337235
info@kletterwald-laichingen.de
www.kletterwald-laichingen.de
Ende März bis Anfang November
Fam, Nat, Spo, Gas

56 TORBOGENMUSEUM KÖNIGSBRONN
Das Museum konzentriert sich im Wesentlichen auf die Burg Herwartstein, das Kloster und die Hüttenwerke und als bundesdeutsche Einmaligkeit eine Fallen-, Wildschützen- und Jagdbilderausstellung. Termine für Gruppenführungen können jederzeit vereinbart werden.
Heimatmuseum
Paul-Reusch-Straße

89551 Königsbronn
07328 9625 0
Wenn man schon in Königsbronn Halt gemacht hat, sind ebenfalls sehenswert: Die FEILENSCHLEIFEREI, Brenzstraße 18
89551 Königsbronn und die mit viel Liebe zusammengestellte Sammlung im KÖNIGSBRONNER KANNEN MUSEUM in der Pfisterei gleich hinterm Bahnhof.
www.koenigsbronn.de
Aus, Mus

57 URACHER WASSERFALL
In mehreren Stufen stürzt das Wasser von der Hochfläche 37 Meter in die Tiefe, um weitere 50 Meter über Gestein talwärts zu fließen. Von April bis Mitte Oktober bewirtschaftete Hütte.
www.alb-tourismus.de/2010/07/uracher-wasserfall.html
Fam, Nat, Gas

58 BURGRUINE HOHENURACH
Die Burgruine ist jederzeit frei zugänglich, aber nur zu Fuß zu erreichen.
Kurverwaltung Bad Urach
Bei den Thermen 4
72574 Bad Urach
07125 9432 0
info@badurach.de
www.bad-urach.de
Fam, Nat

59 ULMER WOCHENMARKT AM MÜNSTERPLATZ

Bunter, vielfältiger Markt – ein Muss bei jedem Ulmbesuch.
Ulm-Messe GmbH
Marktwesen
Böfinger Str. 50
89073 Ulm
Tel: 0731 / 23260
marktwesen@ulm-messe.de
www.ulm-messe.de
Mittwochs und samstags von 6.00–13.00 Uhr
Fam, Sho, Spa

60 ROXY

Alternatives Kulturzentrum. Von lokalen Newcomern über kleine Theatergruppen bis hin zu internationalen Stars wird in den ehemaligen Magirus Fabrikhallen alles geboten. Einmal im Monat OPEN STAGE für Künstler aus allen Bereichen.
ROXY gemeinnützige GmbH
Schillerstraße 1/12
89077 Ulm
0731 968620
info@roxy.ulm.de
www.roxy.ulm.de
Fes, Kab, Kle, Kul, Les, Mu

61 THEATER NEU-ULM

Kleine Bühne, Schauspiel, Comedy, Humor, Lachen
Theater Neu-Ulm
Hermann-Köhl-Str. 3

89231 Neu-Ulm
0731 553412
kontakt@theater-neu-ulm.de
www.theater-neu-ulm.de
Com, Hum, The

62 KCC – RESTAURANT THEATER

Kampf gegen cerebrale Cellulitis. Das Restaurant-Theater hat sich vorrangig der leichten unterhaltenden Muse verschrieben: Komödien, Comedy und Kabarett. Bis 110 Personen.
KCC – Restaurant Theater
Pfarrer-Weiß-Weg 16–18
89077 Ulm
info@kcctheater.de
www.kcctheater.de
Mittwoch, Donnerstag: 18.30–24.00 Uhr
Freitag, Samstag: 18.30–1.00 Uhr
Dienstag (nur im Dezember): 18.30–24.00 Uhr
Nur mit Voranmeldung.
Com, Gas, The

63 KINDER-THEATER-WERKSTATT ULM

Seit 2003 zeigen feste Kindertheatergruppen und verschiedene Gasttheater wechselnde Programme. Personentheater und Figurentheater.
Kinder-Theater-Werkstatt Ulm
Schillerstr. 1
89077 Ulm
Telefon 0731 618788
www.kinder-theater-werkstatt.de
Die Kinder-Theater-Werkstatt Ulm bietet jeweils

am Sonntag um 11.00 und 15.00 Uhr ein buntes Programm.
Fam, The

64 FREIZEITBAD BAD BLAU
Salzbad im Soleaußenbecken, separater Badebereich für kleinere Kinder, Wasserrutsche, Abenteuerbecken, toben, Ball spielen, spritzen, tauchen, schwimmen …
Boschstraße 12
89134 Blaustein
badblau@blaustein.de
www.badblau.de
Montag–Donnerstag: 9.00–22.00 Uhr
Freitag: 9.00–23.00 Uhr
Samstag, Sonn- und Feiertage: 9.00–22.00 Uhr
Mittwoch 7.00–9.00 Uhr zusätzlich Frühschwimmen
Fam, Spo

65 SPARKASSENDOME DAV KLETTERWELT NEU-ULM
Indoor- und Outdoorklettern in den Schwierigkeitsgraden III–X auf beschichteten Holzwänden mit Strukturzusatzbauteilen sowie Speedwand und Wettkampfturm mit Duellkletterbahnen.
Nelsonallee 17
89231 Neu-Ulm
0731 60307510
info@sparkassendome.de
www.sparkassendome.de
Täglich 9.00–23.00 Uhr
Fam, Kle, Spo, Gas

66 SCHIFFFAHRT ULMER SPATZ

Einstiegstellen am Metzgerturm und in der Friedrichsau. Auf und an dem Schiff arbeiten Menschen mit und ohne Behinderungen. Gelebte Inklusion im Zentrum der Gesellschaft.

Ulmer Spatz
0176 19131695
e.doleschel@adis-ggmbh.de
www.ulmer-schifffahrt.de

Fam

67 DONAUBAD WONNEMAR

Mega-Rutschen-Tower, Kinderspielburg und Wonniland für die Kleinen, Strömungskanal im Außenbecken, Urlaubsfeeling am Strand, Brandung im Abenteuerbecken, Gastronomie in urlaubsbetontem Ambiente.

Donaubad Wonnemar Ulm/Neu-Ulm
Wiblinger Str. 55
89231 Neu-Ulm
0731 985599 0
ulm@wonnemar.de
www.wonnemar.de

Oktober–April: Sonntag–Donnerstag: 10.00–22.00 Uhr
Freitag und Samstag: 10.00–23.00 Uhr
Mai–September: Sonntag–Donnerstag: 10.00–21.00 Uhr (Sauna bis 22 Uhr),
Freitag und Samstag: 10.00–22.00 Uhr

Fam, Spo, Gas

68 SCHILDKRÖTEN- und REPTILIENZOO

70 Schildkrötenarten, Echsen, Schlangen und Insekten.
Brunnenweg 46
89231 Neu-Ulm
0163 5346093
info@schildkroeten-zoo.de
www.schildkroeten-zoo.de
Täglich 10.00–18.00 Uhr
Fam

69 KINDERMUSEUM

Ausprobieren und spielerisches Erforschen im Rollenspiel, beim Bauen, Zuhören und im gemeinsamen Erleben.
Edwin Scharff Museum
Petrusplatz 4
89231 Neu-Ulm
0731 7050 2555
kindermuseum@neu-ulm.de
www.edwinscharffmuseum.de
Dienstag, Mittwoch: 13.00–17.00 Uhr
Donnerstag–Samstag: 13.00–18.00 Uhr
Sonntag: 10.00–18.00 Uhr
Montag: geschlossen
Aus, Fam

70 HAUPT- UND LANDGESTÜT MARBACH

Ältestes staatliches Gestüt Deutschlands. Hochrangige Pferdesport-Ereignisse, Schauprogramme, Besichtigungen. Führungen können u. a. mit Planwagen- oder Kutschfahrten kombiniert werden.
Gestütshof 1

72532 Gomadingen
07385 9695 0
poststelle@hul.bwl.de
http://www.gestuet-marbach.de
Ganzjährig, täglich
Fam, Kon, Kul, Mu, Spo, Gas

71 ULMER VOLKSFEST
In der Friedrichsau. Dauer 11 Tage, bis zum Schwörmontag.
Böfinger Straße 50
89073 Ulm
www.ulmer-volksfest.de
Montag bis Samstag: 14.00–0.00 Uhr
Sonntag: 11.00–0.00 Uhr
am Schwörmontag: 12.00–open End
Fam, Fes, Gas

72 EINSTEIN-MARATHON
Jeweils im September, Start Donauhalle, Ziel Münsterplatz. Vielfältige Startmöglichkeiten: Einstein-Marathon mit 42.195 km, Halbmarathon, Inline-Halbmarathon, Handbike-Halbmarathon, Power Nordic Walking, Gesundheitslauf ca. 5 km, Citylauf ca. 10 km, Walk ca. 10 km, Jugendläufe: 800–5.000 m, Mini-Marathon (Bambini): ca. 421 m. Eine der größten Laufveranstaltungen Süddeutschlands mit jährlich über 20.000 Läufern.
SUN Sportmanagement GmbH
0731 88015030
info@einstein-marathon.de
www.einsteinmarathon.de
Spo

73 ULMER NACHTLAUF

Jährlich im Sommer mit folgenden Startmöglichkeiten: Einzelstart 100 km, Einzelstart 50 km, Einzelstart 80 km, Zweier-Staffel 100 km (50/50 km), Vierer-Staffel 100 km (20/30/30/20 km), Achter-Staffel 100 km (11,5/8,5/15/15/12,5/17,5/10/10 km). Separate Starts für 50 km Einzel, Frühstart für Volkswanderer.

SUN Sportmanagement GmbH

0731 88015030

www.ulmer-laufnacht.de

info@ulmer-laufnacht.de

Spo

74 SCHWÄBISCHE ALB

Wandern, Radfahren, Spazierengehen im Herbst. Zu dieser Jahreszeit sind schon allein die farbenprächtigen Mischwälder der Schwäbischen Alb eine Reise wert.

Bik, Fam, Nat, Spa, Wa

75 PONYHOF & MÄRCHENPARK ZWERGENTAL

20 gepflegte Ponys für Kinder bis 12 Jahre und max. 45 kg. Ca. 1,5 km langer Reitweg. Märchenpark mit 13 Märchenhäuschen und Figuren aus Dornröschen, Hänsel und Gretel und anderen bekannten Märchen. Kaninchen- und Ziegengehege, Fahrt im »Ponyhof-Express« oder im »Raupenzügle«. Abenteuerspielplatz, große Grillstelle, Biergarten.

Fam. Mahler

Beim Ponyhof 1

89150 Laichingen-Machtolsheim

07333 5600

www.ponymaerchenpark.de

maerchenpark@t-online.de
Von Ostern bis Anfang November täglich 9.00–18.00 Uhr
Fam, Nat, Spa

76 NATURSCHUTZZENTRUM SCHOPFLOCHER ALB

Schwerpunkt der Dauerausstellung ist der Albtrauf. 15 interaktive Stationen zur Entdeckung geologischer, landschaftlicher und biologischer Besonderheiten. Gedichte von Eduard Mörike, Sitzinsel mit Sagen von der Alb. Naturspielplatz, Schaugarten, Marmorsteinbruch ...
Stiftung Naturschutzzentrum Schopflocher Alb
Vogelloch 1
73252 Lenningen-Schopfloch
07026 95012 0
info@naturschutzzentrum-schopfloch.de
www.naturschutz.landbw.de/servlet/is/67512
Fam, His, Nat, Spa

77 GUTENBERGER HÖHLEN

Hoch über dem Ort liegende Gutenberger Höhle sowie die Gußmannshöhle. Die Gutenberger Höhle ist eine Karsthöhle, hat eine Gesamtlänge von rund 200 m und besteht aus sechs Hallen. Sie zeichnet sich durch ihren schönen Tropfsteinschmuck aus. Die kleinere Gußmannshöhle liegt nur etwa 100 m neben der Gutenberger Höhle. Sie besteht aus 4 Hallen und ist 55 m lang.
Ortschaftsverwaltung Gutenberg
07026 7822
www.lenningen.de/sehenswuerdigkeiten

Führungen von Mai bis Mitte Oktober.
Samstag: 13.00–16.00 Uhr
Sonn- und Feiertage: 10.00–16.00 Uhr

78 GUSTAV JACOB HÖHLE

Längste durchgängige Höhle der Alb – kaum beschildert.
Schmale Waldpfade führen von der Ruine Hofen zur Gustav-Jakob-Höhle. Bei feuchter Witterung gefährlich rutschig, kann bei entsprechender Vorsicht jedoch auch von Kindern mit erwachsener Begleitung besucht werden. Zum Schutz der Fledermäuse vom 01. Oktober bis 31. März verschlossen.
Gemeindeverwaltung Grabenstetten
Böhringer Straße 10
72582 Grabenstetten
07382 387
www.grabenstetten.de/index.php?id=72
Fam, Höh, Wa

79 OPERNFESTSPIELE HEIDENHEIM

Seit über 50 Jahren alljährlich im Sommer auf Schloss Hellenstein (Rittersaal) bzw. im Festspielhaus Congress Centrum.
Festspiele und Kulturbüro
Grabenstraße 15
89522 Heidenheim an der Brenz
0 73 21 3 27 42 00
kultur@heidenheim.de
www.heidenheim.de/,Lde/startseite/Tourismus/Heidenheim_Opernfestspiele.html
Kon, Klu, Mu

80 STERNWARTE DES HEIDENHEIMER ASTRONOMIEVEREINS e.V.

Regelmäßige Fernrohrbeobachtungen unter Anleitung erfahrener Amateurastronomen, und zwar grundsätzlich Freitagabend (Sternbeobachtung) und an jedem zweiten Sonntagnachmittag (Sonnenbeobachtung).

Willi Hüll
Emil-Nolde-Straße 6
89520 Heidenheim
Tel. 0 73 21/ 6 37 80
willi.huell@web.de
www.astronomie-heidenheim.de/

Aus, Nat

81 VEREIN ZUR FÖRDERUNG DES NEW ORLEANS JAZZ e.V.

An unterschiedlichen Veranstaltungsorten werden in Ulm und Neu-Ulm Dixieland Jazz (ab 1910) & Chicago Jazz (ab 1920) dargeboten. Programm und weitere Informationen im Internet.

Grundweg 30
89231 Neu-Ulm
0731 7253307
info@jazz-in-ulm.de
www.jazz-in-ulm.de

Kon, Mu

82 GLÄSERNE NUDELPRODUKTION

Geboten wird ein Blick hinter die Kulissen der Nudelproduktion. Herkunft, Anlieferung der Rohstoffe, Teigmischung, Trocknung, fertig verpackte Nudeln –

Lebensmittelherstellung transparent und nachvollziehbar. Führung ca. 60 Minuten mit Besuch der Ausstellung Nudelwelt: historisch, künstlerisch, einzigartig.
ALB-GOLD Teigwaren GmbH
Im Grindel 1
72818 Trochtelfingen
07124 92 91-155
info@alb-gold.de
www.alb-gold.com/de/kundenzentrum/glaeserne-produktion
Einzelgäste, Familien, kleine Gruppen–Anmeldung erforderlich.
Führungen von Montag bis Freitag: 11.30 Uhr. Während der Schulferien in Ba-Wü zusätzlich um 14.30 Uhr.

83 SPÄTZLE EXPRESS
Der Schienenbus Ulmer Spatz bringt Wanderer, Radtouristen, Schulen, Vereine … auf die Alb. Ulm-Hbf (9.22 Uhr), dann Halte in Blaubeuren, Schelklingen, Schmiechen, Hütten, Sondernach, Münsingen, Grafeneck, Marbach, Gomadingen, Offenhausen, Kohlstetten, Kleinengstingen, Haidkapelle. Zielhalt in Trochtelfingen um 11.27 Uhr. Rückfahrt ab Trochtelfingen um 16.15 Uhr mit allen Zwischenhalten bis Ulm.
SWU traffiti in Ulm
Neue Straße 79
89073 Ulm
0731 1662124
traffiti@swu.de

Achtung: Termine bitte anfragen! Die Radmitnahme im Fahrradwagen ist kostenlos.

84 RULAMANWEG

Namensgeber dieses kleinen Themenweges im Seeburger Tal bei Bad Urach ist David Friedrich Weinlands junger Romanheld Rulaman (erschienen 1878), der zwischen Stein- und Bronzezeit in der Schillerhöhle bei Hohenwittlingen seine Abenteuer erlebte. Der Rulamanweg ist nur ca. 500 m lang, aber jeder Schritt versetzt den Besucher 1.000 Jahre in die Geschichte zurück. Tafeln erläutern Werkzeugtechniken und Kunstwerke aus früheren Jahrtausenden und die Kulturgeschichte von damals bis heute. Ausgangspunkt ist der Parkplatz zwischen Bad Urach und Seeburg.

Kurverwaltung Bad Urach
Bei den Thermen 4
72574 Bad Urach
07125 9432 0
info@badurach.de
www.albtips.de/tag/rulamanweg
Fam, Höh, Nat

85 BÄRENHÖHLE

Die Karls- und Bärenhöhle oder auch Erpfinger Höhle liegt nicht weit entfernt von Sonnenbühl/ Ortsteil Erpfingen. Mit jährlich etwa 90.000 Besuchern ist diese Tropfsteinhöhle die meistbesuchte Schauhöhle der Schwäbischen Alb und eine der meistbesuchten Höhlen in Deutschland. Ihren Namen verdankt sie den zahlreichen dort gefundenen Skeletten von Höh-

lenbären. Schädel, Knochen sowie ein restauriertes Bärenskelett können in der Höhle besichtigt werden.
Rathaus Undingen
Hauptstraße 2
72820 Sonnenbühl-Undingen
Fon: 07128/925-18
info@sonnenbuehl.de
www.sonnenbuehl.de/data/baerenKarlshoehle.php
April bis Ende Herbstferien in Ba-Wü.: täglich 9.00–17.30 Uhr
November und März: Samstag, Sonntag und Feiertage: 9.00–17.00 Uhr
Dezember bis Februar: Winterpause
Fam, His, Höh

86 FREIZEITPARK TRAUMLAND AUF DER BÄRENHÖHLE

Kinder-Wildwasserbahn, mittelgroßes Riesenrad, Jumping Tower, Raupenbahn, Ponyreiten, Riesenrutsche, Spielplatz, Streichelzoo; Hüpfzelt und Bobby-Car-Bahn für Kleinkinder.
Freizeitpark Traumland GbR
Auf der Bärenhöhle
72820 Sonnenbühl
07128 2158 oder 2159
info@freizeitpark-traumland.de
www.freizeitpark-traumland.de
Mitte April bis Mitte September: täglich 9.30–18.00 Uhr
Mitte September bis Anfang November: täglich 9.30–17.00 Uhr Fahrbetrieb jeweils ab 10.00 Uhr. Während der Vor- und Nachsaison werden die Fahrgeschäfte

zur Mittagszeit reihum für eine halbe Stunde geschlossen.
Fam, Höh

87 OSTEREIMUSEUM SONNENBÜHL-ERPFINGEN

Über 1.000 Exponate bilden diese einzigartige Sammlung, die einen Einblick in alte und neue Osterbräuche verschafft.
Osterei-Museum
Steigstraße 8
72820 Sonnenbühl-Erpfingen
07128 774
www.sonnenbuehl.de/data/ostereierAdresse.php
Mitte März bis Mitte Juni: Dienstag bis Samstag: 10.00–17.00 Uhr
Sonn- und Feiertage: 11.00–17.00 Uhr
Montag: geschlossen
Mitte Juni bis Ende Oktober: Sonntag 11.00–17.00 Uhr
Weitere Sonderöffnungstage auf Anfrage.

88 MOUNTAINBIKE PARK MÜNSINGEN

Öffentliche Einrichtung der Stadt Münsingen beim Sportgelände Wiesental (Grafenecker Straße). Von der Radabteilung der TSG Münsingen zu Trainingszwecken und für Wettkämpfe eingerichtet.
Touristik Information Münsingen
Hauptstr. 13
72525 Münsingen
07381 182145
touristinfo@muensingen.de
www.muensingen.de

Kostenlose Nutzung auf eigene Gefahr möglich. Helmpflicht!
Bik, Spo

89 BAHNHOF MÜNSINGEN – LOKSCHUPPEN
Restaurierte Dampfloks und Schienenbusse. Dampfzugfahrten, Schienenbusfahrten, Charterfahrten, Events im Lokschuppen …
Schwäbische Alb-Bahn e.V.
Bahnhofstr. 8
72525 Münsingen
07381 5017556
info@bahnhof-muensingen.de
www.bahnhof-muensingen.de/
Fam, His

90 BAUERNHAUSMUSEUM ÖDENWALDSTETTEN
Zwei Gebäude einer Althofstelle aus der Zeit um 1600 und von 1859 veranschaulichen das einstige bäuerliche Wohnen und Arbeiten auf der Schwäbischen Alb. Historischer Bauerngarten mit selten gewordenen
Kulturpflanzen, Heil- und Gewürzkräutern, landwirtschaftliches Schaufeld. Darstellungen bäuerlichen Handwerks von Besenbinder, Korbmacher, Wagner, Weber und Schuhmacher in den jeweiligen Werkstätten. Gut erhaltene und funktionstüchtige Schmiede.
Jahnweg 1-3
Ödenwaldstetten
72531 Hohenstein
07387 9870 0

rathaus@gemeinde-hohenstein.de
www.gemeinde-hohenstein.de
01. Mai bis 31. Oktober: Mittwoch, Sonntag und an Feiertagen: 14.00–17.00 Uhr,
August bis September: auch Samstag von 14.00–17.00 Uhr
Außerhalb der Öffnungszeiten Voranmeldung für Gruppen möglich.
Fam, His, Kul

91 KANUTOUREN AUF DER LAUTER
Kanutour zwischen Buttenhausen und Indelhausen mit kleinen Stromschnellen und Wasserfällen.
Kanutouren im Wilden Süden e.K.
Fürstenbergstraße 2
72525 Münsingen – Bichishausen
07383 408
info@kanutouren.com
www.kanutouren.com
Fam, Spo

92 WÜRTTEMBERGISCHES PSYCHIATRIEMUSEUM
Ein Rundgang in der Friedhofskapelle des Zentrums für Psychiatrie führt von den Anfängen der württembergischen Irrenanstalt im frühen 19. Jahrhundert bis zum Psychiatrischen Landeskrankenhaus Zwiefalten des 21. Jahrhunderts.
Leidenswege einzelner Patienten sowie die bedrückende Zeit der »Vernichtung unwerten Lebens« sind anschaulich dokumentiert.
Hauptstraße 9
88529 Zwiefalten

www.projektkompanie.de
bodo.ruedenburg@zfp-zwiefalten.de
Anmeldung Museumsführungen: 07373 10 3223.
Freitag: 13.30–16.30 Uhr
Sonntag: 13.30–17.00 Uhr und nach Vereinbarung

93 CAT

Ehrenamtlich verwalteter Veranstaltungsort für Konzerte und Diskoveranstaltungen. Seit 1988. Musikalische Schwerpunkte: Rock, Indie, Punk, Sing- and Songwriter, Metal und Elektro. Außerdem Veranstaltungen wie z. B. das Rollenspieler-Treffen CatCon.
Prittwitzstraße 36
89075 Ulm
0731 601110
chef@cat-ulm.de
www.cat-ulm.de
Kon, Mu

94 JAZZKELLER SAUSCHDALL

Kommerzfrei, ehrenamtlich, Jazz im Keller. Vielseitiges Repertoire zeitgenössischer Musik und Kultur. Neben Jazz (als Steckenpferd) auch populäres Artverwandtes oder völlig Artfremdes. Sonntagskonzerte: mit Schwerpunkt Indi, Folk und Songwriting. Partys: ›ElectricMusic4EclecticPeople‹ und ›GipsyDiskoMadness‹.
Prittwitzstr. 36
89075 Ulm
0731 601210 (nur während der Veranstaltungen besetzt)
chef@sauschdall.de
www.sauschdall.de
Kon, Mu

95 STADTGESCHICHTLICHE AUSSTELLUNG

Im historischen Gewölbesaal im Schwörhaus.
Exponate, Modelle, großflächige Darstellungen sowie interaktive mediale Installationen bringen den Besuchern die Ereignisse und Themen der Ulmer Stadtgeschichte von den Anfängen bis zur Gegenwart näher.
WEINHOF 12
89073 Ulm
0731 1614204
stadtarchiv@ulm.de
www.stadtarchiv.ulm.de
Lesesaal:
Montag–Mittwoch: 8.30–17.00 Uhr
Donnerstag: 8.30–18.00 Uhr
Freitag: 8.00–14.00 Uhr
Dauerausstellung Geschichte Ulms: Dienstag–Sonntag: 11.00–17.00 Uhr
Montag und Feiertage: geschlossen
Eintritt frei
Aus, His, Mus

96 BALLONFAHREN

In Höhen zwischen 150 m und 2.500 m über dem Boden haben Sie grandiose Ausblicke auf die Schwäbische Alb mit ihren Tälern, Bergrücken, Schlössern und Burgen.
Startplätze: In Sonnenbühl, um Metzingen, um Kirchheim unter Teck, um Münsingen.
Ballonteam Sonnenbühl
Günther Binder
Löherstraße 25
72820 Sonnenbühl-Willmandingen
07128 1724

kontakt@ballonteam-sonnenbuehl.de
www.ballonteam-sonnenbuehl.de
Fam, Nat

97 BALLONFAHREN
Alb-Ballooning hat sich auf die Durchführung von Ballonfahrten im Raum Ulm, Heidenheim und Laichingen spezialisiert.
Alb-Ballooning
Inh. Jörg Pfeiffer
Eichenweg 14
89174 Altheim /Alb
073 40 91 84 440
alb-ballooning@t-online.de
www.alb-ballooning.de

98 ERLEBNISFLÜGE IM BIOSPHÄRENGEBIET SCHWÄBISCHE ALB
Das Biosphärengebiet Schwäbische Alb aus ungewöhnlicher Perspektive. Im Tragschrauber mit außergewöhnlichen Flugeigenschaften (Gyrocopter genannt) über die Schwäbische Alb.
Beratung und Buchung:
med-i-tec Service GmbH
Werner Schrägle
Felsenstraße10
72820 Sonnenbühl
0800 7702536 (Festnetz)
0160 5828286 (mobil)
info@biosphaeren-flug.de
www.biosphaeren-flug.de
Barrierefreie Therapieflüge möglich.

99 BLAUTOPFBÄHNLE

Panoramatour durch die schönsten Gassen der mittelalterlichen Innenstadt und auf idyllischen Wegen zu herrlichen Plätzen und wunderschönen Ausblicken (Dauer ca. 75 min).
Auto-Mann GmbH & Co.
Steingrubenstraße 13
89143 Blaubeuren
07344 963030
info@auto-mann.com
www.auto-mann.com
Mitte April bis Ende Oktober ab Blautopf.
Freitag: 14.30 Uhr und 16.00 Uhr
Samstag, Sonn- und Feiertage: 11.00 Uhr, 14.00 Uhr, 15.30 Uhr und 17.00 Uhr
Extratouren für Gruppen auf Anfrage möglich.
Fam, His

100 WANDERREITEN SCHWÄBISCHE ALB

Ob ein, zwei oder drei Tage, ob mit oder ohne Führung, ob mit eigenem oder geliehenem Pferd – die Auswahl der Touren ist vielfältig.
Verein Mittlere Alb zu Pferde e.V.
Hundersinger Straße 13
72525 Münsingen-Bremelau
07383 942157
info@wanderreiten-alb.de
www.wanderreiten-alb.de/
Fam, Nat, Spo, Wan

101 HISTORISCHE ARBEITERSIEDLUNG KUCHEN

Um zuverlässige Arbeiter dauerhaft zu halten, ließ der Baumwoll-Industrielle Arnold Staub eine Arbeitersiedlung erbauen. Für die zu jener Zeit vorbildliche Ausstattung (Kultur-, Freizeit-, Versorgungs- und Gesundheitseinrichtungen) erhielt Staub 1867 zur Weltausstellung in Paris den Großen Preis mit Goldmedaille. Die industrielle Mustersiedlung Kuchen zählt zu den interessantesten Anlagen dieser Art in Mitteleuropa.

Gemeinde Kuchen
Marktplatz 11
73329 Kuchen
07331 9882 0
bma@kuchen.de
www.kuchen.de
Anmeldung zur Führung:
Helmut Junginger
Weberallee 13
73329 Kuchen
07331 8125
Aus, Fam, His

102 LOIPEN UND SKILIFT IN LAICHINGEN

Bei entsprechender Schneelage kann man am Skilift Laichingen nicht nur alpin Skifahren. Es steht auch ein Schlittenlift zur Verfügung. Darüber hinaus sind 5 Loipen mit insgesamt ca. 30 Kilometern gespurt, die vom Anfänger bis zum aktiven Sportler in unterschiedlichen Schwierigkeitsgraden genutzt werden können. Die gut geräumten Waldwege laden ein,

die rings um Laichingen wunderbare Landschaft bei sportlicher Erholung zu genießen. Für alle Loipen stehen Parkplätze am Skilift Laichingen und an der Skihütte des TSV Laichingen zur Verfügung.
Informationen:
Skitelefon: 07333 6430
Tourist-Info: 07333 8516
www.skilift-laichingen.de

103 WILDPARK EICHERT
Im Wald auf dem Heidenheimer Schlossberg kann man das ganze Jahr über bei freiem Eintritt Enten, Gänse, Hühner, Fasane, Wildschweine, Stein- und Gamsböcke in natürlicher Umgebung beobachten. Füttern mit kostengünstigem Spezialfutter erlaubt. Parkplätze vorhanden.
Tourist-Information
Elmar-Doch-Haus
Hauptstraße 34
89522 Heidenheim
07321 327 4910
tourist-information@heidenheim.de
Stadtförsterei
07321 327 1510
horst.buehrle@heidenheim.de
www.heidenheim.de
Fam, Run, Spa, Nat

104 BASKETBALL IN ULM
Seit einigen Jahren ist Ulm durch die Mannschaft ratiopharm Ulm mit dem Basketballfieber infiziert. Seit Aufstieg in die 1. Bundesliga hat es das Team

mehrfach in die Play-offs (Endrunde der besten acht) geschafft.
tickets@basketball-ulm.com
0731 159 2999 99
Wer ein Spiel in der ratiopharm-Arena (Europastraße 25/ Neu-Ulm) verfolgen möchte, sollte sich frühzeitig um Karten kümmern!
Spo

105 BIERKULTURSTADT EHINGEN
Neben der Besichtigung von vier unabhängigen historischen Brauereien bietet Ehingen Ausstellungen, kulinarische Veranstaltungen, Anstich-Feste, Musikkonzerte … rund ums Thema Bier.
Stadt Ehingen (Donau)
Stadtmarketing/Tourismus
Marktplatz 1
89584 Ehingen
07391 503 216
r.koch@ehingen.de
www.ehingen.de
www.bierkulturstadt.info
Aus, Gas, Fes, His

106 BLAUTOPF BLAUBEUREN
Der Blautopf (Ursprung der Blau, die nach etwa 15 km in Ulm in die Donau mündet) ist die zweit wasserreichste Karstquelle (unterirdische Entwässerung eines Gebiets mit oft sehr starker »Schüttung«) Deutschlands. Je nach Lichteinfall hat der Blautopf eine mehr oder weniger intensive blaue Färbung. Es gibt steile und flache Wanderwege in nächster Umge-

bung. Immer einen Besuch wert sind das historische Hammerwerk und das Kloster Blaubeuren gleich neben dem Blautopf. In einer Wassertiefe von ca. 21 Metern liegt der Einstieg zur Blauhöhle, die jedoch nur von ausgebildeten Höhlentauchern betaucht werden kann.

Stadt Blaubeuren
Bürgermeisteramt
Karlstraße 2
89143 Blaubeuren
07344 9669 0
info@blaubeuren.de
www.blaubeuren.de/de/Tourismus/Blautopf
Fam, Gas, Höh, Nat, Wan

107 PLANETARIUM UND STERNWARTE LAUPHEIM

Zu Beginn jeder Planetariums-Vorführung werden der aktuelle Sternenhimmel, der Planetenlauf sowie besondere astronomische Ereignisse, die am Himmel zu sehen sind, erklärt.

Während der öffentlichen Beobachtungsabende der Sternwarte wird die Faszination des Kosmos am Teleskop selbst erlebt. Es eröffnen sich Blicke auf Mondgebirge, Mondkrater, den Jupiter oder den Mars bis hin zu faszinierenden Gasnebeln in fernen Galaxien.

Volkssternwarte Laupheim e.V.
Milchstraße 1
88471 Laupheim
07392 91059
www.planetarium-laupheim.de
PLANETARIUM:

Mittwoch und Freitag: 19.30 Uhr
Samstag: 19.00 Uhr, 20.15 Uhr
Sonn- und Feiertage: 14.30 Uhr, 16.00 Uhr
Zusätzliche Termine am Reservierungstelefon
KINDERSHOW:
Jeden 1. Sonntag im Monat um 13.30 Uhr
STERNWARTE:
Oktober bis März: Mittwoch, Freitag: ab 20.00 Uhr
Sonnenbeobachtung April bis September: Sonntag: 15.00–17.00 Uhr
Jeweils nur bei klarem Himmel.
Fam, Nat

108 DRACHEN- UND GLEITSCHIRMFLIEGEN
Münsingen-Buttenhausen
Fluggelände mit Hangstart an der »Oberen Tonhalde«. Gastflieger willkommen. Höhendifferenz 110 Meter. Zufahrt vom Parkplatz am Landeplatz auf die Startwiese der »Oberen Tonhalde« mit dem Auto ist möglich. Info und Anmeldung für Gastflieger:
Martin Nedele
Bussardstraße 4
72829 Engstingen
07129 6009065
info@dgv-piloten.de
www.dgv-piloten.de

109 HERBSTLICHE MUSIKTAGE BAD URACH
Der Kammersänger Hermann Prey rief das jährliche Klassische Musikfestival ins Leben. In den Aufführungsorten Amanduskirche, Festhalle und Stadthalle Metzingen können Liebhaber klassischer

Musik alljährlich ein vielfältiges Programm genießen.
Hermann-Prey-Platz 1
72574 Bad Urach
07125 9460 6
info@herbstliche-musiktage.de
www.herbstliche-musiktage.de
Jeweils Ende September – Anfang Oktober

110 KUTSCH- UND SCHLITTENFAHRTEN

Kutsch- und Schlittenfahrten durch die wunderschöne Landschaft der Albhochfläche rund um Böhringen. Zu besonderen Anlässen oder einfach so.
Reiter- und Ferienhof Schepper
Elbeweg 30
72587 Römerstein-Böhringen
07382 229
www.ferienhof-schepper.de
Außerdem Reiterferien, Ponyreiten, Reitstunden, Urlaub mit eigenem Pferd ...
Fam, Spo

111 NATURTHEATER HAYINGEN

Volkstheater auf der Schwäbischen Alb seit 64 Jahren. Spaß für Jung und Alt. Auf einer großen Bühne mitten im Wald spielen Laienschauspieler in gut verständlichem Schwäbisch.
Naturtheater der Stadt Hayingen
Kirchstraße 8
72534 Hayingen
07386 286
www.naturtheater-hayingen.de

Jeweils Juli–August. Seit 2013 ein Kinder- und Erwachsenenstück sowie Gastspiele und Kino.
Fam, The

112 KELTENMUSEUM HEIDENGRABEN
Mit einer Fläche von 1.662 Hektar ist diese keltische Fundstätte die größte stadtähnliche befestigte Siedlung Deutschlands und eine der größten Europas. Gemeindeverwaltung Grabenstetten
Böhringer Straße 7
72582 Grabenstetten
07382 387
www.kelten-heidengraben.de/index.php?l=DE
Mai bis Oktober: Sonntag: 14.00–17.00 Uhr
Führungen durch das Museum nach Terminabsprache.
Telefonische Anmeldung notwendig. Eintritt frei.
Fam, His, Mus

113 SCHLITTENHUNDEFAHRT
Auf die 2 Gespanne, bestehend aus jeweils 7-9 Hunden, passen ein Erwachsener und ein Kind.
Thomas und Margit Hau
Wiesentalstraße 11
72574 Bad Urach-Seeburg
07381 500011
margithau@t-online.de
www.schlittenhunde-fahrten.de
Fahrten mit dem Trainingswagen nur nach Voranmeldung. Im Herbst, Winter und Frühjahr: Samstag oder Sonntag 8.00 Uhr Dauer der Veranstaltung: 2–3 Stunden, je kälter, desto länger.

114 WILHELM-HAUFF-MUSEUM

Das 2013 neugestaltete Museum dokumentiert das Werk des schwäbischen Dichters Wilhelm Hauff (1802–1827). Neben seinem populärsten Roman »Der Lichtenstein« sind auch vielen noch die Märchen »Zwerg Nase«, »Kalif Storch«, »Der kleine Muck« oder »Das kalte Herz« geläufig.

Geboten werden in diesem Museum Familien- und Seniorenprogramme, altersabgestimmte Konzepte für Schulklassen sowie Sommerferienprogramme für Kinder.

Echazstraße 2
72805 Lichtenstein-Honau
07129 2356
www.gemeinde-lichtenstein.de
Ganzjährig Samstag, Sonn- und Feiertage: 14.00–17.00 Uhr Gruppen nach Vereinbarung.
Fam, Lit, Kul

115 EHINGER JAZZTAGE

Jeweils am zweiten Oktoberwochenende jährliches Highlight des Jazzclubs Ehingen, der darüber hinaus monatlich ein Konzert unterschiedlicher Stilrichtungen in Ehingen organisiert.

Jazzclub Ehingen e.V.
Ährenweg 4
89584 Ehingen (Donau)
07391 708253
jazzclub-ehingen@freenet.de
jazzclubehingen@gmx.de
Mu

116 ULMER/ NEU-ULMER KULTURNACHT
Jährliche Kulturnacht im September.
Musik, Bildende Kunst, Installation, Film/ Medien, Darstellende Kunst, Literatur, Kinderkultur …
Ansprechpartner für das Organisationsteam:
Christian M. Pfeifer
Stadt Ulm/Kulturabteilung
Frauenstraße 19
89073 Ulm
0731 161 4701
www.kultur-in-ulm.de/web/kulturnacht/index.php
Eintrittskarte berechtigt zur freien Nutzung des ÖPNV.
Aus, Fam, Fes, Kle, Les, Mu, The

117 ALTES LAGER im BIOSPHÄRENGEBIET SCHWÄBISCHE ALB.
Museum mit einer militärhistorischen Sammlung vielfältiger Originalstücke. Aufarbeitung der 110-jährigen Geschichte als Truppenübungsplatz.
Traditionsgem. Truppenübungsplatz Münsingen e.V.
Altes Lager – Gebäude Eco
72525 Münsingen-Auingen
07382 2505
Info Führungen:
norbert@alteslagermuseum.com
www.alteslagermuseum.com
Öffnungszeiten (sonntags) auf Anfrage.
Aus, His

118 WOLFERTTURM EHINGEN

Die Panoramaaussicht genießen vom 1891 errichteten Turm. Gut per Fahrrad erreichbar. Parkanlage und Kinderspielplatz.

Stadtverwaltung Ehingen (Donau) – Stadtbauamt
Marktplatz 1
89584 Ehingen (Donau)
Telefon 07391/503123
r.koch@ehingen.de
Ostermontag bis Oktober: jeweils am ersten Sonntag des Monats von 10.00–12.00 Uhr und von 14.00–16.00 Uhr
Freier Eintritt
Bik, Fam

119 GREIFVOGELSTATION IM WILDPARK EICHERT/ HECHINGEN

Falken, Kauze, Bussarde, Eulen, Uhus, Adler … faszinieren bei der Vorführung durch ihre Falkner das Publikum.

89522 Heidenheim
Stationsleitung 0152/01926450
greifvogelstation.heidenheim@yahoo.de
www.greifvogelstation-heidenheim.de
Öffnungszeiten Wildpark Eichert:
Samstag: 11.00–17.00 Uhr
Sonntag: 11.00–17.20 Uhr
Flugvorführungen bei trockener Witterung:
April bis November: Samstag und Sonntag: 15.00 Uhr
Weitere Termine auf Anfrage.
Fam, Nat, Spa

120 ÜBERNACHTUNGEN IM SCHÄFERWAGEN
2 Nächte bei nostalgischer Gemütlichkeit im holzgetäfelten Schäferwagen zum erschwinglichen Preis (inkl. Eintritt Biosphärenzentrum und Frühstück).
Hofgut Hopfenburg GmbH
Hopfenburg 12
72525 Münsingen
07381 93119314
info@hofgut-hopfenburg.de
Nat

121 FISCHERVIERTEL
Ob abends oder tagsüber – ein Gang durch das an der Mündung der Blau in die Donau gelegene Viertel ist immer einen Besuch wert. Gassen, Brücken, winkelige Durchgänge, schiefe, jedoch sorgfältig restaurierte Fachwerkhäuser prägen das Altstadtviertel. Das Fischerviertel bietet vielfältige Gastronomie, Galerien, Einzelhandel und immer wieder überraschende Blicke um die nächste Ecke.
info@tourismus.ulm.de
www.tourismus.ulm.de/web/de/ulm-und-neu-ulm/historisches/fischerviertel.php
Gas, His, Run, Sho, Spa

122 URGESCHICHTLICHES MUSEUM BLAUBEUREN
Neben Einblicken in das Leben während der Eiszeit und der Ausstellung von Exponaten aus Steinzeithöhlen (u.v.m.) bietet das Museum auch aktionsreiche Kindergeburtstage, Führungen für Familien, Schulklassen sowie Kinder-, Jugend- oder Erwachsenengruppen.

Urgeschichtliches Museum Blaubeuren
Kirchplatz 10
89143 Blaubeuren
07344 9669 90
info@urmu.de
www.urmu.de/willkommen
Sommersaison (Mitte Mai bis Ende November):
Dienstag– Sonntag: 10.00–17.00 Uhr
Wintersaison (Dezember bis Mitte März):
Dienstag und Samstag: 14.00–17.00 Uhr
Sonntag: 10.00–17.00 Uhr
Aus, Fam, His, Mus

123 HAUS DER STADTGESCHICHTE – STADTARCHIV

Von der Erstnennung aus dem Jahr 854 bis in die Gegenwart des 21. Jahrhunderts bietet die Dauerausstellung Einblicke in Ulms Geschichte. Hauptstelle im
Schwörhaus
Weinhof 12
89073 Ulm
0731 161 4200
www.ulm.de
Dienstag– Sonntag: 11.00–17.00 Uhr
Montags und an Feiertagen: geschlossen

124 THEATER, KRIMI & DINNER

Mit wechselnden Mordfällen bietet das Maritim Hotel Ulm regelmäßig 3-Gänge-Krimi-Dinner (mit oder ohne persönliche »Rolle«) an. Dauer ca. 3,5 Stunden. Informationen:

Maritim Hotel Ulm
Basteistraße 40
89073 Ulm
0731 923 0
info.ulm@maritim.de
www.moerderspiel.com
ticket@moerderspiel.com
Gas, The

125 JÜDISCHER FRIEDHOF BUTTENHAUSEN UND MUSEUM – JUDEN IN BUTTENHAUSEN

Seit 1994 erzählt die Ausstellung in der Bernheimerschen Realschule, Zwiefalter Str. 30, die Geschichte der jüdischen Gemeinde Buttenhausen.
Info
Stadtarchiv Münsingen
Altes Rathaus
Marktplatz 1
72525 Münsingen
07381 182115
touristinfo@muensingen.de
www.buttenhausen.de
April bis Oktober: sonntags von 14.00–17.00 Uhr
Aus, His, Mus

Das Neueste aus der Gmeiner-Bibliothek

Unsere Lesermagazine

Bestellen Sie das kostenlose KrimiJournal in Ihrer Buchhandlung oder unter www.gmeiner-verlag.de

Informieren Sie sich …

www … auf unserer Homepage:
www.gmeiner-verlag.de

@ … über unseren Newsletter:
Melden Sie sich für unseren Newsletter an unter www.gmeiner-verlag.de/newsletter

f … werden Sie Fan auf Facebook:
www.facebook.com/gmeiner.verlag

Mitmachen und gewinnen!

Schicken Sie uns Ihre Meinung zu unseren Büchern per Mail an gewinnspiel@gmeiner-verlag.de und nehmen Sie automatisch an unserem Jahresgewinnspiel mit »mörderisch guten« Preisen teil!

GMEINER SPANNUNG

WWW.GMEINER-VERLAG.D
Wir machen's spannen